班主任智慧200则

高宏群　著

中原出版传媒集团
大地传媒

大象出版社
·郑州·

图书在版编目(CIP)数据

班主任智慧200则 / 高宏群著.— 郑州 ：大象出版社，2016. 4（2017. 5 重印）
ISBN 978-7-5347-7763-9

Ⅰ. ①班… Ⅱ. ①高… Ⅲ. ①班主任工作—文集 Ⅳ. ①G451. 6-53

中国版本图书馆 CIP 数据核字(2016)第 047500 号

班主任智慧 200 则

高宏群 著

出 版 人 王刘纯
责任编辑 邓艳谊
责任校对 李婧慧 毛 路
封面设计 王莉娟

出版发行 大象出版社(郑州市开元路 16 号 邮政编码 450044)
发行科 0371-63863551 总编室 0371-65597936
网 址 www.daxiang.cn
印 刷 新乡市龙泉印务有限公司
经 销 各地新华书店经销
开 本 787mm×1092mm 1/16
印 张 15
字 数 248 千字
版 次 2016 年 6 月第 1 版 2017 年 5 月第 3 次印刷
定 价 29.80 元
若发现印、装质量问题，影响阅读，请与承印厂联系调换。
印厂地址 河南省新乡经济开发区中央大道中段
邮政编码 453731 电话 0373-5590988

序

在中小学教育教学中,有一个默默奉献的群体,他们用智慧作词、用爱心谱曲、用责任歌唱。这个群体的名字就是班主任。

众所周知,班主任是班级工作的组织者,是班集体建设的指导者,是学生健康成长的引领者,是学校思想品德教育的骨干,是家长和学校之间沟通的桥梁。但班主任又是学校"主任"中权力最小的,也是学校最能吃苦、最肯付出、最不计回报的教师。

班主任能吃苦、肯付出的精神着实令人感动,但班主任工作更需要智慧。班主任的智慧主要是做人的智慧、管理的智慧和教育教学的智慧。它既包括知识、技能方面的智慧,也包括道德智慧、情感智慧、方法智慧、组织智慧和交流智慧等。做智慧型班主任,让工作闪耀思想的光辉,显现盎然的诗意,播撒灵动的睿智,这是转型时期中小学班主任追求的目标之一。

班主任智慧的来源有三:首先是"听"。班主任要广泛学习他人的智慧,一是多参加班主任经验交流会,听取其他优秀班主任的工作经验;二是多参加专家报告会,汲取专家的智慧。其次是"写"。班主任要养成一种勤思考、勤动笔的习惯,只有不断反思、不断耕耘,才会有智慧的增进。再次是"读"。班主任要用心多读教育名著和教育类报刊,善于把别人的智慧转变为自己的智慧。《班主任智慧200则》的出版,可以对广大班主任"读"的智慧起到积极的促进作用。

高宏群老师自1974年从教以来,在承担繁重教学工作的同时,又先后担任小学、初中和高中的班主任,《班主任智慧200则》即他多年从事班主任工作的经验荟萃。同时,该书也借鉴了魏书生、李镇西、张万祥、万玮、田丽霞等全国著名班主任的先进思想,参考了《班主任之友》《班主任》等全国班主任权威期刊的典型案例。该书既有深厚的理论功底,又有丰富的实践经验,既注重班主任工作理论的探索,又注重实际问题的解决。可以说,针对性强、实用性高是该书的一大特色。

《班主任智慧200则》的每一则开始都有一段班主任感言,这些感言,有的可能会成为年轻班主任的工作格言,有的可能会成为一些教师的座右铭。每段感言之后均有较详细的诠释,一方面可以帮助读者对上述感言进行深入理解,另一方面也是作者对上述感言的阐释和补充。

《班主任智慧200则》共设五个篇章,分别为班级管理篇、班级文化篇、爱生育人篇、自我升华篇、指导学生篇。全书共200则小智慧,就当今班主任工作中的热点、焦点、难点、盲点问题阐述了自己的独到见解,涉及班主任工作的众多细节,言简意赅,通俗易懂,富有哲理,发人深思,是班主任朋友不可或缺的参考用书。同时,该书对于指导广大中小学教师巩固专业思想,提高自身素质,转变教育观念,改进教学方法,增强教学魅力,提升科研能力,也有一定的借鉴意义。

国家督学、河南省基础教育教学研究室主任　邵水潮

2016年4月22日

目 录

班级管理篇

班级文化篇

爱生育人篇

自我升华篇

指导学生篇

班级管理篇

班级管理是对人的管理，包括文化管理、心灵管理、和谐管理等。因此，从班级的管理理念、管理目标到管理策略、管理方式，都需要班主任的智慧。

中小学班级的管理，应特别关注三个问题：一是“制度”问题，即要制定适合本班实际的班级管理制度；二是“管理”问题，即面对学生群体和个体，应采取主动、灵活、具体的策略和实施步骤加以管理；三是“效率”问题，即注重班级管理目标达到的实际效果。如果这三个方面班主任处理得有智慧，就能使班级管理“更上一层楼”。

班主任的管理工作，要做到管理有法、管无定法、贵在得法。既可以照章办事、严格管理，也可以因人而异、灵活处理，甚至可以让学生自己教育自己、自己管理自己。对学生的管与不管、班主任的为与不为，应当具体问题具体对待，不能只用一种模式、一个策略，以免班级管理陷入僵化。

1.班级管理的“三重境界”

人治——大小事务必躬亲；
法治——班级管理靠班规；
仁治——创设班级好氛围。

[诠释]

班主任是班级最直接的管理者和组织者。在班级管理上,班主任有三重境界:人治、法治、仁治。

①人治。初当班主任者通常会选择人治。即在班级管理上总是自己冲在最前沿,事必躬亲。此时,班主任好比消防队员救火一样,随时出现在班级“灾情”第一线。这样的管理方法在班级初建时往往比较有效,因为学生最怕的就是班主任亲自出马。

②法治。有些班主任选择了法治,从接管班级开始,就制定班级管理的各种规章制度,召集班干部齐抓共管,分片负责,对学生中可能出现的问题予以约束。让班级工作有章可循,学生的日常行为也有据可依。这种管理模式,优点是培养学生良好的规则意识,一切遵章办事;缺点是容易造成师生关系僵化,使部分学生产生逆反心理。这样的管理方法有待进一步改进和提升。

③仁治。班主任着重创设和谐的、积极向上的学习氛围,坚持以人为本,创建自己的班级文化,让遵守纪律、顾全大局的精神融入学生的生命之中。班主任应像管理现代企业一样,要打造出自己班级的品牌和特色,让学生对自己的班级有强烈的归宿感、自豪感和使命感。班主任要以学生为主体,注重调动学生的积极性,让学生成为班级管理的主人,使班级管理达到较高水平。

2.班级管理要处理好“四对矛盾”

班主任在班级管理工作中,要做到虚与实、管与放、宽与严、堵与导的辩证统一。坚持虚实结合、管放有度、宽严相济、堵导一致。

[诠释]

①班主任要做到既务实又务虚。班主任工作的务实,要求必须从具体的事务做起,扎扎实实搞好班级管理。在务实的同时,班主任还要务虚。班主任要善于从繁杂、琐碎的工作中解脱出来,树立班级管理的整体观、发展观等。

②班级管理要做到管放有度。班主任管理主要包括:制定班级的长期目标,把握班级工作的整体思路;培养一支强有力的干部队伍,并加以指导监督;做好全体学生及个别特殊学生的思想工作,增强班级凝聚力、向心力;协调各方面关系,形成教育合力。同时,班主任要大胆放手,把一些具体事务分派下去,建立层次分明的立体型管理体系,如财务收支、报刊保管、活动组织、班干部换届、班规制定等。班主任要充分调动学生的积极性、主动性,分工授权,引导学生参与管理,逐步培养和锻炼学生的自我教育和自我管理能力。

③在教育过程中,班主任必须对学生严格管理,严格要求。但"严"不是严酷,不是冷面铁心,应该严且宽。对于犯错误的学生,需要批评,但对于有些错误,则不能太"较真儿"。既要对其所犯错误不姑息迁就,剖析产生的根源及危害性,又要谅解犯错学生的一时鲁莽,做到张弛有度,严而不酷。

④在班级管理工作中,有的班主任采取"堵"的方式较多,如制定严厉的惩罚措施以减少学生的违纪行为等。采取"堵"的方式,在一定的环境和条件下是必要的,但仅仅靠"堵"是不行的,过多地采用"堵"的方式,容易使学生走向工作的"对立面"。因此,"堵"必须与"导"结合起来,以"导"为主。做好"导"的工作,就需要做到"四多四少":多民主,少强制;多激励,少批评;多引导,少说教;多用情,少用气。

3."严"是班主任的法宝

班主任要坚持"严"的教育原则,但要做到:严而有章,严而有序,严而有导,严而有信,严而有度,严而有恒,严而有爱。

[诠释]

常言道:"严师出高徒。""严是爱,宽是害。"教师爱学生既要体现在"爱"上,也要体现在“严”上。对学生的“严”有如下特点：对学习目标的要求要严格，对道德品质的培养要讲原则，对违纪行为的纠错要坚决，对不良习惯的纠正要持久，对班级日常事务的处理要有效。

严而有章，即对学生的严格要有尺度，不能随心所欲，做到“严”得有章可循；严而有序，即逐一要求，循序渐进；严而有导，即疏通思想障碍，注重诱导、引导；严而有信，即规章制度一旦出台，就要严格贯彻执行，做到“言必信，行必果”；严而有度，即在严格要求学生的同时，也要考虑学生的接受能力，避免其产生逆反心理；严而有恒，即对学生的严格要求要持之以恒，不能时松时紧，虎头蛇尾；严而有爱，即对学生的严格要求要建立在爱学生的基础上，既要做严父，也要当慈母。

4.让学生小团体转“危”为“机”

知——准确认知；
导——加强引导；
用——大胆使用；
建——积极组建。

［诠释］

在日常的班级管理中，班主任总能感觉到一些潜在的群体力量把部分学生聚合在一起，以自己的方式或积极或消极地影响着班级的发展，这种群体力量就是通常说的小团体。对小团体如果处理不当，会给班集体的健康发展带来负面影响，甚至给班级管理带来危机；如果正确面对，恰当引导，则可转“危”为“机（遇）”，为班级的发展提供积极支撑。

①知，即通过多种途径准确认知班级内部的小团体。小团体的存在具有一定的隐蔽性，要发挥其正向的作用就必须先去准确地了解。不仅要了解小团体的数量、类别、人员构成、活动内容与形式等表象特征，更要准确地把握每个小团体的利益诉求、价值观念、心理特征等。唯有多观察、倾听与沟通，才能发现小团体的存在，并把握其内在诉求。

②导,即对小团体要加强引导,扬其长、避其短。小团体的影响具有双重性,因此班主任要因势利导,使其健康发展。一要加强班集体的建设,营造良好的班级文化氛围,特别是要发挥正式群体的作用,在班级内形成一种平等、民主、开放的班风,引领其发挥小团体的正能量作用。二要对症下药,对发挥积极作用的小团体要给予鼓励和支持,对消极影响过大的小团体则要正面引导,促其人员流动、调整、重组,使他们向积极方向转化。

③用,即创设条件,使小团体在班级管理中有用武之地。对小团体要大胆使用,使其得到尊重和认同。班主任要创设更多的机会给小团体发挥才华、展示一技之长。一方面,要摒弃成见,用好小团体中个别成员特别是领袖人物之长,鼓励他们在班级中找到自己的位置,为班级管理做出积极贡献。另一方面,要用好小团体的整体特长。很多小团体是建立在共同兴趣爱好基础上的,班主任在组织班级活动中,要努力寻找正式群体与小团体活动的重叠区,充分信任小团体的活动能力,并给予机会让他们施展才华。

④建,即有意识地培育具有积极作用的小团体。班主任要根据班级管理的需要,有意识地建立一些任务驱动型的小团体,如各种形式的志愿者队伍、研究型学习小组等,旨在促进学生全面发展。班主任还可根据学生发展的需要,建立和改造一些小团体。如对喜欢上网的小团体可以引导建立网络学科同盟,对喜欢谈论国内外大事的小团体可引导建立时政论坛。这样,可使学生小团体成为班级管理不可或缺的重要补充。

5.做好“五事”,方能“无事”

管大事——树立班风学风;
重小事——教育细节做细;
多找事——开展多种活动;
不怕事——抓住教育契机;
少揽事——班干分工负责。

[诠释]

①管大事,就是抓主要矛盾,抓当务之急。任何工作,都有大小之分、轻重之别。一个人的精力和时间毕竟是有限的,要发挥最大的效益,就要抓住根本性、全局性、关键性的问题。如果什么事都"统"起来、"包"起来,班主任就会忙得焦头烂额,"两眼一睁,忙到熄灯"。班主任管的"大事",一是制定班级管理方案,使班级管理有"法"可依;二是分析学生的学习情况,形成良好的学风;三是抓好班级的文化建设,形成良好的班风。

②重小事,即注重教育细节。学生行为习惯的培养大多是在细节中展开的,因此班主任要注意细节教育,可以通过办黑板报、竞背名人名言、召开主题班会等形式营造整体氛围,并把每一项活动中的细节做到位。只有对细节不懈敲打,才会锻造出教育的精品。

③多找事,就是多开展班级活动。"要想让地里不长草,最好的办法是种好庄稼。"班级活动就如同种庄稼一样,要定期锄草、施肥、浇水等。通过开展各种形式的活动,把学生旺盛的精力、浓厚的兴趣和广泛的爱好引导到健康发展的轨道上来。

④不怕事,就是不怕学生做"错事"。错误总是难免的,作为班主任,如果因学生做错事而心生怨愤,往往会错失教育良机。叶圣陶曾说过:"教师之为教,不在全盘授予,而在相机诱导。"班主任在学生做错事时,要准确抓住教育契机,适时纠偏,让学生在改正错误的过程中成长。

⑤少揽事,即班主任不必事事躬亲,要放手让班干部分工负责。在班级管理中,班主任能"懒"则"懒",将班级的各项常规工作分成几块,由班干部分工负责。班级事务基本上由他们处理,实在处理不了的,班主任再出面解决。

6.班级管理要注重"理"字

注重道理——以理服人;
注重情理——以理感人;
注重条理——以理促人;
注重法理——以理治人;
注重自理——以理育人。

［诠释］

①班级管理要注重“道理”。坚持以理服人是班主任与学生达成共识的重要途径，也是班主任优质高效管理班级工作的基本要求。“讲理”要言辞得当，富有说服力。首先，“讲理”要有层次性、逻辑性，让人易于理解。其次，“讲理”要有艺术性、实效性，让人乐于接受。再次，“讲理”要有多样性、启发性，让人心服口服。班主任要变一人“讲理”为班干部协同“讲理”，变“上面讲、下面听”为“学生讨论、思考与争辩明理”。

②班级管理要注重“情理”。班主任要遵循“管事先管人，管人先管心，管心先知心”的原则。在制定班规、组织班级活动时应多方听取学生的意见，多给学生参与班级管理的机会，做到主持班级工作“统揽而不包揽，果断而不武断，参与而不干预，拍手而不伸手”，形成以班主任为核心的结构严谨的班级管理系统，使班级学生能够各司其职、各尽其责、各显其能。

③班级管理要注重“条理”。班主任工作纷繁复杂，若“眉毛胡子一把抓”，就会使班级管理“脏、乱、差”。只有抓条理、抓重点、抓关键，才能使班级管理工作有条不紊。第一，班级管理要有计划。班主任要加强班级工作的计划性和预见性，做到学期有中心、阶段有重点、周周有计划、天天有打算，以保证班级各项工作运行有序、富有成效。第二，班级管理要有重点。班主任工作千头万绪，处理事务要分清轻重缓急，要把急事、优先办的事、缓办的事、让别人办的事分清楚，集中主要精力办好影响班级全局的大事。第三，班级管理要有针对性。只有了解学生情况，才能有针对性地做好学生的思想工作。

④班级管理要注重“法理”。班规面前人人平等，这是学生“心往一处想，劲往一处使”的基本前提。班级规章制度一旦公布于众，就应保持其严肃性、稳定性和持续性，不能“朝令夕改”，更不能徇私枉法。班主任要做模范执行班规的带头人，为学生树立好榜样。在日常班级管理中，要用同一个尺度来衡量每一个学生的操行等第，让每一个学生都能感受到班主任管理的公平与公正，从而营造出一个和谐、奋进的班集体。

⑤班级管理要注重“自理”。俗话说“身教重于言教”，班主任要严于律己，既要以能服人，又要以德服人。知识渊博、谈吐风雅、教育教学质量高的班主任在学生中威信的树立是潜移默化的，其产生的“名师效应”会使班主任工作事半功倍。

总之,班级管理注重"五理",才能"理"顺关系、"理"清职责、"理"洽气氛、"理"畅情绪、"理"出精神。

7.班级管理工作"八字方针"

爱——热爱事业,热爱学生;

勤——勤于观察,勤于沟通;

细——工作做细,耐心细致;

严——要求从严,严中有情;

全——抓好全面,面向全体;

心——用心去做,心要实诚;

法——想方设法,依法管理;

学——虚心好学,不断提升。

[诠释]

①做好班主任工作,首先要突出一个"爱"字。要热爱教育事业,热爱教师职业,热爱教书工作,热爱自己从教的学校,热爱班主任岗位,热爱自己所教的每一个学生。有了爱心,才会有爱的奉献,才能干好工作。

②做好班主任工作,要体现一个"勤"字。即勤观察、勤发现、勤了解、勤解决。这就要求班主任做到腿勤、眼勤、嘴勤、手勤、脑勤。要经常深入到学生学习、生活的教室、寝室,勤与学生沟通,勤向科任老师征求意见,勤跟学生家长联系,从而做到及时了解情况,及时发现问题,及时解决问题,防患于未然,解决问题于萌芽状态。

③做好班主任工作,要强调一个"细"字。首先,了解情况要详细,要全面地观察和了解;其次,发现问题要仔细,不让任何问题的蛛丝马迹逃过自己的眼睛;再次,处理问题要细致,不能急躁简单、粗枝大叶,必须言之有理、言之有据。

④做好班主任工作,要把握一个"严"字。要努力做到从严要求、从严管理、从严衡量。第一,要严而有"章",即要制定科学合理、切实可行的管理制度;第二,要照章管理,即要严格按照校纪班规办事,在执行过程中应做到严而有恒、善始善终,不能虎

头蛇尾、半途而废；第三，要违章必究，即要严肃认真地处理一切违反纪律的人和事，做到班规面前人人平等；第四，要严而有度，即要处理好严和爱的关系、管理和教育的关系，要严而有理、严而有格、严中有爱、严中有情。

⑤做好班主任工作，要注意一个“全”字。第一，对班级工作要全面抓，班风、班纪、德智体美劳等各方面都要重视，都要搞好，不能只抓学习，放松或放弃其他方面。第二，要面向全体学生。班主任要对班级的每一个学生一视同仁、公平对待，不能有男女之别、贫富之别、亲疏之别。第三，对学生成长要全面关注，不但要关注学生的学习，更要关注学生的思想品德和心理健康，做到一切为了学生的发展。

⑥做好班主任工作，可归结为一个“心”字。即对工作要热心，对学生要有爱心，发现问题要细心，处理问题要精心，做思想工作要耐心，做事情要用心。

⑦做好班主任工作，要讲究一个“法”字。管理上要有法，处理问题要得法，遇到问题要想法，解决问题要依法。

⑧做好班主任工作，要注重一个“学”字。要做一名优秀的班主任，必须努力学习，不断提高自身的管理水平和能力。一要向书本学习。学习新的教育思想、现代教育理论、科学的管理方法以及管理艺术等。二要向同行学习。要经常向管理有方、管理有道、管理有成效的优秀班主任学习，与他们互相切磋、互相交流，取长补短。三要在干中学、学中干。当代教育日新月异，班主任工作不断会有新的内容，也会随时产生新的问题，作为班主任就应在工作中不断地学习，在总结经验教训的基础上不断地改进和完善，以适应工作的需要。

8.班主任工作“十忌十要”

一忌工作盲目，要安排周密；

二忌形式主义，要表里如一；

三忌只抓学习，要全面发展；

四忌主观片面，要深入实际；

五忌简单粗暴，要耐心疏导；

六忌事必躬亲，要放手管理；

七忌忽视身教,要以身作则;
八忌亲疏不一,要一视同仁;
九忌信口开河,要言而有信;
十忌高高在上,要平易近人。

[诠释]

①班主任在班级管理中要有明确的工作目标,要有周密的工作计划。如果采用"手工作坊"式的管理方式,不仅班主任自己工作没有头绪,而且全班学生也没有努力方向,整个班级就像一群无头之雁、一艘无舵之舟。

②搞好班级管理是为了一切学生的发展,而不是为了单纯让学校领导看。班主任工作要认真细致,有条不紊,扎扎实实,表里如一,讲实干,求实效。切忌搞形式主义,做表面文章。

③有的班主任只顾抓学生的学习,不关心学生的课余生活,不注重其思想教育和道德品质的培养,不关心学生的身心健康,甚至为自己所教的学科抢时间。这样,既不利于学生的全面发展,还影响了与其他科任教师之间的关系。

④班主任不能仅靠听取班干部汇报做工作,因为学生干部各方面还不成熟,反映问题难免带有片面性。汇报只能作为了解情况的参考,真实的情况必须靠班主任深入实际、调查研究得来。

⑤当学生违反班级纪律时,班主任要因势利导,循循善诱,以理服人。切忌工作简单粗暴,动辄火冒三丈,或向家长告状,或责令学生停课写检查,或给予处分,使学生产生逆反心理。

⑥班主任是班级的组织者和管理者,身先士卒固然重要,但不等于什么事都得管,什么事都要亲自去做。如果班主任事无巨细事必躬亲,其最大的弊端就是"出力不讨好",势必会抑制学生能力的提高。

⑦班主任要注重言传身教,要求学生做到的事,自己在学生面前要首先做到。从某种意义上说,"身教重于言教"。班主任不重视"身教",即使讲的道理都是正确的,也会变成空洞的说教。

⑧班主任要热爱和关心每一个学生。无论是优秀生还是后进生,都要平等地对待。尤其是在处理问题时,要"一碗水端平",公正无私。切忌对优秀生和颜悦色,姑

息迁就;对后进生声色俱厉,冷眼相对。

⑨班主任要“言必信,行必果”,诚实守信,说话算数。切忌自己提出的要求不执行,自己答应了的事情不兑现,在学生面前失去诚信。

⑩班主任要和学生打成一片,工作民主,平等待人,笑口常开。切忌持家长作风,高高在上,固执己见,不虚心听取学生的意见。

9.班级管理“十二字诀”

低起点,严要求。重过程,轻结果。

[诠释]

①低起点,严要求。即把各种“规范”“准则”“守则”“提倡”“不准”进行归类,分成层次,逐渐要求学生去做。例如:刚开学,可要求学生遵守学校的作息时间,其余的要求暂且先放放;一周后,要求学生上课专心听讲,学会记课堂笔记;再过一段时间,提出诚实守信、礼貌待人的要求……如此递进式上升,学生容易接受,有利于学生良好习惯的养成,比起一下子提出几十条要求的效果明显要好得多。

②重过程,轻结果。在班级管理中,过程重于结果,要知道有许多事情的结果是不可控的。例如打扫卫生,每位学生都尽心尽责了,但只要评比排名,总有个先后之分。学生为班级做了工作,最需要的就是班主任的认同和鼓励,如果过分看重结果,有可能挫伤他们的积极性。让学生重视过程,把学习、生活的过程当作享受的过程,本身就是教育的成功。

10.班级管理的“是”与“非”

是指导而非指责,是呵护而非呵斥,

是管理而非管教,是关爱而非关闭。

[诠释]

①学生犯了错,班主任通常更多的是指责。学校或班级的规章制度是用来规范学生行为的,而不是用来评判学生行为的,更不是用来惩戒学生行为的。中小学生的行为正处于形成期和纠正期,自然会有对错之分。做对了,固然要加以肯定;做错了,更应该加以指导。当学生犯错的时候,千万不要只指责其不应该怎么样,而要耐心地引导其应该怎么样。

②对于学生犯错,班主任如果采取简单粗暴的呵斥根本无济于事。因此,倒不如先淡化其所犯错误,给学生台阶下,也给学生改正的机会,这比单纯的惩罚效果更佳。

③管理和管教有着本质区别。管教的前提是约束,然后进行教导;而管理的前提是照看、照管,目的是使某项工作或某件事情能够顺利进行。只把学生约束在一定范围内加以管教的做法,尽管体现了班主任的良苦用心,但结果往往事倍功半。

④有的班主任习惯于将学生关闭起来,尽可能切断他们与外界的联系,并美其名曰为了避免学生受到不良影响,但这种关闭往往事与愿违。因此,作为班主任不能太吝啬关爱,要对学生多一些关爱,多一些理解,多一些帮助。

11.班级的“三种力”

班主任工作离不开“力”的支撑,故应增强班级凝聚力,创设班级牵引力,扩大班级影响力。

[诠释]

①增强班级凝聚力。凝聚力来源于班级全体学生的团结一心,来源于全体学生主人翁的归属感,来源于班集体发展的总目标。因此,班主任在班级管理中,必须与全体学生共同讨论制定本班发展的总目标,使班级的所有工作都有明确的目标,并积极做好正面教育和引导工作,使全班学生理解并接受这个目标,进而统一思想认识。

②创设班级牵引力。班级是由所有学生所组成的大家庭,光有课桌等这些家具还不行,还需要有文化的滋养。因此,班主任要注重班级文化氛围的营造,比如在墙壁上开辟一些“习作园地”“班级明星”等文化空间,建立班级图书角,认真办好每一

期具有积极导向性的黑板报，让学生受到熏陶感染。班级文化的形成也离不开各种集体活动，如主题班会、运动会等，班主任应把集体活动作为增强班级凝聚力的催化剂。通过活动，培养学生“心往一处想，劲往一处使”的良好习惯，从而增强班级凝聚力。

③扩大班级影响力。班级影响力往往通过一个班级的班风班貌表现出来。良好的班风能够为学生的成长提供一种有效的动力和压力，既能使班级形成友好、平等、团结、互助的优秀集体，又能创设民主和谐、礼貌待人的良好氛围，更能让学生树立遵守纪律、勤奋学习的精神状态。因此，班主任要积极抓好班级的影响力，努力扩大班级的影响力。

12.班级管理的“刺猬法则”

班主任要搞好班级管理，既要与学生建立亲密的关系，又要与学生保持一定的距离。爱而不溺，宽中有严。

[诠释]

几只困倦的刺猬，由于寒冷而拥在一起，希望能互相取暖。但靠拢后又因为忍受不了彼此身上的长刺，很快就又各自分开。而寒冷的天气又迫使它们必须靠在一起取暖，几经调整，它们终于找到了一个适中的距离，既可相互取暖，又不至于刺伤彼此。这就是“刺猬法则”。

“刺猬法则”启示我们：严格管理是班集体乃至每个学生健康发展的保证。班主任要搞好班级管理，既要与学生建立亲密关系，又要与学生保持一定的距离。正如鲜花需要阳光也需要风雨一样，学生需要赏识需要爱，也需要约束需要纪律。

好的班主任应该是带点“刺”的班主任，爱而不溺，宽中有严。只有将爱护学生和严格要求有机结合起来，才能收到最佳的教育效果。

13.班级管理的“五个抓手”

抓常规,抓目标,抓干部,抓交流,抓活动。

[诠释]

①抓常规。“没有规矩不成方圆”,让学生知道哪些可以做、哪些不可以做,是常规管理的第一步。在常规管理中要遵循“四字”原则:细,小事着手,将小变大;实,言出必行,落在实处;查,加强监督,及时检查;评,总结反馈,适时评比。

②抓目标。班级管理目标与学生个人目标双管齐抓。在目标管理中:一要从班级及学生的发展实际出发,遵循层次性、导向性、针对性原则。二要让学生参与目标的制定,遵循目标管理的群众性、发展性、可考核性原则。

③抓干部。在班级管理工作中,班主任要善于利用学生的自管自治,培养一支强有力的班干部队伍,协助自己做好工作。抓好干部管理应该把好几关:一是选拔关,要对学生进行深入了解,尽量挑选品学兼优且热心工作的学生当班干部。二是培养关,要有计划、有实效地对班干部进行培养,使班干部逐步做到:愿意管事—敢于管事—管好事—会管事。三是考核关,开展班干部工作述职、满意度调查等活动,及时肯定成绩,纠正不足,对学生满意度低的班干部进行适时调整。

④抓交流。班主任要融入班集体,和学生进行多方面交流。一要勤跑动,细观察。勤跑教室和学生寝室,注意观察学生的情绪变化、身体状况等。二要肯动笔,讲方法。在与学生的交流沟通中,可以写班主任寄语、给每个学生写信、设计班级亲情卡、节假日主动给学生打电话等。三要有爱心,有耐心。多些爱心,多份耐心,多倾听学生的心声,才能真正融入学生,走进学生心里。

⑤抓活动。首先,在制定班级活动目标时,要寓教于乐,最大限度地发挥班级活动的教育作用,体现它的教育性。其次,班级活动要引进时代的活水,选择有时代感的主题。再次,要注重活动形式、组织方式的多样性、创新性,特别是要多组织学生喜欢参与的活动。

14.治班“三招”

“责”——明确责任;
“哄”——明白事理;
“奖”——明鉴奖励。

[诠释]

①“责”即明确每位学生在班集体中应尽的职责。其职责可分为纵向、横向职责。纵向职责即层层负责:班长对班主任负责,班委会对班长负责,各小组长对班委会负责,每位学生对自己所在的各个小组长负责。横向职责即各类型职责,主要有桌椅财产保管职责、卫生管理职责、文化宣传职责、班干部工作监督职责等。

②班主任要会“哄”学生。“哄”他们会学习,今后会当什么;“哄”他们会说话,今后会成为什么;“哄”他们会干事,今后会胜任什么。要“哄”得每位学生信心百倍、心花怒放,要“哄”得每位学生摩拳擦掌、跃跃欲试。当然,这种“哄”是善意的“哄”,是引导学生进步的“哄”。特别是针对后进生,更要会“哄”:一“哄”后进生的特长,让他们发扬光大;二“哄”后进生的优点,让他们取长补短;三“哄”后进生的自尊心,让他们赢得脸面;四“哄”后进生的自信心,让他们有所长进。

③对班级的每位学生,都可采用奖励的方式,但奖励的方式应有所不同。对表现优秀的学生,可从精神上予以奖励:奖励他们当班干部,表彰他们为学习之星、进步之星、卫生之星、文明之星、纪律之星等。对表现一般的学生,要从能力上以“奖”代罚:一“奖”他们会说话,二“奖”他们会办事,三“奖”他们会写文章,四“奖”他们会组织活动。在犯错误的学生中,“奖”的方式要因人而异:口齿伶俐的学生,“奖”他写文章;木讷沉默的学生,“奖”他口语表达;贪玩好动的学生,“奖”他用脑记事;文静腼腆的学生,“奖”他组织活动。这种“奖”的做法,就是抓住学生的自身弱项,鼓励他们去不断突破、不断进步。

15.班级管理“放”字诀

放君一马——人性处理违规生；
放手发展——大胆任用班干部；
放开发挥——人人释放正能量；
放手一搏——多设奖项促进步。

[诠释]

①放君一马。中小学生可塑性强，自制力差，容易冲动，班主任必须当好领航员。班主任首先要制定好学生日常行为规范，从到校的时间、服饰、礼节、纪律以及作业等全方面进行规定，要求每一位学生遵照执行。但人非圣贤，孰能无过？对于违反规定的学生，班主任一般不应当着全班同学的面批评，要维护学生的自尊心。最好采取个别交谈的方式，让学生自己认识到犯了哪些错、有什么消极影响、今后应该怎么办。要给学生改正错误的机会，这是教育的实质。

②放手发展。班干部是班集体的中坚力量，是班主任的得力助手。调动班干部的热情，用心培养并充分发挥其作用，是树立良好班风的关键。对班干部，既要进行岗前培训，明确各自的职责和管理范围，又要支持他们大胆开展工作，敢于对班级管理提出建设性的意见，敢于对有损班集体形象的行为做出初步的处理。学校布置给班级的重大活动，要让负责该项工作的班干部首先拿出方案和建议。只有充分调动班干部敢想、敢说、敢做的积极性、创造性，班级才能形成良好的班风、学风。

③放开发挥。刚接手新班级的班主任，要尽可能在最短的时间内熟悉每位学生的个性和特长，并促使他们的特长在班级中发挥正能量的作用。对于喜欢体育活动的，可成立篮球队、足球队、乒乓球队等；对于喜欢文艺活动的，可成立美术组、音乐组、板报组等兴趣小组；对于喜欢社团活动的，可成立绿色行环保志愿者服务队、敬老爱亲志愿者服务队等。

④放手一搏。一方面，中小学生爱说爱闹，自控能力差，给班级管理带来了一定难度；另一方面，他们好胜心强，非常在乎老师和同学对自己的评价，喜欢跟人争高低。班主任要利用这些特征，让他们为班级服务。对于学生的成绩，要积极肯定，大面积奖励：每次期中、期末考试，不仅奖励前10名的学生，还要设立单科和进步奖；期

末既奖三好学生，又设优秀学生、文明学生、优秀科代表、全勤生、进步生奖；另外，办黑板报设优秀奖，开运动会设贡献奖等。这样使成绩较差的学生也能获得奖项，有利于增强其学习的兴趣和信心。

16.班主任的“出现”艺术

勤出现——勤字当头常出现；
短出现——留出自由和空间；
准出现——恰到好处把身现；
潜出现——虚实结合尽开颜。

［诠释］

①勤出现。当代中小学生民主意识强，班主任“只说不见”难以让他们心服。班主任只有不时地出现，才能让学生感觉到班主任总是和他们在一起，班主任也才有可能和学生建立起亲密的关系，进而培养出深厚的师生感情。同时，班级工作头绪繁多，且学生又处在快速成长时期，如果不能勤字当头，就难以及时把握班级动态，难以有针对性地高效处理班级事务。

②短出现。班主任在学生面前出现的时间不宜过长，更不可整天和学生泡在一起。中小学生身心逐渐成熟，他们渴望有一个相对独立的自由空间，如果班主任“扑”到学生中间，和学生打成一片，往往会束缚学生的手脚，甚至会招致学生的反感。况且班主任长时间陪伴学生，也会影响自己的教学和专业发展。

③准出现。首先，班主任要在各个“纪律点”出现。比如到校时间、学习时间等，要求学生早上 7:00 到校，班主任必须提前到达，7:01 到就失去了意义。要踩准学生一天学习生活的节奏点，促使学生养成良好的守时习惯。虽然班主任不一定每天必到，但如到最好每点必踩。其次，班主任要在运动会、大型集会等重要活动中准时出现。这些活动关系到班集体的荣誉。班主任除进行必要的组织和指导外，更重要的是让学生觉得你和他们是“利益共同体”。再次，班主任要在学生有困难时准时出现。除学生身体不适时要出现问候，尤其要注意在学生需要帮助时出现，比如学生之间闹

矛盾时、学习上产生苦恼时、情感上出现困惑时。如果班主任能够让学生感到每次最需要的时候班主任便准时出现在自己身旁,常常会收到很好的教育效果。

④潜出现。相比较而言,“潜出现”具有少干扰、学生易接受等优点,是对“现身”的必要补充,能收到“虚胜实”的效果。较常见方式有:班主任在教室后门站一站,或者在窗口看一看,不一定让全部学生发现,但学生们常常会感觉到班主任总是和他们在一起;或者班主任找学生个别谈话,这样对其他同学往往能起到“感染”作用;班主任也可用笔和学生进行交流,这种经过思考后的书面“出现”显得庄重,而且也可避免一些不宜口头交流的话题所带来的不便。当然,班主任还要让自己“出现”在班级规章制度上,“出现”在班干部的作为上,从而达到不出现胜似出现的更高境界。

17.班级管理中的“积分激励”

统一思想,全班动员,是实施“积分激励”的基础;
集思广益,完善细则,是实施“积分激励”的前提;
强化监督,民主管理,是实施“积分激励”的关键;
表彰先进,激励后进,是实施“积分激励”的核心。

[诠释]

①要采用“积分激励”机制来引导并规范学生的日常行为,班主任首先要在全班进行总动员。一要向学生阐述推行“积分激励”机制的目的就是要鼓励先进、鞭策后进,营造争先恐后的氛围,帮助学生提高认识,把它当成一种动力而不是思想负担。二要明确告诉学生,积分结果将成为学生在校综合素质评定的重要依据并存入学籍档案。

②为有效发挥“积分激励”机制在班级日常管理中的辅助作用,一套集思广益、为学生所公认并且操作性强的积分细则就成了成功实施这项制度的前提。班主任可在班会上,让同学们以小组为单位,制定出班级综合素质加分和减分的细则,以书面形式提交班委会归纳整理。对学生一致认可的内容要保留,对有分歧的地方提请下一次班会全班同学表决。通过几个来回的酝酿、讨论、修改,班级日常管理积分细则以

班规的形式确定下来，张贴在教室里。班级积分细则，要包括学生晨炼、两操、课堂、自习、作业、集体活动、各种竞赛等在校一日常规的各个环节。例如，每天各科作业完成得好的同学可以加分，上课认真听讲积极思考的同学可以加分，积极参加班级和学校各项文体活动的同学可以加分，做好人好事的同学可以加分，在各种竞赛中获得奖励的同学可获得不同等级的加分等。

③较好的班级管理制度，能否顺利执行最为关键。为确保“积分激励”机制顺利推行并发挥作用，在细则出台后，班主任要召开班委会统一思想，要求大家自觉遵守，以身作则，在工作中相互监督，不徇私情。班委会的思想统一后，再利用班会时间，在全班同学中进行再学习、再宣传、再动员，并向同学们申明，既然是全体同学共同参与制定的，那么所有的同学都应该按这个规则来执行，表现好的同学可以获得加分，违反相关规定的同学要减分，做到班规面前人人平等。

加分、减分由班委会按程序进行。首先由小组长将该组每个同学在一周内的积分情况上报给班委会，再由班长（或班委会专人）定期在班级黑板报上公布每个同学的积分情况，接受大家的监督。公示1~2天后，如果没有异议，班主任要在下周一将上周全班同学的积分输入电脑进行动态管理，并将全班积分前50%同学的名字放在班级博客上进行表扬。

④先进是动态的，积分也是变化的，只要自己付出，大家都有获得表扬和肯定的机会，这正是“积分激励”机制的魅力所在。每周最新的积分情况公布后，班委会要对本周进步较大的同学作一个简短的评价（主要是以肯定和表扬为主），这样做的目的是让其他同学知道，只有平时严格要求自己，时时保持进取的心态，通过点点滴滴的行动才能取得较高的积分。班主任在表彰先进的同时，对暂时进步不大的学生也不能放弃，要适时同他们开展谈心活动，鼓励他们努力做出成绩，积极为加分创造条件。

18.“香蕉球”育人法

以褒代贬——带酸味的表扬；
另辟蹊径——快乐式的处罚；
旁敲侧击——间接式的批评。

[诠释]

足球赛中,常见足球在空中画出一道美妙的弧线,越过人墙,直奔球门。这种不囿于一般直线飞行的球,叫作“香蕉球”。“香蕉球”育人法是班主任批评教育学生行之有效的方法。

①带酸味的表扬。批评和表扬不是冤家,而是一对孪生兄弟,你中有我,我中有你。尤其是当学生违反了纪律时,不必一味板起面孔,严肃批评。既可以表扬部分批评其余,也可以在正面表扬之余来一番委婉的批评,还可以以褒代贬、幽默含蓄地进行批评。这种教育方法不是将学生的错误和盘托出,或者一味加以指责,而是在与优点的对比中巧妙地提出缺点,让学生在思考中自我认识、自我醒悟。

②快乐式的处罚。当学生犯错时,有的班主任便怒从心头起,严加训斥,罚抄课文、罚搞卫生、室外罚站,花样百出。违纪的学生表面上可能被震慑住,但心里却未必服气,甚至会产生强烈的对抗情绪。因此,班主任不妨另辟蹊径,改变那种传统的教育方式,来一番“快乐处罚”:学生犯了小错,可以让他当众唱一支歌,或讲一个故事,或朗诵一首诗。学生犯了严重错误,可以让他写犯错心理说明书,挖掘思想根源,然后提出行之有效的改正方法,也可以让他做好事将功补过。这些快乐式处罚,既避免了师生间的尖锐对立,消除了学生的逆反心理,又能将学生带出自我保护的藩篱,促使他们改正缺点。

③间接式的批评。心理学家研究发现,人们对直接批评的接受率只有20%,而对间接批评的接受率却高达80%。在班级管理过程中,班主任在发现学生的不良行为后,尽量不要从正面批评学生,而应从侧面教育入手,促使学生自觉纠正错误。

19.班级管理制度的温情表达

一日常规——洋溢着微笑;
歪打正着——罚用奖表达;
老班语录——班级流行语;
寓庄于谐——巧用幽默语;
无声表达——非语言暗示。

[诠释]

没有规矩不成方圆,行之有效的规章制度是班级管理的重要内容。但学校的规定、制度、条例等似乎都是板起脸来训话的,在流行"温馨提示语"的今天,那冷冰冰、硬邦邦的面孔往往让学生难以接受。因此,在班级管理实践中,班主任换一种表达方式,可让冷冰冰的规章制度也拥有暖暖春意。

①一日常规——洋溢着微笑。《学生一日常规》是学生非常熟悉的行为规范,它系统详细地规定了学生每天的行为,但其严肃的语言吸引不了学生多大的兴趣。如果在表述上将它精心打扮一番,就会得到学生们的一致欢迎。

②歪打正着——罚用奖表达。班级管理不可能永远风和日丽,奖和罚总是相伴而生,班级的惩罚制度可以戴着奖励的面具。某同学忘记打扫卫生,就"奖励他打扫卫生一次";某同学偶尔不完成作业,奖给他几页书法用纸练习钢笔字,如果写得不错,可以在进步角张贴出来;两个同学打架了,奖给他们共同组织班级活动的机会一次,以化解矛盾,增进友谊……"罚"用"奖"来表达,是奖给他一个改正错误的机会,是奖给他以自尊来完善自己。实践证明,看似稀奇古怪的措施让学生们都能正视自己的错误,并能心悦诚服地改正。

③老班语录——班级流行语。班主任不是名人,自然不会有名人名言,但在班级的一亩三分地里,却流传着"班主任语录"。同学之间有了摩擦,想到老班的"与人为善";放学前的安全教育口号是"生命是1,其他是0";自主管理制度浓缩为一句"我的事情我做主,不给别人找麻烦"……语录式表达,或直白通俗,或寓意婉转,或朗朗上口,虽未语惊四座,却也发人深省。

④寓庄于谐——巧用幽默语。寓庄于谐的制度表达,往往能收到意想不到的效果。恰如其分地运用幽默,既能使师生关系倍加融洽,又能使班级管理锦上添花。例如对于迟到的惩罚制度可这样规定:迟到一次,善意提醒一回;迟到两次,通知家长购买闹钟一个;迟到三次,和家长协商让其当值班员。

⑤无声表达——非语言暗示。班主任通过非语言手段对学生施以制度性影响的现象,称作非语言暗示。这种暗示,是班主任思想意识修养、教育教学能力的自然流露和具体体现,反映了班主任的综合素质。例如:要求教室保持整洁,班主任进教室之后第一个动作是先弯腰捡起地上的废弃物;升旗仪式上,要求学生立正肃立,班主任一定是行注目礼最规范的一个。这些仪表、行为等方面的规范与制度的暗示,无须

多言,却能达到“此时无声胜有声”的效果。

班主任讲究制度温情表达的方法,是为了在班级管理中增加润滑剂。它在一定条件下有效,但要看对象,要看条件,要针对学生的性格。这种表达,绝不是绞尽脑汁、隐晦曲折、哗众取宠的语言计谋,而是用爱与真诚精心编织而成的光环,它温和友善地将师生关系引向一个更动人的境界。如果单纯为了讲究表述的艺术,弄得含含糊糊、吞吞吐吐,甚至失去了制度与规范的原则性,那就有违班主任的初衷了。

20.班主任的“美心”教育

心理教育:养护心灵,提升心理品质——健康天使;

爱心教育:净化心灵,提升道德品质——爱心天使;

生命教育:解放心灵,提升精神品质——自由天使。

[诠释]

所谓美心教育,是指通过实施走进学生心灵的教育,达到美化和升华学生心灵,让学生“心”生活更加美好的德育新模式。美心教育是“吹面不寒杨柳风”,是“随风潜入夜,润物细无声”,是看不见的痕迹,却演绎着奇迹。美心教育有三层境界:一是养护心灵,提升心理品质;二是净化心灵,提升道德品质;三是解放心灵,提升精神品质。通向每一层境界的每一段路,都有风雨,也都有风景。与三层境界相对应,进入美心教育有三条通道:心理健康教育,爱心教育,生命教育。三条通道上都站着天使,一个是健康天使,一个是爱心天使,一个是自由天使。

①按照美心教育的观点,学生学习、行为等种种不良习惯,表面上看是道德品质的问题,实际上却是心理问题。解决这一问题的入口,是要进行心理健康教育。通过心理健康教育,对有心理问题的学生的心灵进行修复和养护,使其回复到一个正常的状态。

②按照美心教育的观点,即使面对一个心理健全、心态正常的人,那种单刀直入、短兵相接式的思想交锋,也很难收到好的教育效果。美心教育的第二层境界入口,就是进行爱心教育。一是班主任用自己的爱心去抚慰学生的心,使其感化、融化,爱心

的魔力，能够点石成金；二是对学生进行爱心和感恩教育，使其转化、升华，一个人有爱心、懂得感恩，心灵就不会再被尘土遮蔽，就会成为好人、善人、高尚的人。

③按照美心教育的观点，一个人即使心理健康、心地善良，也并不一定快乐、幸福，快乐和幸福必须建立在心灵自由的基础上。所以美心教育的最高追求是让学生达到心灵自由之境。要进到这一层境界，入口就是进行生命教育。生命教育是直面生命和人的生死问题的教育，其目标在于使人们学会尊重生命，理解生命的意义，明白生命与天人物我之间的关系，由此获得身心灵的和谐，让每一个人都成为“我自己”，从而实现自我生命的最大价值。

美心教育的路径有建立美心教育团队、开设美心教育课程、建设美心小屋等。美心小屋要建设得温馨而又富有生命气息，让心灵受伤者得到抚慰，让心灵荒芜者得到寄托，让心灵苍白者得到滋养，让心灵封闭者得到释放，让心灵束缚者得到飞翔。

21.班主任工作中的“七个不等式”

合法不等于合情，
发火不等于威严，
创新不等于进步，
谈话不等于谈心，
小事不等于闲事，
激情不等于效果，
公开不等于公正。

［诠释］

有的班主任工作没少做，效果却并不明显。究其原因是多方面的，把七个“不等式”写成等式是其主要原因。

①合法不等于合情。班主任常常会用各种“制度”“常规”“守则”等规范学生，从课堂到课间、从教室到宿舍、从学校到家庭、从学习到做人，“规则”一项不少。表面看，班级纪律井然有序，效果不错，但在遇到纠纷时，往往会让自己陷入被动。比如，

老师在布置作业时一视同仁,却没有考虑到不同学生学习程度的差异。从表面看,这似乎没有什么问题,但这种做法对那些学困生要求过高,只会降低他们的学习兴趣,不符合情理。

②发火不等于威严。有的班主任,看见学生犯错误便大发其火,以显示自己的威严,其结果是声音提高了,威严却降低了。真正的威严是靠以身作则树立起来的,要有正义感,要有让学生尊重、敬畏的人格,要有为学生甘于俯身的气度,要爱憎分明、敢说敢做。说到底,班主任的威严不是让学生怕,而是让学生敬。如果学生怕你,就会对你"敬"而远之、"口服心不服"了。

③创新不等于进步。有些班主任喜欢在班级工作中搞"创新",或参考成功班主任的经验,或照搬报刊上的做法……一连串的活动新颖别致,使学生兴趣浓厚,情绪高涨。但是如果脱离实际地搞创新,创新就会苍白无力。所以,创新应该立足于本班学生实际,少喊口号多抓实际、少玩花样多做实事。

④谈话不等于谈心。我们经常看到,班主任在办公室或走廊上与学生谈话。尽管班主任心平气和、苦口婆心,但效果却不甚理想。也有教师一脸的严肃,言辞严厉,滔滔不绝,但效果也不尽如人意。究其原因,班主任和学生谈话,不应该一味地灌输和说教,而应针对学生性格特点和各方面的表现,有事则谈,无事则免。谈话要讲究方式、技巧:重要的事专门谈,一般问题随机谈,心理问题静下来谈,生活问题关切地谈,学习问题谨慎地谈,纪律问题严肃地谈,琐碎小事及时谈,思想压力经常谈。谈话不是训话,谈话也不是个人演讲,而是师生间的相互交流、相互沟通、相互倾听,应使谈话成为师生心灵交流的过程,这样的谈话才是谈心。

⑤小事不等于闲事。"把每一件简单的事做好就是不简单,把每一件平凡的事做好就是不平凡。"的确,"教育无小事,处处是教育"。班里每天都会出现许许多多"鸡毛蒜皮"的小事,闲事看着闲,小事觉得小,处理不当,后果不堪设想。对于班主任来说,一件不起眼的小事,很可能就是一次良好的教育契机,或是一种有效的教育资源。

⑥激情不等于效果。年轻气盛的班主任,往往激情满怀,对未来、对工作、对每一位学生都信心百倍,以为靠自身的激情必能干出一番成绩,但实际效果往往并非如此。自己激情十足,学生却无动于衷;自己大谈特谈,学生却没有多大反应,以至大失所望。究其原因,在于班主任的激情没有转化为学生的积极性。如果班主任能够既保持自己的激情,又激发出学生的热情,既发挥自己的优势,又找到符合学生需求的

共同点,那么,振臂一呼的效果就会立竿见影,年轻的优势就会更加凸显。

⑦公开不等于公正。班级中,学生成绩难免参差不齐,性格、品行因人而异,而班主任往往有意无意地偏爱一些学习成绩优异或者听话的学生,对他们倍加关心和呵护,在处理问题时也偏向、迁就优等生,而忽视、疏远后进生。比如,有的班级规定考试成绩好的学生优先选择座位;有的班级把成绩作为表彰奖励的重要条件。这些不公正的条文实施之后,优等生总坐在教室的"黄金地段",而后进生则一般处在偏、后、角的"三角地带"。有时班主任会采用"集体讨论""举手表决"等形式,将其不公正披上"公正"的外衣。其实,学生的眼睛是雪亮的,心灵是敏感的,哪怕是你认为微不足道甚至根本就没有留意的小事,都有可能给他们留下不公正的印象。

22.班级日常管理"五字诀"

以"严"为起点,
以"细"为基础,
以"勤"为保障,
以"放"为动力,
以"抓"为关键。

[诠释]

班主任在班级管理工作中要做到既务实又务虚;既能管得住,又能放得开;严中有宽,宽中有爱;多民主、少强制,多激励、少批评,多引导、少说教,多用情、少用气。

①以"严"为起点。班级管理工作的重点在纪律。马卡连柯认为:"纪律是集体的面貌、集体的声音、集体的动作、集体的表情、集体的信念。"所以,在建设班集体之初,班主任应与全班学生共同讨论,制定出符合学生实际的班规。班规一经制定就要付诸实施,执行到位。执行班规要以"严"为起点,坚持公平、公正,做到以理服人、以情感人,不偏袒任何一个学生。

②以"细"为基础。班主任工作,大量都是一些琐碎、繁杂、细小事务的重复。教育无小事,简单不等于容易,只有花大力气做好小事情,把小事做细,做到极致,我们

的工作才能收到事半功倍的效果,学生也才能健康快乐地成长。

③以“勤”为保障。“勤”就是“腿勤、嘴勤、手勤”。“腿勤”,即班主任要坚持到岗。班主任要深入到学生中间,了解学生思想状况的变化,了解他们行为的目的,知道他们在想什么、做什么,这是促进学生健康发展的前提。“嘴勤”,即教育在前。班主任要勤于思考,善于发现和解决问题。对班里可能发生的问题,要抓住要害预先分析,适时引导,力争把问题消灭在萌芽状态。“手勤”,即班主任应言传身教,示范在先,做出表率,今天该做的事决不拖到明天。

④以“放”为动力。“放”是根据主体教育的思想,逐步建构学生自我教育、自主管理、和谐发展的班级管理模式。在日常管理中,班主任要敢于放手,敢于给班干部更多的自主权,让他们独立开展工作。同时,要协助班干部充分调动每一个学生的积极性,踊跃参与班级的管理工作。诸如校纪班规的落实、文体活动的开展、班级财产的保护与维修、座位的排定等,均可放手让班干部组织全班同学开展。这期间,班主任应多引导、少限制,让自己由居高临下的指挥者变成班集体中的普通一员。

⑤以“抓”为关键。“抓”就是要抓方向、抓原则。如道德情感、行为规范、学习目标和班风班纪等必须要抓,而且要常抓不懈。“抓”,重在“严”和“勤”。“抓”,不是要求班主任面面俱到,也不是要求搞一言堂和包办代替。“抓”而不放,会扼杀学生的主动性和创造性。“放”,不是不管,不是放任自流。如果“放”而不抓,将导致班级的无序和混乱。因此,要做好班级工作,班主任必须“抓放结合”。

23.班主任工作的“几何”艺术

方圆结合的原则艺术,
长短协调的用人艺术,
曲直互补的批评艺术,
点面统一的布局艺术。

[诠释]

①方与圆是对立统一的关系,方是教育和规范学生的根本性准则,是原则和范

围,明确指出哪些是允许的、哪些是禁止的、哪些是不提倡的。圆是增强凝聚力、盘活班集体的重要手段,是策略和技巧,是指在不违背原则的前提下,充分利用规则提供的便利,运用技巧办成好事。方有方的棱角,圆有圆的技巧。圆必须是包含于方中的圆,方必须是总揽全局的方。只有将二者统一起来,才能方中带圆、圆内含方,在讲原则时不失技巧,在讲策略时牢记方向。

②长指优势和强项,它是学生信心的资本,是走向成功的保障。短指缺陷和不足,它是阻碍学生发展的绊脚石,也是失败的内在原因。作为一个学生,他的长与短、优与劣往往集于一身,一个方面强一些,另一个方面则可能弱一点。因此,如何对待短中带长、长中有短的学生,以全班同学的优势去组成一个强有力的班级阵容,最大限度地阻止短处的蔓延,应该是班主任用人艺术的一个核心内容。作为班主任,最艰巨的任务莫过于转化后进生。其实,后进生也有所长,我们应该以长促短,将短化长,各个击破,分而治之,不搞一步到位,不寄希望于一蹴而就。

③曲直互补是班主任批评艺术的核心内容。所谓曲,是指委婉隐蔽、含而不露,用弦外音表达自己的观点,藏匿锋芒于其间。所谓直,是指坦诚直率、醍醐灌顶,毫不隐瞒自己的立场,直陈利害关系,点明是非曲直。“曲”,让批评对象觉得如饮甘露、如沐春风,在不知不觉中受到教育;“直”,让受批评者觉得违纪就是作茧自缚,犯错就是跟自己过不去,在自我反省中得到启示。曲直艺术中,曲有曲的优雅,直有直的豪爽。从现代几何的观点看,直从曲中来,曲由直上生。这两种艺术,只要有助于问题的解决而又不违背原则,都是值得提倡的。

④树立典型、以点促面,表彰先进、催人奋起,抓住典型、以点带面,从点出发、盘活全面,是班主任布局艺术的重要法则。这里的点,是指组成班集体的学生个体,系典型和局部;面,是指班集体,是我们关心的全局。点面艺术有两方面的含义:其一,点是面的组成元素,因此必须纳入面的范畴予以规划、布局。学生个体“点”的行为不能够超越班集体这个“面”的限制。班主任必须正确引导学生遵守校纪校规,树立良好的班风学风,使其行为与身份相符。其二,点是面上的点,因此每一个点都很重要,必须平等对待。班主任应为每一个同学着想,允许他们有属于自己的特点。要充分调动每个学生的积极性,彰显其特点,又不掩盖其不足,避免滋生出缺点。还要注意弥补每个“点”的不足,给优势的发挥提供后劲,促使其走得更高、看得更远。

24.对犯错学生的适当惩戒

学生犯错后,让其承担一定的后果是很有必要的。但惩戒要遵循富有爱心、公平公正、事后安抚、与家长沟通等原则。不能单纯为惩戒而惩戒,更不能为宣泄怒火而惩戒。

[诠释]

①有的学生经常重复着犯错—认错—再犯错—再认错的恶性循环。在反复犯错、认错的过程中,有的学生觉得自己敢于承认错误,是诚实的;有的学生甚至认为自己“敢做敢当”,引以为荣。这跟班主任采取的不当教育方式有关。首先,家长和老师对学生缺乏责任意识教育。我们平时过分强调“犯了错敢于承认就是好孩子”,“只要承认错误就不再追究责任”,没有培养孩子为自己的过错负责的意识。其次,某些班主任缺乏有效处理问题的能力,对犯错的学生没有采取相应的处罚措施。学生做错事,有些老师往往只是让其写份检查了事,再犯错再写检查,结果,某些学生把写检查当成家常便饭。还有的老师常对犯错学生进行毫无威慑力的“警告”,让学生觉得老师无能,并为自己的“胜利”得意扬扬,日后更加肆无忌惮。学生犯错后让其承担犯错带来的后果是很有必要的。例如:学生犯错后,不仅要向“受害人”赔礼道歉,更要以行动加以改正,甚至对“受害人”进行一定的赔偿。

②对犯错学生进行适当惩戒不仅是必要的,也是可行的,关键在于惩戒不能单纯为惩戒而惩戒,为宣泄怒火而惩戒。对学生的惩戒可以从以下几个方面进行:一是物质性惩戒,就是通过一些物质性的手段,达成对学生所犯错误的处理。这包括没收物品、赔偿公物等。二是社会性惩戒。这是一种基于人与人之间互动的惩戒,通过让其“丢脸”,来完成对其犯错的处理。这包括要求道歉、写检查、当众检讨、被罚唱歌、冷淡式惩罚(不予理睬)、通告家长等。三是权利性惩戒。这是一种以剥夺学生某种权利的方式来达成对其犯错的处理。这包括取消发言、请出教室、取消课间休息、放学不让回家、调座位、取消参加活动权、停职、撤职等。四是象征性惩戒。这是一种通过剥夺某些奖励或者称号之类的办法对犯错的学生进行处理,包括给予纪律处分、撤销小红花等。

③对犯错学生的处理措施,毕竟不同于表彰,班主任在惩戒学生的时候,还要坚

持以下原则:一是富有爱心原则;二是公平公正原则;三是事后安抚原则;四是与家长及时沟通原则。

25.管理新班方略

全面了解,是班级管理的前提;
宽严结合,是班级管理的策略;
习惯培养,是班级管理的重点;
示范训练,是班级管理的基础;
形成合力,是班级管理的要求。

[**诠释**]

①全面了解。新生入学后,班主任可以采取让学生填写调查表、自我介绍,电话咨询、家访座谈等方式,对学生的家庭情况、爱好特长、脾气性格、身心健康、行为习惯、学习基础诸方面的情况进行了解,及时建立学生个人档案,做到心中有数,为班级工作的开展奠定基础。

②宽严结合。学生来到一个新的环境,一切都是陌生的,对新的班主任充满新奇和抱有希望。因此,班主任一定要微笑地面对学生,循序渐进提要求,把严格要求和培养兴趣结合起来,开展学生喜闻乐见的活动,用班主任爱的甘露去滋润学生的心田。

③习惯培养。良好的习惯是一个人进步的起点,班主任要重视培养学生良好的学习习惯、行为习惯、劳动习惯、卫生习惯和遵纪守法习惯等。

④示范训练。培养学生良好的习惯,不能只停留在口头上,班主任必须提出明确的要求,并进行严格的训练。

⑤形成合力。班主任在新学期一开始就要向家长和科任教师公布自己的工作方案,听取他们的意见,取得他们的支持,架起家校沟通的桥梁,形成教育的合力,共同搞好班级工作。

26.新班级度过磨合期"五字诀"

"早"——尽早计划,早做准备;

"快"——快速安排,尽快到位;

"缓"——缓定干部,缓罚学生;

"勤"——勤于观察,勤于交流;

"特"——特殊情况,特殊对待。

[诠释]

新班级的磨合期,是指新的班级组成后,师生、生生从相聚、相识、熟知到默契,成为一个团结和谐的班集体的过程。要使新班级快速、平稳、顺利地度过磨合期,班主任需牢记"五字诀":

①"早"。新生入学,百事待举,必须预先理出头绪。开学前要准备好各种资料,如学生情况调查表、班级座次表、学生登记表、值日小组安排表、家长联系电话表以及班级各项规章制度等,以便新生入学后循序渐进地开展工作。同时,做好开学第一天的准备工作,以便新生报到后,有条不紊地开展学校安排的各项工作。

②"快"。一是快速了解学生。新生报到后,立即发放学生情况调查表,迅速了解学生信息,做到心中有数。二是快速安排好座位和工作分工。根据学生身高排好座位,指定各项工作的临时负责人(如科代表、值日组长等),填好座次表,贴在讲桌上,为科任教师提供方便。三是快速熟悉学生。新生入学三天内应记住所有学生的姓名并对号入座。这招儿往往会给学生一个惊喜,并赢得学生的钦佩。四是快速建立家校联系渠道。第一天就向学生公布自己的电话号码,统计学生家长的联系方式,鼓励学生及其家长与班主任多沟通。

③"缓"。接手新班级最忌讳急躁。一是确定班干部人选要缓。确定班干部不能过快,可以采用试用或周轮值的方式,对学生进行观察试用,从中选出优秀者。也可以采用班干部轮换制,让更多的学生得到锻炼的机会。二是批评学生要缓。开学初期,应以指导、提醒和鼓励为主,第一周不批评学生,每周至少有一天为"无批评日",切忌当众批评学生。三是处理突发事件要缓。新班级、新学生、新教师,都处于相互熟悉的阶段,处理突发事件一定不要急躁。

④“勤”。勤是班主任做好班级工作的先决条件,刚接手新班的班主任尤其应该如此。只有勤动腿,走近学生身边,勤动嘴,走进学生心灵,才能迅速了解班级中出现的新情况、新问题,并对学生提出新的要求。

⑤“特”。在管理新班级的时候,要具体问题具体分析,特殊情况特殊对待,坚持原则性和灵活性的统一。

27.班主任工作之“道”

用谋之道——运筹帷幄,谋略创新;

用理之道——以理服人,以理育人;

用权之道——民主廉洁,合理授权;

用人之道——大胆放手,积极扶持;

用情之道——以情激励,以情感人。

[诠释]

制定班主任工作策略必须改变墨守成规的思维定式,用新眼光看待学生的好奇心,接受学生的新信息,研究学生的新问题,认同学生的新理念,使策略具有创新特色,使学生在新、奇、乐中接受教育。

①用谋之道。班主任的用谋之道,就是班主任在班级管理活动中,运用谋略之学进行谋略运筹,巧妙完成组织、指挥、决策和协调任务的手段与方法。班主任对班级事态的发展变化越有预见、越有准备,策略的运用就越高明,各项工作的开展就越主动,计划、方案所确立目标的完成度就越高。班主任在用谋时要善于借助科任教师、班干部的力量与智慧,同时借鉴国内外的成功经验,借鉴兄弟班级的管理经验,使班级管理工作芝麻开花节节高。班主任用谋还要善于感情投资,做到理解、尊重、信任每一个学生,关心、爱护、支持每一个学生,以密切师生之间的感情,赢得全体学生的支持。

②用理之道。用理,就是摆事实、讲道理,以理服人。班主任在用理教育过程中必须注意几点:一是用理必须集中议题,只讲一点,不要面面俱到,漫无边际。二是用

理要抓住主要矛盾,化急为缓,化重为轻,疏通引导。三是用理要婉转含蓄,做到育人使其不察,教人使其不惊。四是说理时要根据学生的兴趣爱好来引导,通过造成积极向上的思想舆论环境来诱导。五是用理要寓教于乐,使学生在愉快的心情下接受教育,从而使其思想得到启迪,性情受到陶冶。六是用理要以身作则,率先垂范,既要言教,更要身教,用自己的规范行动和表率作用,带头实践自己所讲的道理。

③用权之道。班主任用权之道主要有三:首先,要对班里的大事心中有数,把自己的主要精力用于抓班级的主要矛盾,统一调度,形成合力,进而推动大事的解决。其次,做出班级重大决策时,必须做好和科任教师、班委会的内部协调。班主任事先要搞好预测,做到心中有数。再次,要学会合理授权。班主任个人的精力是有限的,要想使班级管理系统有机运转,班主任必须向班干部合理授权,放手让班干部施展才干。

④用人之道。班主任的用人之道,主要是指选拔配备、培养班委会干部,包括选人、用人、育人三个方面。第一是选人,就是选拔任用班委会组成人员。在选人方式和途径上,可采用班主任指定制、民主选举制和轮流上岗制。起始年级的新班级,学生之间互不了解,可先由班主任指定几个同学临时承担班委会的工作。经过一段时间后,同学之间有所了解,再通过民主方式,产生正式的班级干部,组成正式班委会。为使更多同学能为班集体服务并在班级管理过程中得到全面锻炼,也可以实行轮流上岗制。第二是用人,就是班主任放手让班委会成员大胆工作。班主任使用班干部一定要讲原则:一要公道;二要信任;三要激励;四要沟通;五要压担子;六要坚持考评。第三是育人,就是对班干部进行培养,包括交给任务、教给方法、积极扶持等。

⑤用情之道。班主任要激励学生奋发向上,就需要善于把握感情,善于用情,激励以情。一要经常和学生玩在一起。在玩中交朋友,在玩中相互交心,在玩中加深感情。二要放下架子,摆正自己和学生的关系。要确立全心全意为学生服务的观念,尊重班里的每一个学生,做到容人、容言、容事,用自己的人格魅力影响学生。三要像春雨一样点点滴滴洒在学生的心头,将自己的深情倾注到学生身上。班主任要从爱护学生、帮助学生的立场来做工作,要以诚恳关切的态度,运用语气、情绪、动作把自己的情感适时表达出来,以感染学生。要注重在细枝末节处以自己的热诚之心关心学生、影响学生、感染学生,使学生真切地感受到班主任的关怀与温暖。四要注重情理结合,做到以情感人,以理服人,寓情于理,相得益彰。五要调查研究,真正掌握学生

在想什么、急什么、要什么,摸准他们的思想脉搏,掌握他们的心理变化,用细致入微的关怀去温暖学生的心田。

28.班级管理的“道”和“技”

“道”,文而化之:班级管理的最高追求;

“技”,大教无痕:班级管理的最高技巧;

“联”,道技统一:班级管理的最高境界。

[诠释]

文化境界即“道”,是班级管理的最高境界,它是班主任的教育理念和学情有机结合而形成的班级文化,是全班同学认可并推动大家共同进步的一种内驱力。而“技”是班级管理的技巧、方法,它由“道”而生。班级管理,应该是“道”和“技”的有机统一。

①“道”,文而化之:班级管理的最高追求。就班级文化而言,它有内隐和外显之别。班级的精神、使命、价值观、远景和战略等属于内隐的文化。班级文化建设主要是指内隐的文化建设,其建设过程实际就是一种引领、感化、教育的过程。班级文化建设主要有三个阶段:入学教育时的集中引领阶段、适应期的制度文化建设阶段和稳定期班级文化的提升、整理、优化阶段。

②“技”,大教无痕:班级管理的最高技巧。班级管理、教育的技巧不胜枚举,每位班主任都有自己或多或少的管理办法,甚至有人整理出班级管理的“兵法”,和学生斗智斗勇。其实,班级管理的最大技巧不是我们想出种种方法和学生战斗,而是引导学生自己和自己战斗,不断战胜自我,不断成长。班级管理最大的“技”,就是利用一切教育契机,智慧地引导学生从他律走向自律,进而自我管理、自我教育、自我超越。“技”的运用,最能体现出班主任的教育艺术和理念。只有站在“育人”的高度,才能有真正高超的技巧;只有从“道”的高度出发,才能谈得上运用之妙。

③“联”,道技统一:班级管理的最高境界。古人云:“道为术之灵,术为道之体;以道统术,以术得道。”其中“术”即“技”。有正确的“道”往往能衍生出高效的“技”,

而高效的“技”则可以检验和推进“道”的正确归位。两者的有机统一,即真正的班级教育。在班级教育实践中,我们以“道”为工作的基点,以生为本,来研究、运用各种“技”,决不能以“技”害“道”,更不能以把学生管得服服帖帖的“技”而沾沾自喜。立足于“道”的“道”“技”结合的教育,是可持续发展的教育,是教育的最高境界。

29.班主任工作的辩证思维

方与圆的结合,粗与细的统一,

缓与急的兼顾,严与宽的联系。

[**诠释**]

班主任工作需要讲究艺术。其艺术性体现在:在做学生思想工作时,需要辩证对待和处理问题。

①方与圆的结合。方就是要讲原则,圆就是要讲技巧。过于方就会失去人性化,过于圆就会对学生的教育效果大打折扣,班主任在工作中追求的应是方与圆的辩证统一。具体来说,在班级管理的开局阶段,应先方。班主任首先将原则定好,大家都按规则办事,谁都不能搞特殊化。在班级管理定局后,应方圆结合。一方面仍要坚持规范化管理,统一要求,一视同仁。另一方面可根据具体情况采用灵活的方式,既严格要求,又以生为本。

②粗与细的统一。粗就是粗放型的管理,细就是工作中的细节。管得太粗,班级会显现乱象;管得太细,同学们会缺乏自觉性。只有粗细结合,才能达到良好的效果。首先,班主任工作需要粗管理。一要发挥班干部的作用,使班主任的管理措施通过班干部得以实施,班主任只起规划和监督落实的作用。二要让班上的每一位同学都参与班级管理,让他们成为班级的主人,这样有利于同学们的自我管理、自我教育能力的培养与提高。三要对学生的犯错采取粗处理。对于学生因顽皮而引发的不影响班级大局的事情,可以视而不见;对于一些偶发事件而非学生故意犯的错误,可以不予追究;对于学生正在努力改正的错误,也可以忽略不计。其次,班主任工作也需要细致。细节决定成败。班主任一定要细致观察学生的一言一行,细心做学生的思想工

作，及时发现学生的思想问题，用心进行疏导、说服和教育。做学生的思想工作不能粗枝大叶，特别是涉及学生的品行方面，必须以小见大，关注小现象，从细处入手，解决学生思想上的大问题。

③缓与急的兼顾。在教育学生的过程中，要根据学生的个性特点和事件的性质，该缓则缓、该急则急，做到缓得适时、急得恰当。有的时候要尊重学生的人格，顾及学生的面子，所以要暂时缓一缓。如果操之过急，往往会适得其反。有的事情事关重大，刻不容缓，必须立即处理。如果拖拖拉拉，未及时对学生进行教育，往往会错过教育的最佳时机。

④严与宽的联系。严是爱，宽也是爱。严是为了规范学生的行为，是一种深沉的爱。宽是尊重学生，是一种博大的爱。严不是时时对学生板着面孔，而是要严中有理、严中有情。宽不是放任自流，而是尊重学生的个体差异，维护学生的自尊心。因此，对于学生的管理要做到严宽适度，在教育学生的方式方法上要灵活多样，而对学生的要求则要一丝不苟，决不迁就。

30.立情，班级管理的最高意境

立情，是班级管理的最高意境；
立情，使班规班纪有效地达成；
立情，让班级生活幸福而完整。

[诠释]

不少班主任新接手一个班级，总是急于制定严格的班规班纪。语气强硬，多用否定句式：不许……；或者居高临下地训诫：必须……。在开学之初，这样做班级纪律也许是好的，在运行一段时间之后，班主任开始感觉镇不住学生了。因此，班规班纪需要通过立情来达成。

所谓立情，是指建立情感，就是班主任、科任老师、学生、家长几方面在一个班集体建立的情感。

一是班主任对学生的情感。班主任要明确给学生发出自己的信号：我很爱你们，我在乎的不仅仅是你们的学习成绩,更在乎你们的人品素养。二是学生对老师的情感。如果学生能真切地感受到班主任对他们的爱意,就会非常在意班主任和科任教师对自己的评价。三是学生之间的情感。一个班级就是一个小社会,有其公共关系。学生会越来越明确,损人利己或者损人不利己的事情绝不能做,做了好事会得到同学们的赞许,要树立自己的良好形象。四是家长对班主任的情感。家长们会渐渐发现,班主任关注着每一个学生德智体的全面发展,从而产生对班主任的敬意和信任。他们也会慢慢学着用班主任看待学生的方式,去关注自己孩子的方方面面。

31.班主任工作"四用"

用心——用整个的心灵去做学生喜欢的班主任;

用情——用纯真的感情去做学生拥戴的班主任;

用法——用智慧的方法去做学生佩服的班主任;

用力——用坚强的毅力去做学生敬仰的班主任。

[诠释]

①要用心做学生喜欢的班主任。作为班主任,要用心聆听学生的心声,用心观察品味教育现象,用心尊重教育规律,用心思考教育智慧,用心创造学生发展的广阔空间。用心做班主任,一要有爱心。爱心是教育的底色,也是教育的本质。教育是一种心灵的艺术、一门爱的艺术,没有爱就没有教育,有爱才会有成功的教育。二要有责任心。责任心是成功的基础。作为班主任,要上对学校负责,下对学生负责。既要对学生的现在负责,也要对学生的未来负责。三要细心、耐心。细心是班主任工作的基本要求,耐心是班主任工作的重要保证。班主任工作是烦琐的、平凡的,需要班主任细心做事,耐心坚持。用心做班主任,才能留心观察,细心品味;才能专心实践,恒心坚持;才能达高致远,宠辱不惊;才能童心不泯,拥有爱心;才能心怀感激,胸襟坦荡;才能展示自我,感悟生命。

②要用情做学生拥戴的班主任。"用情"就是要有热情,要付出真情。一要对学生有感情,二要对工作有热情。班主任的工作在很大程度上就是与学生情感交流的

过程,而融洽和谐的师生关系能使学生无忧无虑、无拘无束地学习和生活,能使学生身心得到健康发展。而这一切要靠班主任真诚的态度和真挚的情感才能实现,这就是以情育情、情感育人的教育理念。对工作有热情,就是我们常常讲的有敬业精神。班主任要热爱教育事业,深爱班主任这一职业,做到:一切为了学生的发展,为了学生的一切发展,为了一切学生的发展。

③要用法做学生佩服的班主任。做事需要讲究方法,方法得当,事半功倍;方法不当,事倍功半。班主任工作纷繁复杂,要求班主任要有新理念、新思路,要转换工作方式,要自我修炼教育智慧。班主任工作方式必须要转变,要从“管”转向“导”,其关键词是引导、感召、感染、影响、倾听、关注、分享、分担。班主任要采取协商理念下的民主管理方式,使班级中人人有事干、事事有人干、时时有事干,要让学生感受班级生活的吸引力,让他们人人有梦想,个个有爱好。

④要用力做学生敬仰的班主任。“用力”就是要有毅力,要坚持不懈。班主任工作是一项非常辛苦和琐碎的工作,不付出艰辛的劳动和辛勤的汗水是不会有收获的。班主任工作任务繁重,需要起早贪黑,甚至需要牺牲休息日;班主任工作事无巨细,学生的吃、喝、拉、撒、睡,样样都要管;班主任工作对象是未成年学生,需要班主任反复抓、抓反复;班主任从事的是育人工作,是一种长效工作,不可能立竿见影,不要指望通过一次简短的谈话就能够实现与学生心灵的沟通。所有这些都要求班主任必须有坚强的毅力,坚持不懈地做下去。

32.班主任的“说理教育”

有理——有理有据,以理服人;

有时——把握时机,注重时效;

有心——心灵沟通,以心交心;

有度——掌握尺度,把握力度;

有趣——话题有趣,以趣生理。

[诠释]

说理教育就是用摆事实、讲道理的方式,来教育和转变学生的思想和行为。班主任在说理教育中要做到“五有”:

①有理。班主任必须要抓住一个“理”字,把道理讲透,以理服人。说理要有理,用理去分析,用正理说服歪理,用大道理说服小道理,从小道理引出大道理。班主任讲道理有理有据,才能使学生提高认识,接受教育。

②有时。班主任说理应根据学生的特点,选择恰当的时机。只有把握时机,掌握火候,才能收到良好的效果。有时话谈早了,条件不成熟,反而会火上浇油;谈晚了,往事已烟消云散,起不到谈话应有的作用。

③有心。班主任对学生的说理是一种师生心灵的沟通,要以心交心,以心换心。

④有度。与学生说理是班主任与学生面对面的直接对话,针对不同学生的性别、年龄、性格等因素,要掌握好说理的尺度,把握好说理的力度。

⑤有趣。班主任说理,要从学生感兴趣的话题谈起,多谈学生感兴趣的话题,增加说理的趣味性,以达到说理的最佳效果。

33.明确班主任的任务

了解研究学生——前提;
加强品德教育——根本;
提高学业成绩——目标;
重视文化建设——氛围;
组织各类活动——载体;
协调各种关系——合力。

[诠释]

①班主任要教育好学生,就得先了解和研究学生,这是做好班级工作的前提。了解和研究学生的内容有二:一是了解和研究班集体。包括班级的基本情况,如总人数、性别结构、生源状况、年龄分布、成绩好中差学生的比例、班级取得的成绩与存在

的问题等;班级的其他方面,如学生生活社区环境、学生家庭条件、学生在校外的表现等。二是了解和研究学生个人。包括学生的基本情况,如姓名、性别、年龄、健康情况等;学生的家庭情况,如父母的文化水平、职业、经济状况、居住条件等;学生的思想品德和学习情况,如遵规守纪、文明礼貌、集体观念以及学习成绩、学习态度、兴趣特长等;学生的个性情况,如智力特点、情感意志特点、性格和气质的类型等。另外,了解和研究学生,要注意全面性、经常性和发展性。全面性就是要全面地看待学生,既要看到学生的优点,也要看到其不足;既要看到学生校内的表现,也要看到其校外的表现。经常性就是要把了解和研究学生作为班主任的常规工作,常抓不懈。发展性就是要用发展的眼光看待学生,既看学生的过去,更要看学生的今天,还要预见学生的明天。班主任了解和研究学生的方法多种多样,有观察法、谈话法、问卷法、调查法和测量法等。

②班主任必须重视学生的思想品德教育。班主任要有明确的班级德育目标,选取的德育内容要贴切,选择和使用的德育方法和途径要恰当。德育的方法主要有说服教育、榜样示范、情感陶冶、自我教育、实际锻炼、品德评价等;德育的途径主要有课堂教学、主题班会、团队活动、社会实践等。

③作为班主任,要提高班级的学习成绩,首先,要全方位关注学生各门学科的学习情况,要培养学生良好的学习习惯,要在学习方法、学习策略方面对学生进行有效的指导;其次,要有目标意识,要求每位学生都制定具体的学习目标,包括总分目标和名次目标,让学生重视每一次考试;再次,要做好科任教师的助手,要与科任教师密切配合,关注各科学生课堂学习情况,帮助科任教师解决问题,提高全班学生学业成绩的整体水平。

④班级文化实质就是班级的精神,也就是班级所有成员在共同的班级生活中形成的共同的体系和价值追求。班级文化建设分静态文化建设和动态文化建设两部分。静态文化建设主要指物的建设,包括桌椅的摆放、墙面的布置、黑板的利用等;动态文化建设主要是指人的建设,是指紧紧围绕教育教学工作而适时开展的各项主题活动。

⑤不管是学校活动,还是班级内部组织的活动,活动准备时间都不能太长,避免影响正常的学习;活动最好能以全班同学都参加为宜,培养学生集体主义精神;所组织的活动要有教育意义,使学生能在这些活动中展示风采,感受快乐,并能收到一定

的教育效果；不管是大型活动还是小型活动，班主任都要积极主动参与，并注意把班干部组织起来，进行明确的分工，使每项工作都具体到人、责任到人。

⑥班主任是家庭与学校、学校与班级的桥梁，是联系各科教师、连接各种教育力量的纽带。班主任的工作不是孤立的，要充分依靠各种教育力量才能更好地搞好班级管理。一要在教学活动中与科任教师紧密配合、协调一致，发挥科任教师的教育力量。二要与学校工作有机统一，争取得到学校的政策支持。三要积极主动与家长取得联系，定期与家长进行交流，争取家长的配合与支持，发挥家、校教育的合力。四要协调并利用学校周边存在的一切可利用的教育资源让学生走出校门，了解社会，关注自然，接受社会的教育。

34.要处理好简单与复杂的关系

简单就能达到教育目的的要简单化，复杂也达不到教育目的的不如先简单化；简单会产生负面影响的要复杂化，需要扩大教育面的小问题不妨复杂化。

[诠释]

班主任处理好简单与复杂的辩证关系是一种智慧，但一定要以教育目的、教育效果为尺度。究竟是简单问题复杂化，还是复杂问题简单化，要因事、因时、因人而定，千万不要搞“一刀切”。

①简单可行的决不复杂化。第一，简单就能达到教育目的的要简单化。许多事情，看起来很复杂，涉及多个方面、多个对象，但如果我们能够抓住重点，就能把复杂的问题简单化。例如，就班级规章制度来说，尽管涉及学习、卫生、纪律、活动等校内、校外多个方面，但制定时要尽量做到语言简洁明了，最好是几十个字即可，规定多了学生也记不住。第二，复杂也达不到教育目的的不如先简单化。我们在处理班级事务时，如果遇到某个问题，虽然花了很多时间和精力，但还是解决不了，这时索性暂时回避这个问题。有时，如果把工作复杂化了，不光解决不了问题，反而会产生负面影响，那就更要简单化了。例如，对班级个别学生的早恋问题，只要不影响学校纪律和不影响他们自己的学习，就可简单处理，采取找他们谈话的方式最妥当，千万不要叫

家长，更不能给以校纪处分。

②需要复杂的决不简单化。第一，简单但会产生负面影响的要复杂化。对学生中出现的小问题、小错误，可能涉及大方向、大倾向的，班主任就要小题大做了。例如，在公共场合丢弃废纸、作业不按时完成等，看似不是什么大事情，但小事情积少成多，就会成为大事情。如果本来就是违反原则的事情，就更不能简单处理。例如，对待学生考试作弊，我们不能简单解决，必须认真、严肃处理。第二，需要扩大教育面的小问题不妨复杂化。班主任要善于发现班级中的好人好事，善于发现每个学生身上的闪光点，大张旗鼓地加以宣传和表扬，一定会收到事半功倍的效果。对于学生中出现的有代表性的问题，开展系列班会，做几次小型"会诊"等，都能将教育效果最大化。

35.班主任"罚"的艺术

罚之有方：罚之有理，罚之明理；

罚之有度：罚得得当，罚得得体；

罚之有情：罚中有爱，罚中有益。

[诠释]

没有惩罚的教育是残缺的教育。惩罚是一种呵护，是一种艺术。只要把握好罚的艺术，罚之有方，罚之有度，罚之有情，适当使用一些充满麻辣味的爱的惩罚又有何妨？

①罚之有方。古人云："治人如治病，得其方，药到病除；不得其方，适得其反。"班主任惩罚学生一定要讲究艺术，一定要做到公平合理。"罚"不是目的，要通过"罚"的手段让学生认识错误，促进其进步。比如，对于不交作业的学生罚他补交作业，对于不跑早操的学生罚他补跑早操，对于损坏公共财务的学生要罚他进行经济赔偿，这些都是必要的惩罚。在惩罚前班主任必须给学生讲明道理，讲清惩罚原因，使学生心服口服。

②罚之有度。教师施加惩罚的初衷是好的，目的是帮助学生分清是非、辨别美丑、意识到缺点、改正错误。但惩罚学生切忌把话说绝，不要把事做得没有余地，更不

能“一棍子”打死。对学生要罚得适当,不但要让学生能够接受,而且能乐于接受。对学生实施惩罚时,既要看其心理的承受能力,又要考虑性别和年龄大小,还要看其违反校纪校规的轻重程度。

③罚之有情。有人说,爱是最好的老师。当学生犯了错误,就应该管则管、该罚则罚,其根本宗旨就是“治病救人”。苏霍姆林斯基在成功的惩罚中,有罚学生“画画”的,有罚学生“写作”的,与其说是一种惩罚,倒不如说是一种特别的关爱。这种充满人情味的惩罚,犹如暖暖的春风容易被学生接受,更容易催人奋进。

36.巧用“压力”管班级

营造规则压力,加强班级管理;
创设舆论压力,培育良好风气;
巧施愿景压力,哺育向上团体;
善用情感压力,提高学习成绩。

[诠释]

任何一个群体的行动都是在某种“压力”的推动下实现的,因此,班主任在班级管理中,如能巧妙创设“压力”,必将对班级管理的优化产生积极的影响。

①营造规则压力,加强班级管理。规则意识,就是人们在遵守制度或章程时所具备的良好的态度和习惯。要让班级全体学生树立规则意识,不是一朝一夕就能实现的,它需要一个过程。班级管理规则的制定应由全班同学集体讨论决定,这样制定的班级规则认同度高,有利于形成群体约束的无形“压力”。一旦某个学生出现“越轨”行为,就会遇到班集体有形或无形的压力。在这种“压力”的驱使下,班级学生就会有意识地将“要我遵守规则”转变为“我要遵守规则”。

②创设舆论压力,培育良好风气。正确的集体舆论,是指在集体中占优势和为多数人赞同的正确言论和意见,也就是我们平时所说的良好的班风。一个班级一旦形成良好的舆论压力,这种“压力”就会转化为一种自我教育力量,对学生的言行产生巨大的约束力。而正确舆论“压力”的形成,不是自发的,它是在班主任的正确引导下,

经过老师和全班同学共同努力而形成的。因此,班主任要致力于建设班级优良班风和正确舆论导向,形成正确的舆论“压力”。

③巧施愿景压力,哺育向上团体。愿景即所向往的前景心愿,班级的共同愿景就是共同的使命感。班级共同愿景主要要素有三:一是追求,即班级成员共同向往的未来图景;二是使命,即班级存在的理由;三是目标,即同学们期望短期内达到的目标。在这种共同愿景下,班级中每位同学必然会产生愿景“压力”。这种“压力”有利于培养同学们的团队合作意识,促进共同进步。这种“压力”会在班级每位同学心中产生感召的力量,增强班级凝聚力,让班级的每位同学对自己的未来有清晰的认识,并为之奋斗。通过个人愿景的实现促进班级愿景的建设,通过班级愿景的实现成就个人愿景的发展。

④善用情感压力,提高学习成绩。在班级管理过程中,学生如果对班主任具有良好的师生情感,这份情感就会产生一种无言的情感“压力”,从而对班级的管理产生积极的影响。要建立良好的师生情感就要让学生喜欢你,学生喜欢一个教师,除了品格、知识和教育能力的因素外,在心理上主要取决于教师是否爱学生。没有爱,就没有真正的班级管理;没有爱,就没有良好的学习氛围。

37.“五行”治班

“木”——合作共管;

“土”——因地制宜;

“金”——学习借鉴;

“火”——创新实践;

“水”——柔情智慧。

[诠释]

用中国哲学的金、木、水、火、土“五行”相生相克的理论,思考并践行班级管理工作,也许会别有洞天。把班级看作需要我们培育的树木,学校管理理念、评价方法等构成的育人环境则是“土”,班级管理的成功经验是“金”,工作中的创新激情如同

"火",做学生工作的爱心与智慧恰似"水"。

①"木"。把全班学生组成的班集体看作需要精心培育的一棵树,禀性不同、能力各异的个体,就是树的根系、树干、枝叶、花朵、果实。这棵树不仅仅是属于班主任一个人的,从大处说,它属于社会,属于学校;从小处说,它属于年级,属于班级所有科任教师。要想让这棵树枝繁叶茂、鲜花盛开、硕果累累,老师们的精诚合作、齐抓共管至关重要。无论是班主任,还是科任教师,都须时时想着形成合力以促进班级成长。这就要求班主任要在合作共管这个着力点上努力,想办法与班级科任教师进行沟通合作,尽力、尽快地形成默契的共管机制。唯此,班级这棵树方能健康成长。

②"土"。班级是一棵树,植根于学校这片土壤中。学校的育人理念、规章制度、管理体制、量化办法等,构成这片土壤的生态环境。作为树木,必须想办法在现有土壤条件下尽力生长。班主任对于班级管理的思考与设计,首先必须基于学校的育人目标、办学理念、管理制度,然后着眼于班级管理如何与学校的量化考核、示范评选接轨。同时要想着社会实践、学校活动、班级活动如何与学生升学、学生成长和谐统一。这就要求班主任要在因地制宜这个着力点上努力,思考研究班级所处的社会环境、区域环境、校园环境,设计制定适合班级管理运行的有效机制,让班级这棵树在其生存的土壤中茁壮成长。

③"金"。管理班级,要把别人的成功经验、有效的办法视作金子,首先拿来,然后为己所用,产生良好效果的,才是真金。"他山之石,可以攻玉。"同时要关注别人失败的教训或案例,进行"三省吾身"的反思,"有则改之,无则加勉",做到防微杜渐、防患于未然。无论是资深班主任还是年轻班主任,汲取书籍、报纸、杂志的精华,探究他人的成功经验,诚恳虚心地向同事请教,总会有获益匪浅的感觉。这就要求班主任要在学习借鉴的基础上努力学习,既不夜郎自大,也不妄自菲薄,方能树立自己的治班理念,培养出有自己特色、自己风格的班级。

④"火"。在班级管理上要有火一般的热情,以火热的激情追随时代前进的步伐,不断创新,大胆实践。面对每一个学生的教育,班主任需要一种全新的视角,需要一种全新的思路。每带一次班,都是一次全新的旅程,以前的种种经验、种种办法,很可能在此都用不上,必须基于现实,在探索中尝试,在实践中改进。这就要求班主任要在创新实践这个着力点上努力,既要有火热之心、火热之情,更要有时常"烧三把火"的敢为人先的实践。

⑤“水”。管理班级，培养人才，如园丁之培育树木，首先要和风细雨、春风化雨。面对行为习惯不良的学生，面对缺失家庭教育的学生，面对心理出现障碍的学生，既要有足够的善心，还必须有“润物细无声”的耐心。“上善若水，水善利万物而不争。”“天下莫柔弱于水，而攻坚强者莫之能先。”其次要运用智慧，“智者乐水”。面对特殊的学生，要开动脑筋找到有效的方法。这就要求班主任要在柔情智慧这个着力点上努力，以似水的柔情走进学生独特的内心世界，以如水的智慧帮助学生走出困境，走向成功。

38.别让管理“只差一点点”

表扬后别忘了一点指点，
批评后别忘了一点鼓励，
谈话后别忘了一点祝福，
家访后别忘了一点沟通，
活动后别忘了一点延伸。

［诠释］

班主任在管理班级、教育学生上做了大量细致的前期工作，但往往因为忽视了后续的一点跟进，而导致教育效果大打折扣。

①表扬后别忘了一点指点。学生取得了进步，班主任一般会在班上大力表扬，目的是号召大家向其学习。然而，这有可能使受表扬者产生自满情绪。如果班主任在表扬学生后，能及时对其进行一点指点，指出其成功的原因和下一步努力的方向，让被表扬的学生明白自己还有很大的发展空间，需要不断努力，争取更大的进步。

②批评后别忘了一点鼓励。学生重复犯错误或出现严重问题时，班主任都会采取各种方式对其进行批评教育。批评时往往是指出存在什么问题、表现在哪些地方、会导致哪些后果等，然后收场了事。批评过后，学生知道“灾难”已过，不会再认真反省自己的行为。如果班主任在批评之后，充满真情，以平等交流的态度再和学生谈谈心，鼓励一番，会让学生深刻地认识到自己的错误，增强其改正缺点的决心。

③谈话后别忘了一点祝福。谈话是班主任常用的一种教育方法。学生出现退步、违纪、情绪波动等情况,班主任会通过谈话的方式来解决问题。班主任在谈话时应力求心态平和、态度和蔼、感情真诚,营造一种民主宽松的氛围,帮助学生解决问题。但谈话结束时,别忘了送给学生一句祝福。祝福不仅是一种礼貌行为,更体现了班主任对学生人格、意志、能力等方面的尊重。一声祝福会令学生在感动之余看到希望,并成为他(她)前进的动力。

④家访后别忘了一点沟通。家访是教师和家长互通信息、形成教育合力的有效方法。班主任家访一般有两种情况:一是了解性家访。学生在学校没有出现什么问题,教师只是对其家庭情况作一个了解。二是问题性家访。学生在学校出现问题后,班主任通过家访以求得家长协助。无论哪种家访,班主任都应将家访的情况与学生及时沟通,并征求学生的意见。师生互相沟通,不仅可以消除学生的认识误区,还可以使学生进一步了解老师和家长对自己的看法,从而增强对班主任的信任。

⑤活动后别忘了一点延伸。学校每学期会开展各种形式的集体活动,如举行的开学典礼、重大节日的纪念活动、运动会、报告会、升旗仪式等。但活动一结束,该项活动就会被同学们抛到脑后。班主任如果趁学生活动余兴未了,再花点时间在班级进行总结,或者组织学生展开讨论,效果会更好。

39.宽攻为妙

科学管理的前提是以身作则,基础是上行下效;关键是自治自律,策略是宽攻为妙。

[诠释]

①诚然,没有规矩不成方圆,学校没有规章制度肯定不行。我们当然要有“学生守则”“行为规范”,守则与规范的落实,真正值得依靠的,莫过于以身作则,上行下效。这才是宽松管理的前提和基础。

②书法、绘画中讲究留白的艺术,班级管理也要有“留白”。英国著名教育家斯宾塞在《教育学》中曾指出:“记住你管教的目的应该是养成一个能够自治的人,而不是一个

要别人来管理的人。”班级管理追求的应该是自治而不是他治，是自律而不是他律。

③围棋有诀曰：宽攻为妙。在攻击对方时，贴身肉搏，是下下之策：贴身攻击，用棋子多，效率低下，不见得会对对方产生多大压力，反而会给自身造成太多漏洞。正确的做法是，你只需若即若离布下阵势，使对手感到压力，便可用最少的棋子形成最大的攻势。在班级管理中，又何尝不是如此。

40.班主任的“三宝”

一宝：该放手时且放手；

二宝：一半清醒一半醉；

三宝：给点阳光就灿烂。

［诠释］

①班主任并非样样事都亲自抓才是负责，应“该放手时且放手”。在班级管理中，班主任不妨做一个聪明的棋手，用好手中的每一个棋子，多给学生展示才华的机会，让他们在各自适合的岗位上发挥才能。

②学生不犯错误是不可能的，班主任面对他们犯的小错误，不妨“一半清醒一半醉”，用一颗坦然的心面对，偶尔来一次“糊涂”。

③“好学生是夸出来的”，每个学生都有闪光点，关键是班主任要有一双发现美的眼睛，摘下有色眼镜，以欣赏的目光去平等地看待每一位学生，学会赞美，你会发现身边到处都是姹紫嫣红。

41.写检查绝不是治班的灵丹妙药

当学生犯了错，班主任不要总是让他写检查，而要让学生用实际行动给自己写检查；如果学生决心改正错误，就没必要写检查；如果他不去改正，写了检查也没用。

[诠释]

不少班主任把让学生写检查作为自己的杀手锏:当学生违反了学校或者班级的纪律后,首先就得给班主任写一份检查,并且规定不得少于一定的字数。如果再犯第二次,就把学生写的检查贴到教室的宣传栏去,甚至让犯错的学生当着全班同学的面念自己写的检查。

不可否认,班主任的出发点是好的,希望通过写检查来教育学生:端正态度,提高认识,改正错误。有的班主任通过让学生写检查的办法,居然也达到了一定的效果。但通过让学生写检查,暴露出一些班主任处理问题的简单化,也拉大了师生之间的距离。笔者非常欣赏著名教育家魏书生处理此类问题的妙招儿,他采取的方法十分特殊:要求当事人写出书面材料,即把事情发生的时间、地点、起因、经过、结果等细写出来,决不要空泛的表态式的决心书和口号式的保证书。

其实,写检查绝不是治班的灵丹妙药。班主任对学生犯错,不应简单地去堵,而应设法去疏,多引导学生正确认识错误,从而自觉改正错误。我们不妨告诉学生,如果今后违反了纪律,请你不要给老师写检查,只要给自己写检查,用实际行动来"写检查"。只要是人,就没有不犯错误的;犯了错误,改正就好。如果你决心改正,就没必要写检查;如果你不去改正,写了检查也没用。

42.细节决定成败

小事成就大事,细节成就人生。

注意细节管理,细节决定成败。

[诠释]

老子说:天下难事,必做于易;天下大事,必做于细。由此可见,想成大事者,就必须从身边的小事、细节做起。班级管理也是如此,无处不体现了细节的重要性。以下班级管理细节,班主任千万不可忽视:

①每天组织学生练字 5 分钟。陶冶情操,修身养性,有利于学生养成平和的心态。

②每天用5分钟时间组织学生反省自己一天的行为，让学生总结自己的优点去发扬，反思自己的缺陷去克服，不断完善自己。

③每个学生每周轮流给大家讲一个小故事或小寓言，让大家都成为班级“德育工作者”。

④每周班主任带领学生参加一次课外体育活动。或打打球，或跑跑步，或举行小型体育比赛等，以缩短师生之间的距离。

⑤每周坚持开展一次班级集体活动。或召开主题班会，或参加班级文艺活动等，以增强学生的集体荣誉感。

⑥坚持每月组织学生制订学习计划，让他们在学习上养成有计划的好习惯。

⑦在学生生日当天的下午自习课上，组织召开生日Party，把班主任和全体同学的集体祝福送到过生日学生的心中。

⑧学生犯错后，让当事人用自省的形式向全班说明原因，给学生一个自我辩解、自我改正的机会。

43.成就优秀班集体的“三个需要”

需要认识——认识全体师生共同的“家庭”；
需要感动——寻找触动学生心灵的“感动”；
需要目标——建构师生携手努力的“前程”。

[诠释]

①班集体需要认识。这不仅是班主任和科任教师的事，而且是每一个学生的事。只有大家都认识了班集体，才能懂得一个班集体的重要性。班集体就是一个“大家庭”，班主任应该给学生创造认识集体的平台，如让学生作自我介绍、多开展班级活动、举行相关的主题班会等。

②班集体需要感动。造就一个良好的班集体，认识是必需的，但又是远远不够的。在学生的认识与行动之间还缺少一个重要的触动心灵的载体，这就是“感动”。我们应该让学生深深感受到集体的存在，体会到集体的关怀。作为班主任，我们的责

任就是要让学生尽早产生感动，尽早让学生明白在同一个班集体是多么的难得。感动学生的方式多种多样，例如，班集体间的体育比赛、歌咏比赛、辩论会等。竞争能够激发学生的荣誉感，当大家齐心协力为荣誉而战时，班集体就洋溢着互相帮助、互相扶持带来的感动。又如，找寻展示集体力量的故事，通过阅读或者讲述，让故事触动学生的心灵，为集体而感动。再如，欣赏展示集体力量的影视，通过视觉、听觉等的刺激，引起学生心灵上的震撼。

③班集体需要目标。树立正确的目标，是激发学生努力向上、奋发图强的最具影响力的方式，也是统一学生思想最直接有效的方式。一个良好的班集体，必定拥有一个让所有师生共同追求的正确目标，大家为争取达到这个目标而共同努力。而且，这个目标的实现是每个学生艰苦努力的结果，每个学生都能够感受到自己在集体中的重要性。这样不但发挥了学生个体的重要作用，而且展示了班集体的巨大力量。

44.班主任的“虚虚实实”

虚抓卫生，实促班风；
虚以奖励，实为导引；
虚以偏心，实为立威；
虚为拉拢，实为和谐。

[诠释]

“虚”和“实”原本是一对哲学范畴的概念，有者为实，无者为虚；有据为实，假托为虚；客观为实，主观为虚；具体为实，隐者为虚；有行为实，放言为虚；当前为实，未来为虚；已知为实，未知为虚。从辩证法的角度来讲，二者之间是相辅相成的，没有虚则无所谓实，没有实也就无所谓虚。在文学上虚虚实实运用得当会使文章增彩。同样，如果将虚实恰当地运用于班主任的日常工作，也可为班主任的工作添色。

①虚抓卫生，实促班风。有位班主任接手一个新班级后，刚开始几周几乎把全部精力都用到抓班级卫生上。从表面看，这位班主任是在狠抓班级卫生，其实作用远大于斯。狠抓卫生是“虚”，形成良好班风为“实”。通过这一“虚”，学生自然会循规蹈矩，

谨言慎行,连卫生都如此重视的班主任,学习怎能不抓?班风岂能不管?

②虚以奖励,实为导引。班主任要注意发现班级表现特别突出的学生,并把他作为典型在班上大加表扬,要求大家的言行举止都要以他为榜样,向他看齐。这样,在榜样的感召和影响下,好风气在班上会迅速形成。因此,班主任应具备细致的观察力和敏锐的洞察力,学生只要在某个方面有了进步表现,不妨“虚”一点,对其进行适度的夸张、放大甚至升华。这样虽“虚”了个别学生,但可对学生群体的言行举止起到引导指向的作用,有利于班级正气的树立。

③虚以偏心,实为立威。接手新班级伊始,班主任都会使出浑身解数尽早树立自己的威信。例如,班级有残疾学生或者有明显需要照顾的学生,班主任巧借优先安排座位之机,对学生讲解团结互助、扶危济弱的做人道理,让学生感受高尚的人格魅力,使他们打心眼儿里佩服自己的班主任。班主任的照顾,看似“虚”对特别需要关照的个别人,实则因之赢得了全体学生的信赖和好感,为班级工作的开展打下了良好的基础。

④虚为拉拢,实为和谐。班级中经常会有这样的学生——在班上有号召力、影响力,有相当一部分学生聚在他周围,但其自身却缺乏自我约束力。班主任如果能及时有效地“拉拢”该生,就能化解不良小团体,迅速捋顺班级秩序,形成和谐的班级氛围。实践证明,重用“问题”学生,只要对其教育得法,运用得当,他们会释放出令人意想不到的正能量。

45.智育和德育要“两手抓”

作为班主任,既要抓学生学习,又要抓思想品德,两手都要硬。但更应重视学生的品德修养,因德育是为智育保驾护航的,会使你的教学充满灵性。

[诠释]

我国教育部提出“德育为先”“智育为重”。意大利诗人但丁说过:“道德往往可以弥补智慧的不足,智慧常常不能填补道德的空白。”可见,学校教育要“两手抓”。

有的班主任认为,班级管理主要是抓智育,德育是学校的事。我们不妨这样设想，一个不懂得做人的学生，能有明确的学习志向吗？一个没有毅力的学生，能够刻苦攻读吗？一个没有良好学习习惯的学生，能取得优秀成绩吗？可见，一个学生的品德如何，将是他严格要求自己追求进步的动力，也是他把学习搞好的重要保证。

有人认为，学生知识多了，道德品质自然就好了。这是一种误解。知识掌握得多，的确有助于提高道德认识，但道德主要体现为一种行为方式，它必须进行情感培养、意志培养和行为训练，否则就会知行脱节。因此，班级教育不能单一地只抓学习而忽视德育，要处理好德育与智育的辩证关系，让学生在学会做人的同时，走成才之路。

班主任抓德育，一要教书育人，使学生在学习的同时，树立正确的世界观、人生观和价值观。二要文化育人，通过有组织有计划地开展丰富多彩的活动，使学生在活动中提高思想认识。三要劳动育人，通过参加学校劳动，培养学生的劳动观念；通过参加社会公益劳动，培养他们的社会责任感和尊老爱幼、为人民服务的道德品质。四要环境育人，学生在清洁、典雅的班级环境中更乐意接受教育，并且能够促使他们为保持班级的美好环境而天天去打扫它、珍惜它、守护它，从而提高审美情操。

46.班主任工作贵在“细”

教育学生，要和风细雨；
了解学生，要细致入微；
关心学生，要精细周密；
培养学生，要精雕细刻。

［诠释］

①班主任对学生的教育，思想教育也好，知识灌输也罢，“暴风骤雨”是很难奏效的，倒是“随风潜入夜”的“细雨”，最能滋润幼嫩的禾苗，使其茁壮成长。人们通常把教师比作园丁，正是要求教师通过对学生做大量、细致的工作，达到预期的效果。

②班主任对本班学生的情况要了如指掌，诸如每个学生有什么特点、学习状况到底怎样，经常想些什么、做些什么，以及家庭教育、邻居影响、生活习惯、身体素质等，都要做到目中有人、心中有数、手中有法。只有把情况摸得全面、准确，才能熟悉学

生，才能对症下药、有的放矢地教育学生。否则，工作就具有盲目性，甚至会出现南辕北辙的情况。

③学生生活上有什么难处，班主任要想方设法帮其解决；学生心里有什么疙瘩，班主任要千方百计帮其解开。“细”是要有付出的，人们在园丁面前习惯加上“辛勤”二字，说的正是要精细周密地关心学生，培养学生茁壮成长。

④中小学生正处在学知识、长身体的阶段，从小打下良好的基础，对于将来的发展至关重要。班主任应善于发现学生身上的“闪光点”，及时引导，使其发扬光大；同时，对于学生的“癣疥之疾”也不能忽视，要察于“青苹之末”，止于未起之时。正如园丁及时给花木浇水松土、整枝打杈一样，班主任也要抓住学生的思想脉搏，以小见大，循循善诱，使学生逐步形成良好的习惯和优秀的品质，打好全面发展的基础。“十年树木，百年树人。”班主任唯有“细”，才能使学生把优点发扬光大，把缺点消灭在萌芽状态，逐步成长为栋梁之材。

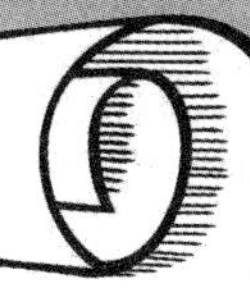

班级文化篇

所谓班级文化，即学生在班级的学习生活中所形成的物质文化与精神文化的总和。班级文化可分为硬、软两大板块。硬文化是指班级文化建设中的物质文化，或者叫作环境文化；软文化指的是班级文化建设中的制度文化和精神文化。

当今时代是一个非常重视文化的时代，大到一个国家，小到一个班级，文化的魅力日益显现，文化的作用日益重要，文化的前景日益明朗。班级文化是班级的灵魂所在，是班级生存和发展的动力。它是学生在每天的学习生活中都接触到的东西，每个学生无时无刻不在接受着班级文化的熏陶。班级文化就像春天的阳光，它使整个班级充满生机、温馨有序，它使每位学生暖意融融、幸福快乐。因此，营造一个良好的、健康的班级文化是班主任的神圣职责。

在加强班级文化建设中，班主任应以“四构建”为抓手，形成班级文化建设的四大亮点。一是营造班级文化氛围，构建班级物质文化；二是建立健全规章制度，构建班级制度文化；三是开展丰富多彩的班级活动，构建班级活动文化；四是形成班级价值观念，构建班级精神文化。

47.积极构建和谐的班级文化

物质文化是班级文化的外显载体，
行为文化是班级文化的动态体现，
制度文化是班级文化的重要保障，
精神文化是班级文化的内在核心。

[诠释]

良好的班级文化一旦形成，便有了巨大的感召力、教育力和相对的稳定性。因此，构建一种积极向上、催人奋进的班级文化就显得尤为重要。班级文化由四个层面构成。

①物质文化是以营造教室环境为主要内容的文化形态，它是班级文化的载体。物质文化包括教室设施（色彩、声音、温度、座位排列等）、教室布置（黑板报、橱窗、生态角及班级标志的装饰等）、班级标志（班徽、班旗等）。打造班级物质文化，一是美化班级环境；二是布置教室墙面标语；三是办好黑板报和墙报；四是建立班级光荣榜，打造班级赏识文化。

②行为文化是以开展班级活动为主要内容的文化形态，它是班级文化的动态体现。行为文化包括行为方式和班级活动。开展富有特色的班级活动，一是解放思想，将活动的主动权交给学生；二是开展特色主题班队会活动；三是开展有益有趣、形式多样、内容健康的文化活动；四是开展丰富多彩的校外活动。

③制度文化是以建立班级组织及其制度为主要内容的文化形态，它是班级文化的保障。制度文化包括班级组织、班级制度。科学、民主、健全的班级规章制度，对学生良好行为习惯的形成以及主人翁精神、民主意识的培养有巨大的促进作用。制定班级制度，首先要从学生的需要出发，让他们认识到制定各种制度的目的不是束缚他们，而是保证班级所有成员的利益——秩序、公平、好习惯、高效率；其次要体现民主，让学生通过讨论制定出符合班级实际的规章制度。

④精神文化是以培养群体心理为主要内容的班级文化形态，它是班级文化的核心。精神文化包括班级精神（班训、班歌）、班级形象（班风、班貌）。首先应当塑造概括力强、震撼力强、号召力强的核心精神，使全体学生有明确的奋斗目标。其次是拟

定班训，形成激励全班学生勤奋学习、刻苦自励的标语。再次是提出班级口号，以凝聚全班同学积极向上的精神力量。

48.培养班级“三风”

树立好的班风，是班级成功的前提；
培养好的学风，是班级成功的关键；
养成好的作风，是班级成功的基石。

［诠释］

①班集体是学生成长的摇篮，是学生活动的基地，也是学生自我教育的阵地。班风是班级的灵魂，是班级建设的核心。树立良好的班风，有助于弘扬正气，形成团结奋进的育人氛围。抓班风建设，一要重视班主任在班风建设中的核心作用，促进良好班风的形成；二要制定切实可行的班规班约，使班级建设规范化、制度化；三要培养管理骨干，发挥班干部的带头作用；四要做好后进生的转化工作，让每位同学都成为班风建设的主人。

②学风，即学生学习的风气与作风。学风的好坏，直接影响到教育的成败。学生的主要任务是学习，培养良好的学风，变“厌学”为“好学”是学风建设的重要环节。要教育学生明确学习目的，端正学习态度，遵守学习纪律，提高学习的自觉性，养成良好的学习习惯，进而提高学习成绩。

③树立好的班风，培养好的学风，都是为了养成好的作风。在学习生活中，要求同学们养成下列优良作风：习惯于预习、听讲、复习，养成努力学习的作风；习惯于值日、做家务、当志愿者，养成热爱劳动的作风；习惯于跑步、打球、做操，养成顽强拼搏的作风；习惯于说“谢谢”“您好”“对不起”，养成文明礼貌的作风；习惯于理解、宽容、诚实，养成宽厚待人的作风；习惯于勤劳、俭朴、节约，养成艰苦奋斗的作风。

49.班主任要有目标意识

短期目标记在心上,
中期目标写在纸上,
长期目标贴在墙上。

[诠释]

有位哲人曾经说过:“当某人不知道向哪个港口航行时,什么风都不是顺风。”有了目标就有了工作的上限。目标是一种重要的激励因素,每个人有了目标以后,便会为达到目标而不懈地努力。班级应有班级的目标,有了目标,全班就有了前进的方向。作为学生,也会根据本班的目标,确定自己的目标,实现个人的人生价值。

班级目标大致有三种:一是短期目标,一般是在一个学期内要做的几件事,达到什么要求;二是中期目标,一般是在一个学年内要做好哪些主要工作,使班级发生哪些变化;三是长期目标,一般是在一个学段内(如初中三年),通过落实短期、中期目标,使班级达到什么标准。

制定班级目标,一要明确具体,二要切合实际,三要及时调整,四要留有余地。

50.班级“每日一名言”

每日一同学,自己找名言;
说明其出处,抄到黑板边;
如果自己撰,格外受称赞;
全班会背诵,好处更明显。

[诠释]

学生的学习需要激情,学生的进步需要学习动力的支持。而他们持久而强大的上进动力,主要来于发自内心的学习需求。同学们为达到某种伟大的目标而产生的奋斗欲望,会产生学习激情,这是促进学生进步的重要根源。“每日一名言”的班级文化，能唤醒学生的学习欲望，帮助其树立远大的理想和目标。

落实“每日一名言”的措施和要求：第一，安排一名班干部具体负责，按照一定次序每天安排一个同学在黑板的右侧边缘上写一句话，并在话后署上自己的姓名。同时告知下次要写的同学做好准备，不能重复。要求写在黑板上的话必须是自己最喜欢的、最能激励同学去努力奋斗的名人名言，字数最好控制在20字内。第二，写名言的同学在上午第一节课上课前，在全班说明该名言的出处及寓意。如果是自己创作的健康向上的“座右铭”，班主任要特别提出表扬，同学们要以掌声鼓励。第三，对每日黑板上的名言，要求全班同学当天都要背诵下来，并在下午自习课上默写检查。

实践证明，中小学生坚持记忆名言警句，既能激励其不断进取，又能丰富其知识，还能积累写作素材。小学高年级和初中、高中学段的班级均可一试。

51.巧用格言管理班级

使用格言要有灵活性——不拘一格；
使用格言要有针对性——因人施教；
使用格言要有时效性——适时而育。

[诠释]

在班级管理过程中，使用格言的方式主要有：在教室四面墙上张贴格言、警句、名言字画，供每日自省；利用黑板报、学习园地等宣传阵地，以“每期赠言”形式出现在同学们面前；同学们在平时读书、看报过程中收集、抄录名言，再作为赠言送给其他同学；指导学生根据自身的实际，选择好用于自勉自励、自主发展的名言、格言作为座右铭，像一面面旗帜时刻指引每个人前进的方向；在学生操行评语书上，用格言、名言作为寄语，勉励学生奋力拼搏；在班会课上、文化课中及平时找学生谈心时，恰当运用格言、名言、警句来增强说服力和教育效果；在学生作业或试卷上运用格言，对其粗心、不良答题习惯等劝说往往能收到意外的效果。

针对不同学生选赠不同格言。针对有侥幸心理的同学，赠给格言“一分耕耘，一分收获”，目的是让他们踏踏实实地做好学习和复习工作；对班级的优生群体，赠送广告词“没有最好，只有更好”，借此告诉他们学海无涯，人生追求永无止境的道理；对那些学得有点“死”的同学，赠其爱因斯坦“学习的过程就是要思考、思考再思考，我就是靠这种方法成为科学家的”名言和孔子的“学而不思则罔，思而不学则殆”的经典论述；对班级中缺乏自信的同学，要借用“不希望赢的人已经输了”“放弃了自己就放弃了希望”等警句来鼓励他们。

用于布置教室的格言，不能长期不变，以每学期更换三次为宜。开学初，要选定几条格言、名言、警句来布置教室，营造学习的氛围。例如“谁最先升起谁就是太阳”“浪费时间，无异于浪费生命”“维护宁静的环境，是一个人高尚的表现”等。学期中段，再选定几条格言、名言、警句重新布置教室，给同学们加油。例如“全力奔跑，梦就在彼岸”“学习的关键在于把握课余时间”“信心来自实力，实力来自勤奋”“太阳每天都是新的，你是否每天都在努力”等。学期末复习阶段，既要给同学们鼓劲，又要告诫其细心做题，故可选用诸如此类的格言、名言、警句来布置教室：“贵在坚持，难在坚持，成在坚持”“成绩，要靠技巧与方法；成功，要靠辛勤与汗水”“很多人都在看着你，加油”“胜利是不会向我走来的，我必须自己走向胜利”“细节决定成败，态度决定一切”等。

52.用心抒写学生的操行评语

以客观公正为标尺，勾画学生真实的人格；
以鼓励表扬为引线，点燃学生希望的火花；
以细腻具体为刻刀，雕镂学生生动的个性；
以亲切生动为雨露，滋润学生干涸的心田；
以含蓄委婉为清泉，冲淡学生胸中的阴影；
以精练优美为画笔，描绘学生五彩的生活。

［诠释］

有这么一个故事：美国的一位公务员因公牺牲，人们在清理他的遗物时，在他贴身的口袋里找到一张纸条，那是做学生时他的班主任海伦·姆拉斯拉给他写的操行评语,那热情洋溢、真诚挚爱的话语竟激励、感动了这位学生的一生。可见,好的评语,既是对学生今天的指正,也是对他明天的希冀。今天的指正会唤起学生积极向上的情感,明天的希冀更会使学生展开奋飞的翅膀。

①操行评语只有具备了客观性,才能让学生从内心深处心悦诚服地接受老师的教育指导,客观性是班主任评语的基础。要做到客观性,须注意两点:第一,要善于观察了解学生,掌握学生平时表现的第一手资料。第二,要公正、真实地评价学生。班主任对学生的操行评语必须做到公正客观、翔实准确,要恰如其人、恰如其分。既要肯定成绩,又不渲染成绩;既要指出不足,又不夸大不足。

②中国古人曾说,水不激不跃,人不激不愤。班主任在写评语时,一定要多用鼓励性的语言,做到表扬多于批评、鼓励多于指责,采取期望与信任的态度,激励学生扬起自信的风帆,激发学生产生好学上进的动力。

③每个学生都期待班主任对自己有独到新颖的评价,希望老师平时是最在乎自己、关注自己的。班主任应善于发现每个学生不同的优点,学会欣赏学生的优点,并通过评语让学生感受到老师对他的欣赏。

④教育不能没有爱的语言,就像池塘不能没有水一样。班主任的评语应该像暖人的春风,吹动学生冰封的心田;应该像火热的太阳,催开学生如花的笑颜。它应亲切自然,如叙家常,娓娓之语宛如与学生促膝谈心;它应是内心真情的流露,暖人肺腑,充满人情味,充满独特的个性色彩;它应让学生在赏心悦目的过程中像欣赏花朵一般品读自己的人生,在品读的过程中缩短和老师之间的距离。

⑤维护和培养学生的自尊心应该是评语的归宿。俗话说:“树怕伤皮,人怕伤心。”在给学生指出缺点的时候,班主任应采用暗示、启发的方式和商量、探讨的口吻。对于学生犯的较为严重的错误,我们必须在评语中给他点出,但注意是“点出”,而不是“曝光”。用含蓄的语言巧妙地点出,既达到了教育的目的,又通过“心有灵犀一点通”为学生保守了“秘密”。这样既让学生感受到了班主任的良苦用心,又有利于学生改正错误。

⑥班主任所写的每一篇评语,还要注意表达方式和表达技巧。只有那些严谨的构思、精美的语言、丰富的意象,才能更多更好地承载温暖的感情与真诚的关心,才能使班主任的绵绵爱心或如清流、或如急湍抵达学生的内心深处,才能使学生读后或心潮澎湃,或感慨良多,或默然窃喜,或掩卷深思。只有优美灵动的语言才能拨动学生

心灵的琴弦,只有精心锤炼的思想才能让学生更加茁壮地成长。评语一般宜采用散文或诗歌文体语言,应适当借助一些修辞手法,引用些含蓄隽永的格言警句,这样更易于引起学生的阅读兴趣,打动学生的心灵。

53.班会的“一个中心,两个基本点”

班主任召开班会,要以学生活动为中心,坚持四个基本兼顾,坚持鲜明生动。

[诠释]

班会课是班主任教育学生的阵地,也是教师与学生交流交心的平台。提高班会的有效性,既能提高学生的自我教育能力,又能促进良好班集体的建设。

①班会要以学生为中心,以活动为中心,以情景为中心,充分发挥学生的主体作用。无论何种主题、哪种形式的班会,班主任都要相信学生的能力,要发动全体学生共同参与,要大胆放手让学生去演“主角”。教师在主题班会中可以是一个幕后工作者,或是一个编剧,或是一个导演。

②主题班会应坚持“四个基本兼顾”:在主题的确定上,应做到治疗与保健兼顾;在主题的深化上,要做到内容与形式兼顾;在班会实施过程中,应做到预设与生成兼顾;在班主任的角色定位上,要做到运动员与裁判员兼顾。

③主题是班会课的灵魂,只有选好主题,才能开好班会。因此,班会要坚持主题鲜明的原则。班主任在确立和策划班会主题时,一要确定教育目的,富有教育性;二要结合学生实际,具有针对性;三要认真确立主题,体现计划性。

④开好主题班会,除了要有好的主题,还必须坚持形式生动。班会的形式要不拘一格、丰富多彩。只有形式生动,才能适应班级特点,使班主任的教育计划顺利实施;只有形式生动,才能适应学生特点,使学生的思想情感充分抒发。

⑤一次成功的主题班会,学生的素质、才华、积极而充分的准备,是必不可少的先决条件,但班会的压轴戏——班主任的总结性发言,也是关键所在。班主任的发言应具备语言的典范性、主题的飞跃性、内涵的丰富性、风度的时效性、情感的鼓动性、气氛的推升性等特点。

54.排座位的艺术

尊重学生——满足学生愿望；
有利学习——成绩优差搭配；
小组固定——组内相互调整；
每周轮换——周周变换座位。

［诠释］

给学生排座位是班主任一项必不可少的工作，学生的座位排得是否科学、合理和有效，不仅会影响到学生的学习积极性，甚至会影响到班风建设。

传统排座位的方法一般有：一是按身高排，矮个子同学在前，高个子在后；二是按成绩排，学习成绩好的同学在前，成绩差的在后；三是按视力排，视力不好的同学在前，视力好的在后。这样排座位固然方便简洁，但不利于学生身心健康，不利于学习成绩的进步，不利于学生能力的发展。

也有班主任采用以下方法排座位，值得借鉴：一按成绩排——优生和学困生搭配；二按性别排——男生和女生搭配；三按性格排——内向生和外向生搭配。

李镇西老师排座位的原则是：尊重学生，有利学习，小组固定，每周轮换。所谓“尊重学生”，就是尽可能满足学生的愿望，甚至让学生在一定条件下自己确定座位，当然也不是任意想坐哪里就坐哪里；所谓“有利学习”，就是排座位要考虑成绩搭配，让不同基础的学生坐在一起；所谓“小组固定”，意思是前后四人或六人是一个整体，小组内部可以互相调整；所谓“每周轮换”，是说每个星期全班都要以小组为单位变化一次座位，让每一个同学在一学期之内几乎都能把教室的每个位置坐遍。

55.发挥班干部作用的“四部曲”

民主选拔，是发挥班干部作用的基础；
积极培养，是发挥班干部作用的条件；
严格要求，是发挥班干部作用的途径；

大胆使用,是发挥班干部作用的手段。

［诠释］

班干部是班主任的得力助手,班主任作为班级的直接组织者和管理者,应充分发挥班干部的作用。

①民主选拔班干部。在选拔班干部时,班主任一定要坚持德才兼备的标准,民主选拔。首先,要深入学生,了解他们每个人的思想品德、学习成绩、工作能力及群众关系等方面的情况,挑选出德才兼备的学生作为班干部候选人。其次,要坚持民主集中制原则,民主选举产生班干部。

②积极培养班干部。为了让班干部能真正施展才华,班主任既要当好班干部的"领导",又要当好班干部的"帮手"。一要培养班干部坚持为同学服务的工作态度,引导班干部和同学和睦相处,要关心同学,了解同学们的思想状态,解决同学们的后顾之忧。二要培养班干部树立求真务实的工作作风。指导班干部做好日常管理工作;活动前要制订好活动计划,活动中要严密组织,活动后要及时总结,不断提高工作能力。

③严格要求班干部。首先,要求班干部以身作则,凡是要求其他同学做到的,班干部必须首先做到;凡是要求其他同学不能做的,班干部坚决不能做。其次,要求班干部工作要主动热情,不仅要干好本职工作,各司其职,各负其责,而且要有团队精神,要通力协作。再次,要求班干部要有创新精神,不能因循守旧。

④大胆使用班干部。班主任要大胆放权,不能包办代替。要不断培养和锻炼班干部的胆识,培养和锻炼他们的独立工作和团结协作能力。班级开展的每一项工作,班主任要让班干部参与制定具体方案和措施,并鼓励班干部大胆积极地工作,要及时地做好检查、总结,使班干部在出现问题时能及时发现,及时纠正。

56.班级"学委会"的设置

班级"学委会"的设立,既能更好地发挥科代表的作用,促进全班学习成绩的提高,又能减轻班委会的工作压力,促进班级日常管理顺利开展。

［诠释］

班级可设立“班委会”和“学委会”两个机构。“班委会”由班长领导，“学委会”由会长领导。“班委会”由班长自由组阁，“学委会”由各个学科的科代表组成。

“学委会”的会长必须具备两个条件：第一，自愿为他人的学习提供服务；第二，有高水平的学业成绩。与之相应，各科的科代表也必须具备两个条件：第一，自愿为他人的学习提供服务；第二，在某个学科领域有高水平的学业成绩，是某个学科的“学科带头人”。“班委会”的班长学习成绩不必优异，他是学生的生活领袖而不必是学术领袖。他只需向本班学生做出两个承诺：一是我自愿为同学们服务；二是我有能力为同学们服务。

“班委会”的班长和“学委会”的会长由竞选产生。每一届任期为一学期，可以连选连任。班级的每个学生都可以竞选班长和会长，由全班同学投票选出。

班委会的班长做出重大决策尤其是有关学习的决策时，必须得到学委会三分之二以上委员的认可。班委会的班长若办事不力或者犯了严重错误，学委会可以征求班主任的意见并启动“罢免班长”的程序。

57.“五字”班风

净——整洁幽雅的环境；

静——安静肃穆的氛围；

敬——尊师敬老的美德；

竞——拼搏求索的品格；

镜——借镜省己的精神。

［诠释］

班风，是班级对学生的学习、生活有指导意义的规定，具有一定的方向性和权威性。制定班风，是学校的优良传统，是班级文化的重要表现，也是培养人才的一项必要措施。一个好的班风，不仅体现该班的特点、风格，同时也反映着时代的、地域的文化积蕴和精神。

近些年来，许多学校的班级都提出了自己的班风，诸如团结、文明、谦虚、好学、求实、创新、奋进、整洁、尊师、勤奋、刻苦、严谨、朴实、爱国、博学、慎思、明辨、笃行、明德、启智、自信、包容、执着、诚信、独立、勇敢、阳光、雅趣、进取、励志、乐学、善悟、厚德、敏行等，各有一说。内容无疑都是精彩词语，但不足之处是大同小异，缺乏个性。至于能否在班级管理实践中落实下去、体现出来，那就另当别论了。

有一种误解认为，班风只是对学生制定的。这种认识是不全面的，其实班风是面对班级全体成员的，而且首先是面对班主任和科任教师的。只有班主任及科任教师认真按照班风办事，才能在班级中真正树立起好的风气，才能使班风在全班学生心中扎根，成为鼓舞、引导他们学习的座右铭，甚至成为激励他们一生的精神力量。

净、静、敬、竞、镜，该班风虽只五字，但却涵盖全面，寓意深刻，好懂易记，不同凡响。净，即整洁幽雅的环境；静，即安静肃穆的氛围；敬，即尊师敬老的美德；竞，即拼搏求索的品格；镜，即借镜省己的精神。也可以把五字班风理解为：在窗明几净的教室，安安静静的课堂里，有着紧张竞争的气氛。敬爱的老师，用他们兢兢业业的教学态度，用他们精益求精的治学精神，为同学们梦想的起飞保驾护航。

58.完美家长会的秘诀

会前安排铁家长，会场布置要妥当。
开会细节要温馨，会议主题要明朗。
所讲内容要具体，讲话形式须多样。
学生作品要摆放，开会不能一言堂。
整理经验送资料，家长会后有所想。

[**诠释**]

①会前安排好“铁杆”家长。班主任在开家长会前，可先找一些对班级管理特别热心的家长沟通一下，把这次家长会的目的、步骤、需要解决的问题，如实地告诉他们。同时明确希望他们如何配合，甚至在什么时候需要他们发表意见，什么时候需要他们站出来表态……只有事先把一切都安排好了，家长会才能达到预期效果。

②布置好环境很重要。合适的环境可以起到渲染气氛、烘托主题、传达信息之功效。黑板上要有一期家长会专版，内容自定，可以是教育教学成果展示，也可以是学生的心里话，还可以是班级活动剪影……让学生们自己设计，家长更愿意看自己孩子的“作品”。还有座位的摆放，口字形、回字形、弧形较好。桌面上可摆放学生的作业和作品（试卷和作业要装订一下）。

③用温馨的小细节感动家长。可在校门口设置好指路牌，最好安排学生或者教师亲自接待。为了营造轻松、亲切的氛围，还可以在教室里播放背景音乐，帮助家长缓解局促和紧张情绪。

④一次家长会只要一个主题。不同阶段的家长会应确定不同的主题。开学后的第一次家长会，主要是增进了解、提出目标，班主任应着重介绍学校概况、师资情况、班级管理设想、教育理念和对家长的一些期望；考试后的家长会，主要是解决问题，鼓舞士气，班主任不但要分析学生成绩，还要有家长意见反馈、科学心理辅导，要尽量让参加会议的家长回去不是责怪孩子，而是帮助孩子找到解决问题的办法，鼓舞孩子学习的积极性；毕业前的家长会，则重在做好学生的思想稳定工作，重在关于学生未来的思想交流。一定要在教室前面的黑板上写明家长会的主题，如“学校与家庭是一对教育伙伴”“为了孩子的明天”等。主题是教室环境的眼睛，要明亮、醒目，它展现着整个家长会的主旋律，可配以合适的插图，以起到烘托作用。

⑤讲故事永远比讲道理更能打动人。班主任在讲话中不时穿插这个学生的表现，那个学生的进步，用每一个学生身上的故事来讲话，效果会更佳。讲故事可以由班主任来讲，也可以让科任老师甚至学生自己来讲。比如，班级日常工作由班长来汇报，班级文体活动由文体委员来汇报，学生的学习情况和在班级的位次由学习委员来汇报，有关班级管理和好人好事情况由生活委员来汇报。

⑥展示学生的“作品”。家长会上，要把学生的阶段成绩展示出来。一要展示学生的作业本、练习本、纠错本、考试卷（小学生还可展示写字本、日记本）等；二要展示学生的手工作品，如班级小报、书画手工作品等。借用家长会，把全班学生的上述“作品”展示出来，可以让家长在比较中掌握自己孩子的学习习惯还存在哪些问题、学习成绩还有哪些差距、孩子的综合能力在班级处于什么位置。他们回去之后，自然就会督促自己的孩子向优秀同学看齐。

⑦留出一点互动时间。家长会可适当留出一定的互动时间，让家长与班主任、科任

老师互相交流,也可让家长之间互相交流教育子女的心得,而不是班主任的一言堂。

⑧将建设性意见整理并反馈给家长。家长来参加家长会,除了最想了解孩子的学习和日常在校表现情况,还想获得有关家庭教育的经验指导。对此,班主任可以提前选定一些成功家长,指导他们从不同侧面总结成功的教子经验,并把这些成功经验加以升华,形成对家长的建设性意见,打印成教育资料,在家长会结束后反馈给家长。

⑨让家长散会后仍然有反思。一次成功的家长会,要让家长们在会上有所思,在会后有所想。因此班主任要做到:一是注重用典型引路,请一些优秀的家长在会上介绍经验,促使其他家长从内心思考以后该怎么做;二是向家长推荐一些有关培养教育孩子方面的好书,让家长通过阅读引起深层思索。

59.制订班级工作计划要注重“三性”

和学校保持一致性,
保证计划可操作性,
制订计划的民主性。

[诠释]

班级工作计划是为实现班集体建设目标而预设的实施途径、操作方法以及进度时间表,其根本目的是增强班级工作的目的性,提高其工作效率。

一般情况下,班级工作计划应以一个学期为时间段,由前言和主体两部分组成。前言应包含两方面的内容:一是班级基本情况简介,二是本学期要达到的班集体建设总目标。主体部分的形式通常以周为单位安排,特殊情况如重要的节日、学校的重大活动可独立安排。主体部分的内容可分为工作目标、工作内容、具体操作方法、主要负责人、备注等。

班主任制订班级工作计划时,应注意以下几个方面:

①和学校保持一致性。制订班级工作计划前,班主任一定要详细了解学校的工作计划,要将运动会、艺术节、期中期末考试等全校性重大活动的时间把握准确。一方面,将这些活动直接安排到班级工作计划之中;另一方面,可将与之相关的一些班级工作安

排在这些重大活动前后。这样,不仅能使班级工作与学校工作在时间上保持一致,而且在内容上相互配合,既有利于计划的顺利执行,又有利于培养学生的全局观念。

②保证计划的可操作性。可操作性是班级工作计划的根本。一是指计划中的每一项工作都是一件具体的事,而不是一条指导性的意见。比如,每年3月份,多数学校要开展学雷锋活动,体现在班级工作计划中,就不应该是"开展学雷锋活动"这样一句话,而应该是"出一期以学雷锋为主题的黑板报""开一次我们应怎样学雷锋讨论会""开展为班级做一件好事活动"。二是指所要做的事既符合学生的身心特点,又有良好的外部条件,是师生通过一定的努力能够最终得以实现的事。对于写入计划中的每一件事,特别是对于那些学生参与积极性高、需要多方面协调的活动,如外出参观访问、春游、请校外教育工作者参加班级活动等,班主任一定要从上级能否批复,活动经费、活动安全能否保证,时间是否冲突等多方面进行考虑,能够预约的尽量预约,确定之后再写入计划。

③制订计划的民主性。由于计划要由师生共同执行,因此,计划制订也应该由师生共同完成。而且最终确认时,要经过一定的民主程序,这样才有利于培养学生的民主意识和主人翁精神。有经验的班主任总是善于在自己的主导与学生的民主之间找到结合点。比如,对于某项内容,班主任可以同时做多个方案,然后让学生去选择,不管学生选择了哪一种,既在我们主导的范围之内,又让学生在选择中获得自己做主的体验。

60.在对话中制定班规

班规的生成:学生充分参与;
班规的规定:师生共同遵守;
班规的内容:多元正面引导;
班规的公布:认真详细解读。

[诠释]

①班规的生成不是由班主任闭门造车,而应让学生充分参与。要制定出一份针对性强、可行性好、指导意义大的班规,可先由班主任指导班干部及学生代表拟出讨

论稿,提交全班成员共同讨论后再修订定稿。

②班规的规定不仅指向学生,也应对科任教师有所限定。班规是班级的规章制度,所以班规中写入与教师相关的条款也理所当然,这也是体现师生人格平等的一个重要方面。一份师生平等的班规,对教师的规定至少应体现在三个方面:教师的责任与权利、教师教学日常行为标准和教师教学事件(问题)解决方案。

③班规的内容不能等同于处罚条例,应呈现出多元化的正面引导。一份成功的班规,应涉及学生岗位职责、学生日常行为标准、教师岗位职责、教师日常行为标准、教学问题解决方案五个方面。既有对学生思想、行为的正面引导,也有对教师的教学要求。

④班规的公布不能简单让班干部宣读,应是由班主任带领学生进行详细解读。因此,班主任应利用专门的时间与学生共同解读。一方面解读制定班规的指导思想及意义,另一方面解读班规的实施构想,重点对师生责任、日常行为等进行正面讲解。

61.班级公约“四忌”

一忌太虚——抽象空洞,难以落实;
二忌太繁——事无巨细,面面俱到;
三忌太硬——名为公约,实为命令;
四忌太偏——以堵代疏,出现逆反。

[诠释]

①有的班级公约,内容多为口号式,如勤奋、求实、团结、进取等。这些口号抽象空洞,学生虽能理解,但要在言行上落实就很难了。所以,公约内容要贴近学生的实际,多选择一些操作性比较强的词语,如安静、干净、准时、整洁等。

②有的班级公约内容丰富多彩,涉及学习和生活的方方面面,学生看了眼花缭乱,很难一一记在心中。所以,班级公约的内容一定要简明扼要,读起来朗朗上口。

③有的班级公约语气很生硬,与其说是公约,不如说是命令。学生对其态度是先观望后遗忘,甚至默默反抗。这样的班级公约对学生的言行不仅难以产生促进作用,反而会产生消极影响。所以,在制定公约的过程中,应该充分发扬民主,让学生做主,

自己制定公约。

④有的班级公约多用“不准”等否定性词语,让学生感觉不舒服。这种以堵代疏的公约,容易使学生产生逆反心理。所以,班级公约应多用肯定性词语,要多引导学生,而不是一味地去限制他们。

62.有效发挥奖状的激励作用

人人有希望得奖,
人人可建议奖项,
隆重而热烈颁奖,
根据其积分嘉奖,
家长要重视奖状。

[诠释]

①让每个学生都有希望得到奖状。每个学生内心都渴望得到荣誉,但学校给予学生获得荣誉的机会太少,这不利于班级发展。让每个学生都有希望得到奖状,奖状才会成为激励绝大多数学生的因素。因此,班主任可以给学生设立班级奖项,如学习先进奖、学习进步奖、遵守校纪奖、劳动模范奖、优秀班干奖、乐于助人奖、体育竞赛奖……总之,争取让绝大多数学生都有机会拿到奖状。如果全班绝大多数学生都得到了奖状,只有极个别的没有得奖,那“极个别”学生的心里肯定不舒服。这时班主任要及时找这几名学生谈话,指出他们有希望得到哪些奖项,鼓励他们争取早日得奖。

②让学生民主讨论奖项的设置。颁发奖状的目的是激发学生的上进心,让他们知道只要好好努力,谁都有机会成功。因此,班主任要让学生讨论和建议设立哪些奖项、获奖人数应该设定多少等。民主讨论奖项设置的最大好处是,能够增加每位学生获奖的机会,从而为他们锁定奋斗目标。

③奖状的发放一定要隆重而热烈。每学期期中、期末,都要举行“颁奖大会”,参加者可以是全体学生和家长,也可邀请学校领导和年级主任参加。颁奖程序要精心安排,包括主持人、颁奖人的选定和颁奖词、贺词的撰写与诵读等。

④实行奖状积分制。奖状的魅力会因时间推移而慢慢削弱,所以还要确定各种类别奖状的分值,并规定每学年要按每人手中所积累奖状的分值,评定该学年的三好学生、文明学生、优秀班干部等。奖状积累的过程也是培养学生荣誉感的过程,有了荣誉感,就有了进取心。

⑤强化奖状家庭激励作用。一张奖状,班主任再重视,如果家长不在意,学生也会泄气。所以班主任要告诉家长,孩子的第一张奖状是他良好的开端而不是结束。凡是得到奖状的孩子,都应该得到家长的祝贺。如果学生感受到家长的肯定,一定会去争取更多的荣誉。

63.班级“道歉日”

班级设立道歉日,学生境界升华时。
道歉方式可自便,拿出诚意最真挚。

[诠释]

“一笑泯恩仇。”一句真诚的“对不起”,也许就能冰释前嫌,化干戈为玉帛;一个致歉的微笑或手势,也许就能消除胸中的不满;一条道歉的短信,也许就能化解心中的矛盾;一个充满歉意的眼神,也许就能让友谊之花开得更绚丽。

据调查,大多数学生一般情况下不会选择主动向对方道歉,超过半数的学生还是想向对方道歉的,只是碍于面子或没有找到合适的机会。班级设立“道歉日”,是为学生搭建向对方道歉的重要平台。

班级“道歉日”以每月一次为宜,首先要确定日期;其次要设计道歉日标志图;再次要选定道歉日的口号,如“学会道歉,真情无限”“做人从学会道歉开始”等。也可以邀请家长和科任教师加入到班级“道歉日”的活动中来。

道歉,既可以当面道歉,也可以请人转达;既可以通过寄卡片、送礼物的形式表达,也可以通过口头或肢体语言表示;既可以通过留言、发短信、写邮件来“明修栈道”,也可以通过帮助对方来“暗渡陈仓”。但不管通过哪一种方式,道歉一定要有诚意,不能流于形式;一定要堂堂正正,不能矫揉造作。这样做,既尊重了对方,也尊重了自己。

64.班中的“慢递小站”

慢递小站传书信,神秘穿越耐回味。
信息传递尽管慢,班级列车快速进。

[诠释]

所谓慢递,是“时间胶囊”与“传统书信”的创意结合,就是帮学生保存写给未来的自己或朋友的信,并在与学生约定的未来某个时间段投递给指定的收件人的一种服务。班主任为学生们经营“慢递小站”,很受学生青睐。

学生投递的对象,可以是未来的自己,也可以是亲朋好友;可以是父母,也可以是老师。一般学生们写给自己的比较多,有的在学习上取得了进步会鼓励自己更上一层楼,有的犯了错误一时还没有想通也会让时间来提醒自己吸取教训,还有的在心情郁闷的时候想通过倾诉来缓解自己的焦虑。

投递的主要方式为写信,也有写卡片或送小礼物的。投递时间、地址由学生自己决定。投递的次数以每学期两次为宜,因为太多了就减少了神秘感,也起不到相应的作用。班主任充当站长兼慢递员,不收取任何费用。

慢递,学生们或记录此刻的特殊心情,或为未来的自己留一份新奇和难忘的回忆,或写下此刻不能说但又不得不说的话语,或铭记自己的理想以备迷茫时用来提醒自己,或标记此刻的豪情壮志以用于失落时鞭策和成功时回味,或传递着不能忘却且不会忘记的亲情。总之,写下的是总结,寄出的是愿望。慢递可以给我们以心灵的慰藉和幸福感,而班级管理的列车却会因这“慢”变得快速而高效。

65.班史,您记载了吗?

班史是全班师生共同参与,为了共同的目标,怀着共同的情感,携手共同前行,共同营造的精神家园。

[诠释]

班史是关于班级及其成员的发展史。近年来,越来越多的班主任将班史有目的、有计划、有组织地加以记载,使班史记载在班主任工作中发挥育人、监督、评价、服务、整合的作用。

班史的记载,实行班主任指导下的全员参与式——“班史编纂委员会”负责制,即精选班级中颇具史德、史识、史才、史学的学生组成班史编纂委员会,在班主任的指导下进行工作,素材由全班成员收集提供。

班史记载的内容有:第一,记载凡是在班级及其成员发展中产生过重要影响的班主任、各科任教师和学生。第二,应记载对班级及其成员发展产生重要影响的事件,其主题应该是积极向上的,能够团结人、感染人、启迪人、教育人、鼓舞人、引导人。第三,班史的结构包括序言(一般由班主任撰写)、班级公约(本班制定的各项规章制度、班训、班歌、班徽等)、班级成员名单(含各科任教师及班委会成员、全体学生等)、个人自传、班史正文、班级荣誉总览等。

班史可采用“遍时体”记载,即按时间先后顺序,清晰记载班级的每个事件,这样既保证了班史的全面性、条理性,又提高了记载效率,可充分发挥班史的功能。

班史记载的程序:第一步,收集素材。班级成员向班史编纂委员会提供“史料”。第二步,筛选整理。班史编纂委员会根据班史编写要求进行筛选整理。第三步,编辑入史。编委会成员撰写、校对。第四步,添加评注。有些史料需要题写史注、史评,目的是更全面、多角度地反映史实,更好地理解班史。第五步,印刷装订。通常情况下,毕业时应将班史精心印刷装订成册,作为分别礼物发给班级每个成员。同时,给学校档案室、图书馆各送三册永久保存。

66.班级文化建设“四步走”

自我中心阶段——班级文化的提取阶段;
规则遵从阶段——班级文化的形成阶段;
制度影响阶段——班级文化的运转阶段;
反省自律阶段——班级文化的完善阶段。

[诠释]

班级文化是一个班级的精神载体，不仅凝聚着全班师生共同的价值取向与追求，同时其深厚的文化底蕴也起到了厚德载物的作用，所以班主任要充分重视并指导班级文化的正确发展。一般来说，健康和谐的班级文化建设大体经历以下四步：

①第一步是以自我为中心阶段，这是班级文化的萌芽和提取阶段。无论何时何地，班级中总有一些使人赞叹、令人鼓舞的人和事，班主任要有一双善于发现的慧眼，要善于引导，善于“扬弃”，努力将这些优秀之处发展成为一种文化趋向。在以自我为中心这一阶段，也许外显的不和谐因素要多一些——师生冲突、生生冲突更为明显。有经验的班主任不会隐藏矛盾和错误，而是先将它们暴露然后加以解决。班主任要努力营造健康和谐、积极向上的育人环境，善于提取“自我”中的优秀成分，逐渐将其发展成为一种向上向善的文化导向。

②第二步是规则遵从阶段，这是班级文化的形成阶段。社会是一个大家庭，必须教会学生做一个有规则意识的人。学生其实是很乐意遵从规则的，只是很多人不知道哪些规则应谨记于心，班主任一定要予以明确指出。目标一经明确，这些优秀的文化就会形成学生心目中的规则意识，从而使他们自觉地去遵守。

③第三步是制度影响阶段，这是班级文化的运转阶段。制度的产生有赖于大家共同遵守，一旦多数人都认为大家应该遵从某项规则，那么这项规则将逐渐演变为制度。“班级管理制度”“学生一日行为规范”等从多侧面、多角度对学生的日常行为规范做了细化。这些细致的规则不仅能促使学生养成良好的行为习惯，而且能使班风、学风不断好转，学生的思想品德得到更好的培养。一个班级，各项规章制度能够和谐运转，是班级文化趋于成熟的标志。

④第四步是自律阶段，这是班级文化的完善阶段。规则的遵从发展到一定阶段学生就会自觉自愿地遵守，也只有这样，才会形成健康良好而独具特色的班级文化。规则一经大多数人遵从，偶有违背者就会反省自律。例如，面对干净整洁的教室，大家都会自觉保持环境卫生，不随手乱扔果皮纸屑。自习课上，大多数学生在安静地学习，个别坐不住的学生就会约束自己，自觉遵守纪律。学生一旦自觉遵守大家共同遵守的规则，就意味着这种规则已经得到了他们的认可，而被认可了的规则就凸现为一种文化氛围，时时处处影响着莘莘学子的身心健康。

67.班训，爱你没商量

班训民主产生，学生每天朗诵。
班歌激情高唱，班卡佩戴在胸。

[诠释]

《诗经》有云:“古训是式，威仪是力。”训，有教导、训诫的意思。对于一个班级而言，一条合适的班训就如指挥棒指引着学生努力进取，如春雨无声地滋养着学生的道德心灵。

①班训民主产生。班主任可在班级开展征集班训的活动，再让同学们投票产生最终的班训。通常同学们创作的班训，绝大多数还是诸如“好好学习，天天向上”“团结紧张，严肃活泼”“尊师守纪，勤奋学习”之类常见的格言。但只要有几个特别的就足够了，如“二班二班，非同一般。生龙活虎，勇夺桂冠”就有班级特色。对第三句可以根据属相调整，属鼠的同学多，就是“博览群书”；属牛的同学多，就是“气冲斗牛”；属虎、属龙、属蛇的同学多，就是“生龙活虎”；属兔的同学多，就是“大展宏图”；属马的同学多，就是“一马当先”；属羊的同学多，就是“斗志昂扬”；属猴、属鸡的同学多，就是“厚积薄发”；属狗的同学多，就是“一丝不苟”；属猪的同学多，就是“珠联璧合”。

②班训每天朗诵。每天早自习结束，班长要带领全班同学站起来高呼班训三至五遍，声音要一遍比一遍大。这样就有一种群体效应，大家互相鼓励，互相感染。在震耳欲聋的声浪中，怯懦、紧张、拖拉、懒散、自卑的情绪常常被驱赶得无影无踪。尽管这些情绪过一段时间可能还会回来，但经常这样驱赶，不良的情绪就会越来越少。有时候，全班要参加紧张的集体活动，或是受到什么挫折，也可要求大家把班训喊几遍，以起到“精神加油站”和“动力催化剂”的作用。

③班歌激情高唱。让中小学生写歌，确实有点难。但我们可以根据班训集体创作歌词，再由音乐老师修改、谱曲，形成我们自己的班歌。班歌诞生后，要求一周至少唱两次，目的是通过歌唱来鼓舞班级的士气，舒缓同学们的情绪，振作大家的精神，陶冶高尚的审美情操，激励全班同学扬鞭奋蹄，勇往直前。

④班训卡佩戴在胸。班主任可向同学们征集班训卡设计稿，然后由大家投票定稿，再联系商家制成胸卡。每位同学都把这枚班训卡戴在胸前，时时不忘自己是本班的一员，处处提醒自己要为班级争光。

68.提高班级“生活”质量

浓厚的文化氛围，
健康的主流思想，
顽强的高尚意志，
崇高的团队精神，
良好的行为习惯，
科学的秩序观念。

［诠释］

班级“生活”质量，就是班级文化满足学生的发展程度。班级生活质量的提高，在本质上就是班级文化的升华。

班级文化作为活生生的东西，是由一个班级中的教师和学生，在特定的时间与空间中创造出来的。在师生的各种交往中，在同学的各种交往中，一种意见，一个神态，一种行为方式，尤其是班级里由群体创造出来的一种气氛等，它们不仅构成了班级与班级之间的差别，而且也构成了一个班级成员和另一班级成员之间的差别。这种差别，当然是不同班级文化的差别。由于不同的班级文化给予班级成员以不同的发展需要的满足，因此产生了班级生活质量的问题。在教育普及水平不断提高的今天，人们对教育的需求，不再只是能否在一个班级里生活，从而受到教育，而是在何种班级里，获得何种教育的满足。

既然这种满足是由特定的班级文化决定的，提高班级生活质量，就不能不从班级文化着手。在班级文化建设中，应通过各种有效的形式来表现班级文化内容。主要可以通过以下方式来体现：浓厚的文化环境，健康的主流思想，顽强的高尚意志，崇高的团队精神，良好的行为习惯，科学的秩序观念等。

69.用心点亮每个日子

以“爱”为曲，谱写奉献之歌；

用“智”架桥，铺就创新之路；

以“研”为径，开辟探索之旅。

［诠释］

班主任要做一位智者，用智慧开启每个学生的成长之门；要做一束阳光，用温暖抚慰每个学生的稚嫩心灵；要做一粒火种，用星星之火点燃每个学生的求知热情。

①以“爱”为曲，谱写奉献之歌。每个学生都是一本书，需要班主任细心品读。班主任要潜下心来研究每个学生，蹲下身来倾听他们的心声，用爱感化他们。“谁最爱学生，学生就最爱谁。”在工作中，班主任要始终将学生的喜怒哀乐融入自己的生活中，和学生们同喜同乐，做他们的良师益友。

②用“智”架桥，铺就创新之路。全国模范班主任任小艾曾说过：“如果在你的班主任工作中忽略了家长这方面力量，你永远是一条腿走路。”可见，班主任要搭建家庭与学校这座和谐的桥梁，注重和家长建立平等、和谐的关系。和家长联系，班主任要做到“四个一”：在每个学生生日时写一封祝福信，每月写一封家长沟通信，每学期到学生家做一次家访，每学年召开一次亲子家长会。

③以“研”为径，开辟探索之旅。在班级工作中，班主任要研究班级管理艺术，善于开展丰富多彩的班级活动，给同学们创造机会，让每个学生的潜能都能得到最大限度的开发。在每学期开展的班干部竞选演说、“爱心存折”、“爱心银行”、“心愿树”等一系列活动中，培养学生的爱心与责任感；在评选“形象大使”“每周之星”活动中，帮助同学们树立自尊与自信；通过小小辩论会、俱乐部的成立、卡拉OK大赛、特长挑战赛、“阳光七彩星”的评选，给同学们提供展示自己才华的舞台。

70.请假条的妙用

了解学生身体状况，

监督学生请假行为，

增强学生时间观念。

[诠释]

一张张小小的请假条,如果把它积攒起来,加以整理、分析,就会发现学生的许多“秘密”。班主任据此线索开展工作,会取得意想不到的效果。

①了解学生身体状况。通过请假条,班主任可以了解学生身体方面的许多信息。比如哪些学生经常感冒发烧,哪些学生容易着凉拉肚子,哪些学生患有鼻炎等。根据这些信息,班主任在日常生活中适时地给予关心、提醒和帮助,从而使学生更深切地感受到教师的关爱。

②监督学生请假行为。通过研究请假条,能够发现学生是否逃课。有些学生会采用“请假”的方式逃课。如:“老师,我这两天肚子又不舒服了,想请一天假回去看看,请您批准。”班主任一旦批准后,他们就到校外网吧、超市尽情玩乐,不仅耽误学业,而且埋下了安全隐患。这类学生的请假特点是:频率高,且有一定的规律性(一般在周末或大型考试前后请假)。因此,当这类学生请假离校时,班主任要及时与家长取得联系,了解情况,杜绝学生的逃课行为。

③增强学生时间观念。通过研究请假条,可以发现时间观念强、学习成绩好的学生请假频率较低,偶尔请假也是因为生病或其他急事;而时间观念差、学习松懈的学生请假频率则较高,且请事假的次数较多。为了增强学生的时间观念,每隔一定时期(半个学期为宜),班主任可以把请假次数较多的学生组织在一起,统计全班学生的请假次数、天数及请假原因。让他们对比计算,在相同的时间内自己因请假比别的同学少上了几节课、少做了多少作业、少学了多少知识。统计的结果会让这些学生大吃一惊,这有利于增强他们的时间观念。

71.班级文化牌

班级文化牌,像一面镜子,闪耀着班级的精神风貌;

班级文化牌,像一轮红日,照耀着师生的美好明天。

[诠释]

在班级教室的门口墙上,张挂“我爱我班”班级文化牌。内容包括班主任寄语、班级格言、全体同学和科任教师的合影等。这面牌,像一面镜子,闪耀着班级的精神风貌,对凝聚班级向心力,形成团结向上、精神奋发的班级文化起到积极的作用。这面牌,不仅增强了校园文化氛围,也美化了校园环境,为学校增添了一道亮丽的风景。

①班主任寄语举例:瀑布之所以成为奇观,是因为它有绝处求生的勇气。认认真真做事,踏踏实实做人。命运全在搏击,奋斗就有希望,失败只有一种,那就是放弃努力。天下无难事,有志者成之;天下无易事,有恒者得之。为了明天,请把握好今天。人若有志,万事可为。失败的尽头是成功,努力的终点是辉煌。细节决定成败,态度成就未来。凡事竭尽全力,但求无愧我心,乐观、向上、快乐地度过每一天。

②班级格言举例:追求卓越,铸造辉煌。想,要凌云壮志;做,要脚踏实地。有志者自有千方百计,无志者只感千难万难。没有永远的成功,却有永远的追求。知识是一种快乐,好奇则是知识的萌芽。拼搏是生命的主旋律。我自信,我出色,我努力,我成功。让今天的自己超越昨天的自己。气有浩然,学无止境。学如逆水行舟,不进则退。

72. “班误公开”——班主任的回马枪

班主任将自己的失误写在“班误公开栏”公示,可以起到自我批评、真诚道歉、坦诚相见、正身为范的作用。

[诠释]

俗话说:“人非圣贤,孰能无过?”班主任在班级管理过程中,由于多种因素的影响,难免会出现失误。班主任的失误,远比学生犯错误所产生的负面影响大。在“班务公开栏”中设置“班误公开栏”,将班主任的失误公开上墙,能尽可能地减少其失误带来的负面影响。第一,班主任将自己的失误写在墙上公示,进行自我批评,远比口头道歉效果好。第二,“班误公开”是班主任对学生的无声道歉,它能起到“无声胜有声”的作用。第三,“班误公开”是班主任坦诚面对学生的表现,它增强了师生之间的沟通,必将赢得学生对班主任的信任。第四,“班误公开”的教育示范作用,是教科书、道德箴言、惩罚和奖励制度所不可替代的。

“班误公开”恰似回马一枪,不仅可以扭转班主任工作的劣势,而且还能纠正班级中存在的不良风气。

73.“三意”力促班干部成长

有意树立威信,
故意制造困难,
特意安排活动。

[**诠释**]

①有意树立威信。班干部必须在同学中有威信,班级管理工作才能做出成效。一般而言,班主任有意树立班干部的威信有两种方法:一是利用各种机会赞美班干部。在不同的场合赞美班干部的工作,在众人面前赞美班干部的成绩。二是直接支持班干部的管理工作。当班干部在管理上遇到实际困难时,班主任应及时给班干部最有力的支持。

②故意制造困难。新任班干部不仅需要扶持,更需要锻炼。班主任应根据班级管理的实际适当设置一些困难,给班干部独自面对困境的机会,以促其迅速成长起来。

③特意安排活动。缺乏实战经验是班干部遇到困难不知所措的重要原因。班主任应安排一些活动,培养班干部的组织与管理能力。比如,开学之初班主任可以让班干部独立组织介绍会,在活动中提高他们的管理水平与管理能力。把培养与实战相结合,是促进班干部成长的关键。

74.优良班风靠“四变”

了解学生实情,变“经验型”为“开拓型”;
重视舆论导向,变“强制式”为“引导式”;

引进竞争机制,变“要我管”为“我要管”;
重视活动组织,变“离心力”为“向心力”。

[诠释]

①了解学生实情,变“经验型”为“开拓型”。带班多年的班主任,在实践中会积累一套行之有效的经验,这些经验无疑是宝贵的,也是今后工作中值得借鉴的地方。然而经验不等于经验主义。如果一味地墨守成规,死抱“经验”不放,不能以不变应万变,就有可能适得其反。一位优秀的班主任应该是“开拓型”的,而不是“经验型”的。

②重视舆论导向,变“强制式”为“引导式”。班主任必须有一双善于观察的眼睛,及时发现每个时期学生中的舆论热点,从而进行恰当的疏导和转移。引导的方式有多种,如每周小结、黑板报阵地、主题班会等,其中开展丰富多彩的主题班会是最有效的途径,让学生充分发表自己的看法,比任何说教都有用。

③引进竞争机制,变“要我管”为“我要管”。班级管理的核心力量是班干部,按照常规,班干部或由班主任任命,或由同学们推选,两种方式都无可非议,但少了学生自荐的环节,就不能激发学生的主动性。尤其是新组建的班级,师生之间、同学之间还不太了解,通过自荐竞选式选出的班长,既是自愿的,又是同学们认可的,再加上班主任的信任和支持,工作起来自然得心应手,主观能动性肯定能得到充分发挥。

④重视活动组织,变“离心力”为“向心力”。班级集体活动,是培养学生团结互助精神、增进集体凝聚力的最好阵地。因此,不管哪次活动,班主任都应引导学生在活动前做好充分准备,活动中认真参与,活动后及时总结。将每次活动作为增强班级凝聚力的突破口,重过程,轻结果;重协作,轻个人。让学生明白团结合作的重要性、活动过程的价值,不必为某一环节的失利而斤斤计较。班级有了凝聚力,就会形成团结进取的学习氛围。

75.美化我们的“家园”

亮出承诺:“我是美丽班级的守护者”;
展示风采:“我因班级的美丽而自豪”;

延续特色:“班级是我们最美的家园”。

[诠释]

为了让卫生文化成为班级的一大亮点,班主任要把班级打造成学校卫生文化有特色的“家园”。

①亮出承诺:“我是美丽班级的守护者。”为了增强班级学生的卫生意识,班主任组织班干部拟定卫生保洁制度,并指导班干部精心策划“班级卫生承诺公示栏”。每一位学生都要在自己的承诺栏内用简洁的文字表达或质朴或豪气或振奋人心的承诺语,以增强学生的卫生保洁意识,同时培养同学之间的卫生监督风气。

②展示风采:“我因班级的美丽而自豪。”随着卫生保洁工作的推广和深入,班级卫生面貌大为改观。一方面,教室里干净整洁,学生乐意在焕然一新的教室里学习,学习成绩有明显提高;另一方面,班级连续获得学校卫生红旗,受到学校的表扬,学生的脸上洋溢着灿烂的笑容,从而使班级的凝聚力和荣誉感进一步得到增强。

③延续特色:“班级是我们最美的家园。”美好的东西总是不忍心去破坏,随着时间的推移,学生又群策群力,共同装扮教室的墙面和黑板。一些卫生制度、文明公约等以可爱、亮丽的形式上墙,使整个教室美丽而温馨。将卫生特色班级打造成卫生品牌班级,让每一个走进教室的师生都能爱上我们的班级。

76.寝室建设“四部曲”

张扬个性——寝室文化的萌芽阶段;

制定规则——寝室文化的形成阶段;

养成习惯——寝室文化的完善阶段;

自我管理——寝室文化的升华阶段。

[诠释]

寝室文化是学生借助寝室这个载体所表现出来的一种文化。寝室建设是学校精神文明建设的重要方面,也是班主任工作不可缺少的组成部分。因此,班主任要充分重视寝室文化的发展。一般来说,形成健康和谐的寝室文化大体经历四个阶段。

①张扬个性,这是寝室文化的萌芽阶段。开学伊始,班主任先采用问卷调查的方式,对住校学生的家庭情况、个人性格、兴趣爱好等方面进行调查、归纳、分析。然后根据调查的结果,把城乡、家庭条件、学习习惯、性格不同的学生进行合理搭配,分在同一寝室。这样使不同类型的学生优势互补,和睦相处。寝室分好后,班主任要让同学们充分展现自我个性,按照自己的喜好布置寝室、整理床铺。同时班主任要善于提取学生身上的优秀成分,让其发展成为一种向上向善的文化导向。

②制定规则,这是寝室文化的形成阶段。在学校原有寝室规章制度的基础上,要充分发挥学生的主体作用,让他们积极主动地参与寝室条例的修订和讨论,并采纳其有建设性的意见和建议,使学生都能成为管理细则的自觉维护者和实践者。在这个过程中,班主任负有导航员的职责。

③养成习惯,这是寝室文化的完善阶段。在寝室内务的管理上,要遵从有序、整洁、美观、快速的原则,采取明确要求、学会技能、开展比武、强化训练的措施,使同学们逐渐养成好习惯,达到从他律到自律。具体办法为:在全班不定期开展整理内务技能比武,通过比赛评选出“内务整理能手”并予以表彰。这一活动,不仅要求每个学生要清楚怎样整理床铺,而且要熟练掌握整理的技能:从棉被、毛巾的折叠,到鞋子、牙具的摆放,都要做到整齐有序,给人以美的享受。这样做既提高了同学们的自理能力,又养成了良好的行为习惯。

④自我管理,寝室文化的升华阶段。为了培养学生的自我管理能力,还要建立寝室长负责制和生活导师制,由寝室长与生活指导老师一起对寝室进行检查、考核和指导。在此基础上,又建立了学生“自管会”。“自管会”的职责主要有三:一是管理,就是对寝室卫生、纪律和住校生的行为规范进行管理;二是服务,就是为学生的寝室生活提供服务;三是组织,就是为丰富寝室生活举行各种文化活动。

77.六步礼仪道歉法

第一步:真诚表示歉意,说声对不起;

第二步:作揖表达悔意,请对方原谅;

第三步：看着对方眼睛，凝视两分钟；
第四步：互相低头认错，握手三分钟；
第五步：紧紧拥抱对方，温暖对方心；
第六步：手牵手回班级，班内走一圈。

[诠释]

班级男生之间的吵骂时有发生，甚至偶尔会发生打架事件。班主任可制定班规：六步礼仪道歉法。

第一步：要向被欺负的同学真诚地说三声"对不起"；第二步：作揖表达歉意，还要背诗一首或唱歌一曲，如果对方不接受，就接着作揖、背诗或唱歌，直到对方接受为止；第三步：看着对方的眼睛，凝视两分钟，不凝视或时间没达到算作无效；第四步：握手三分钟，互相低头认错；第五步：紧紧拥抱两分钟，直到感受到对方的心跳为止，拥抱不紧算作无效，重新计时拥抱；第六步：手牵着手回班级并在教室内环走一圈，以向全班同学宣告和好。

以上六步由班主任亲自监督完成，决不允许掺有丝毫水分。

78.班主任的记录本

班务日志记录本——记录班级日常活动；
学生成功记录本——记录学生成功之事；
学生生活记录本——记录学生生活状况；
家校联系记录本——记录教师家访情况；
总结反思记录本——反思班级经验教训。

[诠释]

①班务日志记录本。"好记性不如烂笔头"。班务日志记录本是班级活动的文本保存形式，内容主要包括学生思想、行为表现和班级活动情况等，是指导班主任制定班务活动计划、开展班级活动、选配得力班干部的主要依据。因此，记录时要尽量细致，除了

记录学生出勤、请假等常规事件,对班级出现的一些异常情况尤其要记录清楚。

②学生成功记录本。有的班主任喜欢将学生的一些不良表现记录下来,作为向家长汇报的重要依据,以此来教育学生,此举用心良苦,当然对学生能起到一定的规范和促进作用。但是长此以往,学生很难享受成功的快乐。我们不妨为学生准备一个笔记本,专门记录学生的成功之事。这种"荣誉"记录,很多时候是无声胜有声,你若还能将学生的一些重要成功事迹及时向班上同学公布,对他们而言,这是一种"殊荣",能有效提升其信心,激发其表现的热情。成功记录本的落实,以班主任观察发现为主,以同学们自荐和推荐为辅,以家长和其他人员举荐为参考。

③学生生活记录本。中小学生自理能力比较弱,进入青春期后心理问题逐渐显现,一些学习生活中的困难和困惑往往会使学生不知所措。因此,班主任必须进入学生生活,体察他们的生活状况,记录好他们的每日思想活动、行为表现等情况,及时研究解决各种问题,做好心理疏导工作。其中,对留守生、残疾生、寄宿生的生活情况要尤为关注。

④家校联系记录本。家、校联合育人是教育的最好途径,班主任积极与学生家长沟通联系,或登门家访,或电话沟通,及时地掌握学生更多的情况,有针对性地开展教育,能使班级管理更加有的放矢。

⑤总结反思记录本。没有反思就没有进步。班主任在班级管理中总会有成功的经验,也会遇到困惑或出现这样那样的失误,这就需要班主任拥有一颗进取之心,经常反思自己的班级管理经验,总结教育得失,不断提高自己的班级管理能力和水平。

79.酿造班级好味道

酿造班级好味道,不是技术问题,而是班主任为人处世的做人问题,是以身作则的态度问题;酿造班级好味道,又是技术问题,必须通过班主任的技术操作、个人智慧来达到。

[诠释]

班级味道,准确地说是风格,实际上来自班集体,而不仅仅是班主任。在一个班级里,同学们团结友爱,和谐友善,有着浓浓的同学情谊,在每个学生身上都有对于文明的渴求。偶尔学生与学生之间、老师与学生之间产生的不愉快现象,很快就会被一双无形的手所抚平。

良好的班级,一定有它的风格,有它的味道。这种班级风格,就是隐藏在师生行为背后的一整套大家认同并自觉践行的价值观念、行为准则,类似社会中的道德和法律,它弥漫在班级的空气之中,无声无形,却又无时不在,无处不在。它的存在自信而自然,没有任何虚伪的包装。在这个味道形成的过程中,班主任、科任教师、学生、学校文化、社会和班级文化是相互影响、相互促成的一系列因素,其中以班级文化为核心。所有的因素只有转化为班级文化的一部分,才能完成由外因到内因的转变,才能自然弥漫到教室的每个角落,渗透到每个学生的意识里,形成一种力量,影响和同化学生的行动,在每个学生的成长中产生重要作用。

而班主任在这个转化过程中,又起到了决定性的作用。班主任通过一系列的班级活动,包括班级制度的建立、对班干部的任命、对学校规章制度的遵守、对社会的理解评价、每次周会内容的选择、实践活动的构想、班级墙面文化的布置、教师间的协调、学生事务的处理、对学生的表扬和批评、对学习考试的看法等来实现这个转化。班主任不仅是一个实践者,一个榜样,要以身体力行来感染教化学生,同时,又是一个过滤器,将"自己肯定的"过滤到这个叫班级的容器里,将"自己否定的"阻挡在班级之外。班主任还是一个催化剂,通过一系列有"预谋"的班级活动使之酝酿发酵成为班级的味道。

由此看来,酿造班级好味道,不是一个技术问题,而是班主任为人处世的做人问题,是其以身作则的态度问题。班主任正确的思想观念、正直高尚的人格修养、健康向上的生活态度,决定班级的基本风格,决定班级文化的根基和方向。酿造班级好味道,又是一个技术问题,必须通过班主任的技术操作、个人智慧来达到。班主任需将班级文化的各项因素进行甄别筛选,像建筑一座房子,将无用的剔除,将有用的放到合适的位置,从而形成一个具有核心价值观念的班级文化大厦。

班主任所营造的班级味道将成为同学们在校期间成长的环境,就像鱼儿生活的水源,像树苗生活的土壤、空气和阳光一样。一位优秀的班主任,要不断探索出符合自己和自己班级的做法,酿造出自己班级独特的味道。

80.与学生一起诵读班级宣言

对学生,班级宣言是一种影响力和号召力;
对班级,班级宣言是一种凝聚力和向心力。

[诠释]

对于一个班级而言,班级宣言对学生是一种影响、激励和号召,让学生感到一种对自己、对他人、对集体的责任,如指挥棒一样指引着学生积极进取,如润物细无声的春雨般滋润着学生的情感世界。同时,班级宣言增强了全班师生的凝聚力和向心力,有利于提高同学们的团队精神。

班级宣言要结合班级的实际情况制定,最好由全班同学参与制定。班级宣言的用语要通俗易懂,朗朗上口。班级宣言每天在班干部的带领下至少集体诵读一次,或者于每天早晨预备铃响起时诵读,或者在课间操结束解散前诵读。诵读时要声音洪亮,精神振奋,以鼓舞同学们的士气。诵读时班主任要在场,如果能和学生们一起诵读效果会更佳。

以下两则“班级宣言”,供班主任参考:

①我要用最响亮的口号迎接朝阳,我要用最积极的心态走进课堂,我要用最勤快的双手书写人生,我要用最自信的微笑创造辉煌!我自信!我成功!我坚强!

②我们是山上的松,将坚韧和进取写满每一个清晨;我们是谷底的兰,让清新和淳朴点亮每一双眼睛;我们是云中的鹰,用豪情和壮志充实每一颗心灵!心随沧海阔,志比青山高。我们严谨治学,决不耽于空想;我们大胆创新,决不墨守成规。我们分秒必争,用奋起告别失败;我们坚韧不拔,用汗水铸就成功。一段段难忘的故事,铭刻着师恩深似海;一串串成长的脚印,书写着进步和努力;一个个芬芳的日子,感受着生命之美丽!请相信,光明与我们同行!

81. “烦恼回收站”

第一步:思考,写出烦恼;
第二步:撕碎,粉碎烦恼;
第三步:告别,丢弃烦恼;
第四步:清空,清除烦恼。

[**诠释**]

“烦恼回收站”,顾名思义就是回收、存放学生心中烦恼的箱子。学生中的很多烦恼从成人的角度看或许是很小的,但他们不肯轻易对老师、家长、同学“启齿”。如果没有排释的途径,这些烦恼就会像石头一样压在他们心上,积攒久了容易形成心理疾病。班级“烦恼回收站”就是为了引导学生解除、排释烦恼,培养健康心理而设立的。

“烦恼回收站”制作简便,可以让商铺加工制作,也可以取材于普通的硬纸箱,箱子的外边包上一层红纸,正面端端正正地写上“烦恼回收站:告别烦恼,拥有快乐”几个大字。箱子上面留一个网球大小的圆口,作为“烦恼垃圾”的投入口。“烦恼回收站”可以放置在教室的作业橱上。同学们如果有了烦恼,就把烦恼事写在“我的烦恼纸”上,再把烦恼纸撕碎丢进“烦恼回收站”里,实现“告别烦恼,拥有快乐”的目的。

这个活动每月至少集体组织一次,主要采取以下四个步骤:第一步,思考,写出烦恼。在班会上,用10分钟的时间让学生静思,并在“我的烦恼纸”上写出自己最近一段时间遇到的烦恼事,以及对这些烦恼的认识和下一步的打算。第二步,撕碎,粉碎烦恼。同学们集体诵读“告别烦恼,拥有快乐”宣言,在宣言声中将“我的烦恼纸”撕碎。第三步,告别,丢弃烦恼。将撕碎的“我的烦恼纸”丢进“烦恼回收站”里。可以由每个学生自己丢弃,也可以让小组长统一丢弃。第四步,清空,清除烦恼。由班干部或者班主任指定的学生,将回收的“我的烦恼纸”彻底清空,倒进教室外边的垃圾箱里。

除了班级集体组织活动,平时学生自己也可以随时将自己的烦恼写出来,撕碎,丢进“烦恼回收站”里。

82.写好班志

写好班志,是促进班级良性发展的活力;

读好班志,是激发班级不断进步的动力;

用好班志,是调动班级团结奋进的合力。

[诠释]

对于班主任来说,书写班志应该成为一种工作习惯。对于一名班主任和一个班集体来说,班志是对其工作、学习和生活最贴近、最真实的记录,也是帮助其不断自我激励、自我完善的直接借鉴。班主任常看班志,有助于教育工作顺利、合理地展开;师生共读班志,能够激发班集体的无限活力,使学生感受到自己与班级的共同成长。因此,班主任应将写班志当作促进班级良性发展的重要工作。

写志就是写历史,记录事物变化发展的轨迹,借以探索有效的方法和规律。要想写好班志,必须有对班级工作的主导思想、发展设想、整体建构和评判事物的标准,还要具备前后对照的意识和发展的历史眼光。

班志既可以是日志,也可以是周志,还可以是大事记;可以由班主任自己写,也可以由学生写,还可以由师生共同来写;可以是纯文字的,也可以是图表式的,形式可以灵活多样。如果是师生共同编写班志,教育方式会更加丰富,教育效果也会大大提高。

书写班志,不是不加选择地记录所有鸡毛蒜皮的流水账,而应着重记录班主任的班级发展设想和推进相关教育实验的过程,记录班级发展的定位和班级重要的发展步骤,记录学生的变化、建议和贡献,记录班级的成就、困难和问题,记录师生们的共同感受,记录能给师生共同留下深刻印象的大事小情等。只要是与班级发展息息相关、有教育意义的人或事,都可以认真记录、深入思考、真诚评价,在班集体中充分交流,为班集体留下一个个激动人心的片段和一件件耐人寻味的事迹。

83.突出一个“赢”字

班级文化要突出一个“赢”字:赢得领导信任,赢得家长放心,赢得自己满意,赢得学生腾飞。

［诠释］

①“赢”字可以拆分成“亡”“口”“月”“贝”“凡”五个字，我们要想成为“赢”家，就需要把握组成“赢”字的五个字的寓意：

亡：危也。学习如“逆水行舟，不进则退”，我们必须树立危机意识。

口：说，交流。要敢于质疑书本上的知识，敢于挑战老师的权威，还要善于和老师、同学、亲友交流学习心得、学习方法甚至学习中的困惑。

月：日积月累。学习绝非一蹴而就之事，需要天天努力，朝朝奋斗。

贝：优势。我们每个人都有自身的优势，如学习方法、记忆能力、各种特长等，我们一定要充分发挥自身的优势。

凡：平常。唯有保持一颗平常心，才能胜不骄败不馁，在学习这条路上走得更好，走得更远。

②班级文化要突出一个“赢”字，班主任主要应做好四个方面工作：一是做好学校布置的各项工作，赢得领导信任；二是不断提高学生的学习成绩，赢得家长放心；三是做好班级管理工作，赢得自己满意；四是促进学生全面发展，赢得学生腾飞。

84.班级巧播电影

放前导播，做好宣传；
设计问题，引发思辨；
观后讨论，交流情感；
撰写观感，提升“三观”；
营造氛围，获得锻炼。

［诠释］

优秀的电影作品以其贴切的题材，跌宕的剧情，多样的形式，对人们的思想、品格、意志的形成起着潜移默化的作用。如果巧妙选材，恰当利用，可在班级教育中发挥重要作用。但一方面，网络中充斥着各种各样的电影作品，其中也有思想颓废、格调低俗、内容不健康的电影，所以班主任要对电影进行严格筛选；另一方面，要使电影起到教育作用，班主任不能简单地只播放影片，而要善于组织引导，围绕放映开展丰富多彩的活动，尽量挖掘优秀电影作品的育人功能，从而达到最好的教育效果。

①放前导播，做好宣传。班主任在电影播放前为学生做简单的剧情介绍，帮助学生了解故事发生的背景，理解电影的内容、思想情感、表现形式等，对于影片中的重大题材及富有深意的内容，班主任要适当做些放映前的导播工作。

②设计问题，引发思辨。放映前，班主任有时还可以针对影片故事和表达的思想情感提出若干问题，设置悬念，激发兴趣，同时有利于在观看影片时突出重点，引发思辨。

③观后讨论，交流情感。观看影片后，学生往往情绪激昂，一段时间内还沉浸在影片故事情节及对人物命运的感慨之中。这时教师应因势利导，趁热打铁，及时通过班会组织学生评说讨论，对片段内容进行回味赏析，引导学生深入思考、探究领悟，实现从观赏电影到评论电影，再从评论电影到引发感悟的转变。

④撰写观感，提升“三观”。指导学生撰写观后感，升华思想，提升其世界观、人生观和价值观，增强影片教育效果。

⑤营造氛围，获得锻炼。在班级宣传栏内设置电影园地，简介影片内容，张贴学生观后感，刊登师生摘录的精彩台词等，帮助同学们在收集整理资料的过程中获得多方面的锻炼。

爱生育人篇

班主任的爱就是流淌在班级池中之水，时刻滋润着学生的心田。作为班主任，只有具备了深厚的爱生之情，才会时刻把学生放在心上；只有让学生感受到教师的爱，学生才会向班主任敞开心扉，真正做到“亲其师，信其道”。

爱生，就要尊重学生。班主任发自内心去爱护和尊重学生的人格、个性和自尊心，是爱学生的前提。设身处地地体谅学生的言行，放低身段理解学生的心理，赏识他们、激励他们、尊重他们，关注他们成长过程中值得肯定的每一个细节，让学生拥有自信，走向成功。这是爱生的目的。

爱生，就要理解学生。教育绝不仅仅是一份工作，而是一种责任、一份爱心。在和学生的交往过程中，班主任要用真挚的爱走进学生的内心世界，用换位思考的方式去理解学生，这样的教育才是真正的教育。

爱生，就要赞赏学生。每个学生都有潜在的才能和良好的品格，班主任要善于用“放大镜”寻找学生身上的每一个哪怕是十分微小的闪光点，当他们有点滴进步时，要及时给予表扬、鼓励，让其获得成功感。

爱生，就要激励学生。学生的潜能需要星星之火的点燃，班主任要时时激发学生，处处激励学生，使学生的潜能像火山一样爆发。

苏霍姆林斯基说，要成为学生的真正教育者，就要把自己的爱心奉献给他们。爱生是教师之本，更是班主任之本。爱一个学生就等于塑造了一个学生。班主任要把爱融入学生的心中，让学生在爱中快乐地学习，快乐地生活。

85.因生施爱

优等生爱在疏导,中等生爱在激励,后进生爱在赏识。

富裕生爱在鞭策,贫困生爱在尊重,体弱生爱在关心。

[诠释]

爱学生是班主任的天职。但是,光有爱心是不够的,更重要的是“会爱”。真正的爱是“智慧的爱”,是恰到好处的爱,是能够激发学生内在潜能的爱。唯物辩证法认为,矛盾具有特殊性,要坚持具体问题具体分析。班主任在班级管理和与学生的交往中,要“因生施爱”,对不同的学生献出不同的爱心。

①优等生爱在疏导。不少班主任认为,最需要帮助的是“差生”,最需要心理疏导的是“问题生”。其实优等生一样有困惑,他们也需要心理疏导。俗话说得好,“好鼓还要重擂”,对优等生应该要求更高、管理更严。一要看到他们的长处,对其优点给予及时的鼓励;二要对他们潜在的和已经暴露出的缺点和错误不姑息迁就;三要教育他们正确对待掌声和鲜花,让他们懂得“山外有山”的道理;四要让他们不断“以人之长补己之短”。

②中等生爱在激励。学习成绩、行为表现都一般的学生,最容易被班主任忽视。其实这些学生特别需要老师的激励,一个欣赏的眼神,一句赞赏的话语,一声亲切的抚慰,都有可能使他们信心倍增,发奋学习。

③后进生爱在赏识。班主任对后进生的点滴进步,要及时肯定,要善于发现他们身上的“闪光点”,以不断增强他们在学习上的自信心;要从善意的愿望出发,尊重那些不思进取、丧失自信的学生。在恰当的时候运用鞭策的方法能引起学生心灵的触动,这远比惩罚来得更深沉、更强烈、更有力。

④富裕生爱在鞭策。家庭富裕的学生往往物质生活富裕,精神生活贫乏,缺少斗志,缺乏上进心。所以班主任要对他们多提供艰难困苦锻炼的机会,让其学会吃苦;要多和家长沟通,不要太溺爱孩子;要对其优点不断鞭策,对其缺点及时纠正。

⑤贫困生爱在尊重。苏霍姆林斯基曾说,在影响学生的内心世界时,不应该挫伤他们心灵中最敏感的一个角落——自尊心。贫困生一般有强烈、敏感而又脆弱的自尊心,他们首先需要的不是同情,而是尊重,是平等关系下的一份关爱。

⑥体弱生爱在关心。班主任对学生的关爱,不在轰轰烈烈,而在细微之处。特别是对那些身体瘦弱、矮小和病残的学生,更应关怀备至,以利于其身心健康发展。班主任要把特别的爱送给特别的他们,但对他们的关爱一定要讲究方式方法,若太热情,他们觉得你是在怜悯;若太冷淡,他们觉得你是在嫌弃。因此,要爱得科学,爱得得体,爱得让他们有尊严。

86.班级管理要充满“情”字

班级管理首先是“情”的管理,要充满温情的期待,真情的关怀,热情的搀扶,激情的鞭策。

[**诠释**]

班级管理是一个动态的过程,它是班主任根据一定的目标要求,采用一定的手段措施,带领全班学生,对班级中的各种资源进行计划、组织、协调、控制,以实现教育目标的组织活动过程。班级管理是一种有目的、有计划、有步骤的社会活动,这一活动的根本目的是实现教育目标,使学生得到充分的、全面的发展。

班级管理首先是“情”的管理,是温情的期待,是真情的关怀,是热情的搀扶,是激情的鞭策。让班级的每个成员都能感受到平等、民主、尊重、信任、友善、理解、宽容、亲情与关爱,受到激励、鞭策、鼓舞、感化、召唤和指导。让人人都享有一份爱,让人人都得到尊重,让人人都享有机会,让人人都有所追求,让人人都主动参与,让人人都体验成功。

87.让爱成为一种能力

在班级管理中,我们不缺少爱的愿望和勇气,但往往缺少爱的技巧和方法。爱应该是一种发自内心的情感,而不应成为一种方式和手段;爱应该是一种精神上深层次的融入,而不应只停留在肤浅的琐事上;爱应该是一种坚持原则的尊重,而不应一味地溺爱和放纵。

[诠释]

①班主任对学生的爱,应该是一种发自内心的、自然的、真切的喜爱。当班内学生进步了,班主任发自内心地高兴和喜悦;当班内学生出现了问题,班主任发自内心地焦虑或担忧。

②对于学生的日常生活琐事要关心爱护,但作为班主任不能只停留在爱的最低层面。对学生高层次的爱,应该是引起他们思想上的认同和共鸣,给他们以精神上深层次的教育。

③在班级管理中要处理好爱与严的关系,爱的情感与铁的纪律是对立统一的。尊重而不放纵,关爱而不溺爱。

88.班主任要当好“中医师”

班主任在班级管理中就像中医师一样,对后进生多洒“爱心露”,巧施“信心汤”;让后进生乐服“专心丸”,勤服“恒心丹”。

[诠释]

后进生的转化是班主任不可忽视的工作。班主任在班级工作中要做一名“中医师”。

①多洒“爱心露”。后进生需要教师给予更多的爱心。尤其是在学生有思想包袱、学生之间产生矛盾、遇到学习困难、心理遭受挫折或犯错误时,更需要班主任向学生播撒爱心。

②巧施“信心汤”。后进生需要教师给予更多的“信心”。后进生常常有自卑心理,班主任只有充分地信任他们,积极地鼓励他们,他们才会感受到无比的温暖,从而树立信心和希望,振作精神努力向上。

③乐服“专心丸”。后进生需要教师督促其“专心”。后进生的落后往往体现在学习的态度上,尤其表现在精力不集中、学习不专心上。每当碰到学习不专心的学

生，班主任要帮助其查找不专心学习的原因，指出危害，激发他们专心学习的内动力。

④勤服“恒心丹”。后进生需要教师激励其“恒心”。现在的中小学生有不少为独生子女，生活条件优越，他们普遍缺乏克服困难、战胜挫折的意志。班主任既要让学生明白人生之路并不是一帆风顺的，又要用目标激励学生斗志，从而促其树立奋发学习的恒心。

89.让后进生看到希望的曙光

多亲近，少冷落；

多鼓励，少指责；

多关注，少漠视；

多信任，少嫌弃；

多耐心，少急躁。

[诠释]

对待后进生，班主任要尽量做到“五多五少”。

①多亲近，少冷落。消除学生戒备心理的唯一途径，是班主任对后进生要爱得真、爱得深，将严格要求渗透在爱之中。教育实践告诉我们，爱是一种最有效的教育手段，教师情感可以温暖一颗冰冷的心，可以使浪子回头。当学生感受到老师对自己的一片爱心和殷切期望时，他们就会变得“亲其师而信其道”。

②多鼓励，少指责。对于后进生，班主任宜采用纵向比较，把他的今天和他的昨天对比。学生一旦有进步，教师应抓住机会，及时表扬其“进步点”。后进生也有表现好的时候，关键就在于平时的捕捉，抓住时机进行表扬，不要吝啬表扬。“你真聪明，讲对了！”“你的口头表达能力提高了，老师为你高兴。”“这个问题你还能讲得更好，先坐下再想想。”“有独到见解，如果思考再周全些，就更好了。”在课堂上，班主任运用启发性的话语，再加上热情的态度，就能让受到表扬的学生增强信心。班主任的一个手势、一个眼神、一句充满鼓励的话，就能让后进生把手举起来，使他们重新认识自己。

③多关注,少冷落。转变后进生,班主任还要善于发现他们身上的闪光点,充分尊重其爱好,因势利导。优等生优势明显,后进生也有可取之处,他们更希望引起班主任的关注,更希望得到老师的肯定,更希望得到同学们的认可。因而班主任平时应多注意这部分学生的表现,多与他们聊天,常关心他们的学习生活,让他们得到更多的温暖与关怀。

④多信任,少嫌弃。对学习差的学生尽量发现他其他方面的特长、才能,并给他发展特长、显露才能的机会,以此促进其学习的进步。班主任要信任后进生,让他们多做一些力所能及的事,从而不断进步。

⑤多耐心,少急躁。后进生的进步往往需要一个过程,甚至经常出现反复,尤其需要得到老师的信任、关心、肯定和鼓励。班主任只有长期坚持下去,他们才会展现出特有的光彩,体验到成功的喜悦。这就需要班主任在工作中多一份耐心,少一份急躁;多一份宽容,少一份责备,把爱的甘露洒进每一个后进生的心田。

90.善待后进生

注重感情倾斜,
唤起向上信心,
引导集体舆论,
允许重复犯错,
善以表扬为主,
要求暂时降低。

[诠释]

教育的前提是爱,但不少教师对后进生就是爱不起来,甚至看见他们就心烦。不解决心烦的问题,就无法面对后进生,也就谈不上善待,更谈不上转化了。所以,转化后进生的前提,是教师本人先转化自己,要转化自己的心态,转化自己的育人理念。

对后进生的“转化”永远是相对的。所谓“相对”,就是一方面,并不是所有的后进生都能够被转化;另一方面,任何一个学生被转化的程度也不是等同的,有的可以转化得非常优秀,甚至出类拔萃,有的可能只是成为合格的公民。如果意识到“转化”是相对的,就能够放弃一些不切实际的理想化的教育目标,减轻自己的思想负担,甚至放下不应该属于自己的负疚感。

在转化后进生的过程中要注意以下几点:

①注重感情倾斜。只要愿意把爱给学生,我们总能找到给后进生爱的方式与途径。这种爱不应该仅仅来自班主任,还应来自集体。不要让某个后进生感到只是班主任在爱他,而要让他感到整个集体在爱他。

②唤起向上信心。后进生多数存在自卑感,普遍缺少自信心。从某种意义上讲,所谓转化后进生,更多的时候就是不断设法唤起他向上的信心。当然,班主任唤起后进生上进信心的前提是对他们无限地相信,相信每一个后进生都有着向上的愿望。唤起向上的信心,应该从让学生发现自己的优点开始。只有意识到自己有很多优点,他才可能奋发向上。

③引导集体舆论。“真正的教育是学生的自我教育。”所谓“自我教育”包括两个方面:一方面是学生自己对自己的审视、反思、评价、表扬、激励;另一方面是学生集体中积极向上的氛围对某一个后进生的感染与影响。班主任要善于引导集体舆论,把自己对某一学生的表扬、鼓励、关心、帮助变成集体对这个学生的表扬、鼓励、关心、帮助。始终把后进生置于集体的注视之中,让他们随时感受到来自全班同学温暖期待的目光,这是班主任在转化后进生时必须遵循的重要原则。

④允许重复犯错。不少教师,尤其是年轻教师见不得后进生反复犯同样的错误,从而对其讽刺挖苦。其实,反复是后进生的特点之一。班主任要理解甚至允许其反复。这不是纵容,而是宽容,更是一种期待。班主任不能要求学生绝对不犯同样的错误,而是希望学生犯错误的周期尽量拉长一些,而且越来越长,最后完全消除其不良习惯。

⑤善以表扬为主。学生犯了错误,问题不在于该批评还是该激励,而在于面对具体的学生,我们要研究他缺乏什么,他更需要什么。他们犯了错误,当然该批评,如果犯了严重错误,还必须按学校规章制度予以必要的惩罚。但在批评的同时,我们也不要放弃表扬。对这些学生来说,批评多了会“破罐子破摔”。常说“榜样的力量是无穷的”,其实,榜样的力量是极其有限的。表扬的力量则的确是无穷的,人人都有尊严,都希望自己被别人尊重并认可。当然,表扬要实事求是,不要牵强附会或虚情假

意地"表扬"。

⑥要求暂时降低。无论是行为习惯还是学习成绩,我们对后进生的要求不要一下子提得很高。如果期望值过高,让人感觉遥不可及,便会让其丧失信心而一蹶不振。相反,适当降低要求,他则可能会信心倍增,逐渐进步。后进生不可能一下子就把多年的恶习彻底改正,因此,我们应该允许他们有一个"过渡期",这个"过渡期"就是暂时的降低要求,但必须是在朝好的方向发展的途中。

91.怎样把"铁"炼成"钢"

把铁炼成钢,需要适当的温度——转化后进生要热情似火;

把铁炼成钢,需要一定的时间——转化后进生要积以时日;

把铁炼成钢,需要过硬的技术——转化后进生要讲究方法。

[诠释]

"恨铁不成钢",这是班主任对教育学生特别是转化后进生时急切心情与良好愿望的形象描绘。一个班主任,不能只是"恨铁不成钢",而应在于怎样想方设法把"铁"炼成"钢"。

①把铁炼成钢,需要适当的温度,对后进生的转化,也需要有火一样的热情。经历风吹雨打的花草,十分喜欢和煦的阳光;沾染不良习气的后进学生,特别需要给予深切的关怀和热情的爱护。心灵的创伤,只能用"心药"来医治。要想转化,必先感化。动之以情,胜似父母;晓之以理,细如雨丝。班主任用无限的温暖,去融化他们心中的寒冰。

②把铁炼成钢,需要一定的时间,对后进生的转化,也必须假以时日。青少年学生可塑性强,免疫力差,反复性大。被修剪过的歪枝斜杈,一旦遇到适宜的温度和土壤,还可能故态复萌。后进生的前进道路,多数是螺旋式上升、曲线型发展的。对他们切勿"一碗凉水看到底",应在指出缺点不足的同时肯定其优点长处,透过消极的表象发现积极的本质。班主任只要以锲而不舍的精神做他们的思想工作,水滴石穿,绳锯木断,纵然是顽石,也定会有开化之日的。

③把铁炼成钢,需要过硬的技术,对后进生的转化,也必须讲究科学的方法。一味地用班规去“卡”,靠处分来“罚”,或许能够治“标”,管一时之事,然而却不能医“本”,见长久之效。班主任如果变简单粗暴为和风细雨,变训斥挖苦为体贴入微,变空洞说教为循循善诱,其教育效果定会事半功倍。思想教育贵在对症下药,耐心疏导。精雕细琢,方能理璞为玉,成为珍品。

92.转化“问题学生”的“六先六后”

以“信任”为核心,先拉后教;
以“信心”为核心,先扬后抑;
以“承诺”为核心,先小后大;
以“强化”为核心,先近后远;
以“情绪”为核心,先情后理;
以“关系”为核心,先跟后带。

[**诠释**]

①以关系保障,先拉后教。其核心在于“信任”,问题学生往往对教师的教育采取抵触或持怀疑的态度,因此建立良好的师生关系是开启问题生转化的第一步。

②培养自尊心,先扬后抑。其核心在于“信心”,通过赞美,满足学生被肯定和成功的心理需求,从而让其重建超越自我的信念。

③逐级提要求,先小后大。其核心在于“承诺”,大转变从小要求开始,转变学生要从学生同意转变开始,要与学生共同商定行为矫正的计划和步骤。

④多元化鼓励,先近后远。其核心在于“强化”,远大目标是由近期目标一步一步实现的,以小步行为量变,逐步向核心教育目标质变靠拢。

⑤以活动引导,先情后理。其核心在于“情绪”,在转化过程中,要寻找并创造机会激活情绪,实现明事、明理、明目标。

⑥以人际支撑,先跟后带。其核心在于“关系”,创设良好的班集体氛围与和谐的人际关系,会为问题学生自觉修正不良行为提供环境保障和人际支撑。

93.处理与学生关系的“五个一点”

多一点信任，
添一点温馨，
讲一点差异，
带一点商榷，
来一点幽默。

［诠释］

全国著名特级教师于漪老师认为，师生关系是学校最核心、最重要的关系，是影响校园文化、师生双方知识交流、情感交流的关键问题。强调良好的师生关系，并不是搞无原则的一团和气，班主任要宽严相济，做到“五个一点”：

①多一点信任。每一个人都渴望得到别人的理解、信任和尊重，这是人性中最根深蒂固的本性，也是一个人保持愉悦心境和旺盛热情的内动力。良好的师生关系如和煦的阳光，照在学生心灵上，会产生巨大的动力。

②添一点温馨。情深方能意切，感人全在真情。师生情感的沟通，是教育取得成功的重要因素。人心是土地，感动是泉水。谈心容易动心难，温馨的话语，再加上亲切的体态动作，一次凝视、一个微笑、握一下手、摸一下头、拍一下肩、倒一杯茶、让一次座……学生会被班主任的爱所包围，为这份温情而感动。

③讲一点差异。每个学生都有一个完全特殊的、独一无二的心灵世界。学生性格各异，情趣不同，接受能力千差万别，班主任应走进学生的内心世界，打开学生个性的“多棱镜”。

④带一点商榷。随着年龄的增长和生活知识的增加，学生的独立意识和自我意识逐渐增强。他们不喜欢老师高高在上的架势和盛气凌人的说教，期望和老师建立平等和谐的关系，展开情感和思想的相互交流。因此，班主任在处理一些突发事件时，要尽可能运用启发的方式和商量的口吻，让学生理解并接受你的意见。

⑤来一点幽默。要让学生信服，并不是只有威严一条路。老舍先生说：“用幽默的方式指出他人的过错比直截了当提出更容易让人接受。”幽默的批评，能避免严厉批评带来的逆反心理，营造一种轻松的教育气氛，使学生获得一种情感的滋润。

94.“三个改变”疏导逆反心理

变认错为改错，
变责难为倾听，
变说教为体验。

［诠释］

①变认错为改错。一位外国教育专家曾说：“没有必要一定让孩子认错，关键是帮助他改正。”我们常常认为，学生只有先承认错误才能改正错误。这个推理是经不起推敲的，事实上，我们的许多错误都可以不必向别人承认，自己就逐渐改正了。因此，面对一个犯错误的学生，关键是让他明白自己为什么会犯这样的错误，并帮助他树立改正错误的信心。

②变责难为倾听。对待有逆反心理的学生，温馨的微笑胜过急风暴雨的严厉斥责，幽默智慧的语言强过呆板生硬的言辞。如果班主任能平心静气，积极倾听学生的心声，真心包容学生的过错，甩掉责备，巧用鼓励引导，就可以避免学生产生逆反心理，从而收到尊师重道的效果。

③变说教为体验。听到的容易忘记，看到的记忆不深，只有亲身体验才能刻骨铭心。从说教到体验的方法改变，于不动声色中对逆反学生进行感化、影响，可谓“大音希声”。

95.“变”是教育“不变”的智慧

当学生情绪激动时，教育的最有效方法是：换一个环境，换一种姿态，换一下位置，换一个切入点。

［诠释］

“问题学生”像一座座活火山，时而平静，时而爆发。在“火山爆发”时，不可强攻，只可智取。对“问题学生”说教效果已经不明显，因为他们听多了大道理。压制也不是办法，因为越压，其叛逆情绪越强。换一换方法，反而会取得意想不到的效果。

①换一个环境。当学生遭受父母、亲属的"轮番轰炸"，不胜其烦时，班主任给学生创造一个比较舒缓的环境，可以有效平复学生的情绪。当学生与他人发生冲突、情绪异为激动时，换一个环境是较好的处置策略。

②换一种姿态。班主任的处理姿态是为学生解围，而不是和其家人一起说教，这样做容易打消学生的对立情绪。当学生感觉到老师是在帮助自己而不是火上浇油、是在缓解自己情绪而不是和自己对立时，定会心存感动，对老师敞开心扉，进行坦诚交流。

③换一下位置。一般来说，班主任总是以教育者、强者的形象出现在学生面前，如果班主任与学生分享自己成长的烦恼，让学生感觉到班主任也是普通人、班主任是"自己人"时，班主任的跟进教育就会比较顺利。

④换一个切入点。班主任与学生对话时，学生容易敏感，甚至早已筑起心理防线。这时班主任不要直奔主题，而是换一个切入点，甚至从故意误会开始。这样能使学生放松心情，放下戒备，有利于为后续思想工作的开展打下良好的基础。

96.站在学生立场上说话

站在学生立场上教育学生，是一种修养，是一种气度，更是一种智慧。

［诠释］

班主任教育学生时，冰冷的态度、空洞的说教、严厉的批评，都会使学生关闭心灵的大门。只有教育方式让学生乐于接受时，教育才能发挥其最大的效能。而站在学生立场上的教育，能让学生充分感受到老师对自己的爱和关心，所以更容易被学生接受。

站在学生的立场上，就是尽可能多地尊重学生的个性，站在学生的角度去思考问题，真心实意地关爱学生，用饱含知识营养的语言启迪、感化学生。例如，当学生犯了错误时，可站在学生的立场上假设后果；当学生对班级开展的某项活动不理解、不积极参与时，可站在学生的立场上答疑解惑；当学生在课堂上串课、不认真听讲时，可站在学生的立场上阐明道理。

97.嬉笑怒骂皆因爱

师生同嬉:建立和谐的师生关系;
以笑面对:创设轻松的反省气氛;
当怒则怒:摧毁不良的行为习气;
骂醒顽生:达到别样的育人品位。

[诠释]

班主任工作方法千千万万,贯穿其中的一条红线,就是一个"爱"字。作为班主任,其嬉笑怒骂中应体现满满的爱。

①师生同嬉。爱做游戏和玩耍是学生的天性,班主任与学生一起做游戏和玩耍,能够构建一条师生良好关系的"高速公路",易于拉近师生之间的心理距离,成为学生的"自己人"。因此,班主任要改变呆板的说教面孔,放下身段多与学生嬉戏玩耍。例如,与学生在一起打篮球、踢足球、聊天,周末带领学生到附近风景名胜区郊游等。

②以笑面对。"人非圣贤,孰能无过。"面对学生指出自己错误的尴尬,班主任哈哈大笑,并当众赞扬指出自己错误的学生。如果师生一起大笑,效果会更佳。如果学生犯错,班主任更应该以笑面对。笑是师生关系的润滑剂,它能减少师生间的摩擦,它让学生明白老师是多么地爱他,它能让学生在轻松的气氛中反省自我,改正错误,不断进步。

③当怒则怒。一个不会发怒的班主任,可能会成为学生的朋友,但不一定能成为益友,更难以成为良师。对触犯原则、犯严重错误的学生,生气发怒也是班主任难免的选择。怒则威,一身正气,狂风暴雨般地将学生的不良习气摧毁。在方式上,这可能没有和风细雨的教育来得温柔好看,但面对思想发育还不成熟的学生,以教师的怒直截了当地指出他的错误,效果往往比委婉的劝解来得快速,来得直接,来得淋漓尽致。当然,班主任之怒不可频发,频发会导致与学生的疏远。班主任之怒必须以爱学生为前提,让学生的精神在教师的怒火中得到洗礼,品格修养在教师的怒火中得以锤炼。

④骂醒顽生。班主任的骂,是一门奇妙的艺术。面对学生,当骂则骂,骂出他的觉悟,骂全他的人格。要骂得有品位,骂要有直指学生内心的力度。越让他痛彻心扉,越能使他幡然醒悟。当然,班主任的骂也要讲究风度,更要注重文明,切不可浅薄粗俗、不堪入耳。

98.看好，才会好看

"看好",首先要眼中有学生,心中想学生;
"看好",关键要看学生好处,看学生长处。

[诠释]

"看好",首先要眼中有学生,心中想学生,这样你才可能愿意为学生做点什么。每个学生都有其自身的优点和长处,班主任要静下心来好好看学生,认真研究学生,不轻易对每位学生下结论。"让每一位学生都能抬起头走路",这样你才有可能和学生和睦相处,才有可能平等地看学生。给学生以母亲般的照料、父亲般的指点,这样你的学生才有可能快乐成长。

"看好"学生,说难很难,说简单也很简单。关键在于你能不能换个角度,能不能从好的方面看学生。学生是性格鲜明的个体,"他"很淘气,可"他"很积极;"他"成绩落后,可"他"很努力;"他"很任性,可"他"有爱心……换个角度看学生,你会发现他们每个人都是那么可爱;换个角度看学生,昨天难教育的学生今天可能变成自己最知心的朋友。看好,才会好看。我相信,没有比对学生讲"我看好你"这句鼓励更具力量和深度的了。

99."阳光"关爱弱势学生

"阳光调查":刷新个人起点;
"阳光星座":点燃自我亮点;
"阳光助跑":搭建互助支点;
"阳光提醒":打开心灵结点。

[诠释]

在班级管理中,班主任启动"阳光"管理,给相对"弱势"的学生四个"点",为他们创造一个自己体验、自主实践、自觉成长的班级环境,使之融入集体,健康成长。

①“阳光调查”,刷新个人起点。为了帮助存在不同弱点、缺点的学生健康成长,在组建班级伊始,班主任要精心设计一份“阳光调查”表,让学生满怀信心地亮出自己的名片。在这份调查表中,除了让学生填写一般个人信息,还特别设计了“阳光之最”栏目,让学生从所列出的问题中选择填写。如:让你最感动的事情是什么?你最喜欢的活动是什么?你最满意的一件事情是什么?你最欣赏自己哪方面的表现?你最愿意交流哪方面的话题?等等。班主任把调查结果整理成学生的第一份“阳光档案”,然后组织召开以展示“阳光档案”为主题的班会。通过交流,学生发现自己的长处,刷新起点,树立信心,为自己赢得尊重,从而消除自卑和畏难心理,真正体验“赢在起跑线”的快乐。

②“阳光星座”,点燃自我亮点。为了最大限度地满足学生个性化发展的需求,给他们平等展示自我的机会,班主任要整合班级内外的教育资源,打包成“阳光超市”,由学生自己“认领”任务,形成“开架服务”。这样,既调动了学生主动参与班级事务的积极性,又把不同特点的学生和谐地组合在同一个任务平台下,增强了他们的自信心和责任心。在“阳光超市”中,学生主动选择任务,承担责任,形成了民主、平等的班级氛围。每个人都能做到“我的地盘我做主”,从体育、音乐、书法、绘画、演讲、读书等活动“明星”,到合作、勤奋、尊老、助人、诚信、爱心等道德“明星”,每一个学生都用自己的特长为班级提供优质服务。同学们在参与中发现自己、点亮自己,形成自己的“星座档案”,共同分享进步的喜悦,踏着“星光灿烂”的节拍,构筑属于自己的“阳光舞台”。

③“阳光助跑”,搭建互助支点。学生的性格和习惯是有差异的,我们在班级管理中不能总期望所有学生都能达到教师期望的高度,特别是那些相对“弱势”的学生,更应该给予他们肯定和鼓励,用实际行动保护他们的学习热情和自尊心。因此,班主任在班里可实施“阳光助跑”行动,提出“手拉手,肩并肩,一起奔春天”的口号,引导学生自愿自主结对、互帮互助,体验“点点滴滴也是进步,成功就是自己的感受”,真正为学生搭建起一个互动学习、共同进步的“阳光舞台”。

④“阳光提醒”,打开心灵结点。在发现学生的“闪光点”、激励他们不断进步的同时,班主任也不能回避学生的缺点,特别是对于那些相对“弱势”的学生,可用“阳光提醒”来打开他们心灵的结点,给予他们人性化的呵护和温暖,让他们在行动中改正缺点,成为“阳光少年”。一方面,班主任要改变班级制度的制定和执行方式,变生

硬的"要求"为善意的"提醒"。在集体讨论制定的班级公约中,用柔和的"阳光提醒"让学生感受到集体的温暖,在尊重和平等中塑造学生的"阳光心灵"。另一方面,班主任还可用写小纸条的方式给学生温馨的提醒,以唤起他们的自尊和勇气,让他们体会到老师朋友般的关心,化"批评"为"提醒",这种方式他们更易接受。

100.真心对待每一个学生

善待每一个学生,是对班主任的本职要求;
尊重每一个学生,是对班主任的起码要求;
热爱每一个学生,是对班主任的崇高要求;
赏识每一个学生,是对班主任的更高要求。

[**诠释**]

①善待学生要全面:既要善待学习成绩好的学生,也要善待学习成绩差的学生;既要善待行为好的学生,也要善待行为差的学生;既要善待学生无意的失误,也要善待学生故意所犯的错误。

②尊重学生要坚持:尊重学生的独立人格,尊重学生的面子;客观公平地对待每一个学生;善于发现、欣赏学生的独特个性,并给予学生发挥个性的自由;虚心学习学生的长处,做到教学相长。

③热爱学生要做到:首先,爱要具有全面性。班主任的爱应该是一种宏大而广博的爱,是面向全体学生的爱。一方面,爱学生不能以容貌、穿戴、经济条件、家长地位来决定;另一方面,爱学生不能以学业成绩、品德优劣为依据。如果班主任对所谓的"差生"同样有一份爱,甚至倾注更多的爱,这才是其崇高所在。其次,爱要具有发展性。即爱要有深度,爱要对学生的未来着想。

④赏识学生要注意:赏识学生真、善、美的闪光点,不能没有原则;赏识学生要谨言慎行,不能不讲科学;赏识学生要适度适量,不能放弃对他们的严格要求。

101.班主任,集母爱、师爱于一身

作为班主任,要有一份母爱情怀。母爱是无私的,母爱是伟大的,母爱是宽容的,母爱是理性的。

[诠释]

高尔基说,谁爱孩子,孩子就爱谁;只有爱孩子的人才可以教育好孩子。一个班主任,只有集母爱、师爱于一身,在自己的实际工作中,把学生当作自己的孩子来看待,毫无保留地向学生奉献出无私的爱,学生才会相信你、佩服你、尊敬你。

①母爱是无私的。班主任工作是辛苦的,付出要远远大于回报,对学生的爱,只有奉献,没有索取。

②母爱是伟大的。每个学生都应享受班主任的爱,班主任对班上每一个学生要一视同仁,决不能厚此薄彼。有时班主任的一个微笑、一句鼓励、一个赞许的目光,都会激起学生心中的涟漪。学生生病了,嘱咐其多喝水、按时吃药;学生过生日了,要给学生送去生日的祝福。

③母爱是宽容的。面对犯了错误的学生,班主任决不能一味地批评、训斥,要先问清楚原因,然后晓之以理、动之以情。

④母爱是理性的。一个好母亲决不溺爱自己的孩子。在班级日常管理上,班主任对学生的学习要高标准,对他们的纪律要严要求,决不能宠爱、溺爱。

我们每一位老师特别是班主任都应扪心自问:我拥有一份母爱吗?

102.班主任是学生成长的园艺师

班主任应像一把剪刀,既要修剪学生思想上斜出的枝条,又要使他们更加叶茂;班主任应像一把斧子,既要把学生身上的不良习惯砍掉,又要帮助他们将优良品质建造。班主任既要做学生攀登书山的扶手,又不能束缚住他们的手脚。

[诠释]

班主任工作不仅仅是一种管理,更是一种服务,一个班主任能将管理转变为服务则是一种修养。

一个成功的班主任不仅要具备专业素质、综合素质及自身素质,还应是一个能集情感、科学、技术于一身的教师,是一个全面、协调、可持续发展的教师。

班主任是学生成长的园艺师,用剪刀修剪学生思想上斜出的枝条,使他们更加叶茂;班主任是学生成长的建筑师,用斧子把学生身上的不良习惯砍掉,帮助他们将优良品质建造;班主任是学生成长的设计师,更是学生攀登书山的扶手,使他们在人生的道路上攀登更高。

103.班主任的宽容之美

时间上宽限,态度上宽宏,
条件上宽让,氛围上宽松,
认识上宽泛,处理上宽容。

[诠释]

宽容,作为班主任的育人艺术和方法之一,是必不可少的。所谓宽容,绝不是对学生的各种错误思想、不良行为的漠视和纵容,而是班主任对学生实施教育过程中的一种方法,给学生以改正错误、改掉缺点的时间和机会,使其积极自觉地接受教育。

唯物辩证法认为,宽与严是既相互对立又相互统一的一对矛盾。如果把宽与严绝对化,在教育实践中推向极端,效果必然不佳。古人主张"宽猛相济""文武之道一张一弛",就体现了这一规律。

在实际工作中,班主任要正确地对学生宽容,就要努力做到:

①时间上宽限。当时出现的问题不一定马上处理,可以适当后延一段时间;有的问题不一定公开处理,可以通过个别交谈的办法来解决。

②态度上宽宏。即使学生对所犯错误没有正确认识且说话没礼貌、蛮横不讲理,班主任也必须控制住自己的情绪,保持冷静的头脑,威而不怒,严而不厉,宽宏大量。

③条件上宽让。学生犯了错误，允许其提一些要求、讲一下价钱，尽可能给学生改正错误提供梯子、搭建台阶。

④氛围上宽松。个别学生犯了错误，不要搞得全班紧张。学生在校学习是欢快的、和谐的，不能因为个别学生犯了错误就让其他学生人人自危，个个提心吊胆。

⑤认识上宽泛。学生犯了错误，不仅要从犯错学生身上找原因，还要从总体上客观地加以分析，得出全面的、本质的认识，然后再有针对性地解决犯错学生自身的问题。

⑥处理上宽容。教育从严，处理从宽。对犯错学生的处理，重在让其吸取教训，提高思想认识，这是对中小学生批评教育的底线。

104.与学生谈话的技巧

把握时机，和学生巧妙谈话；
选择场合，和学生单独谈话；
注意举止，和学生平等谈话；
恰当切入，和学生真诚谈话；
遵循原则，和学生有趣谈话；
推心置腹，和学生耐心谈话。

［**诠释**］

谈话，是班主任与学生沟通感情、对学生施行教育的重要手段。因此，班主任必须掌握和运用谈话技巧，使谈话取得最佳效果。

①把握好谈话时机。谈话的最佳时机有：问题未形成，矛盾初显时；初次犯错误，产生悔恨时；个人有困难，需要帮助时；气头已过去，心平气和时；思想疙瘩解不开易产生过激行为时；学生受到重大挫折时……这些时候都要做到谈话宜早不宜迟。

②选择合适的谈话地点。谈话地点的选择会使同样的谈话产生不同的效果。个别谈话最好是在单独的、无旁听者的环境中进行，这样可以使学生有安全感，且思想集中，没有心理负担，愿意吐露心声。切忌在大庭广众之下，或当着其他老师的面大

声训斥学生,这会伤学生的自尊心,容易使谈话陷入僵局。

③注意谈话的举止神态。首先,班主任在与学生谈话的过程中,举止要得体。要与学生面对面而坐,认真倾听学生的话语,始终表现出对学生说话很感兴趣。这会使学生觉得老师不仅平易近人,而且尊重他们,谈话才能取得满意的效果。其次,态度要和蔼。在进行个别谈话时,班主任真诚、自然的态度,不仅有利于消除学生的紧张心理和对立情绪,而且会使学生感到班主任对他的关怀与爱护,从内心萌发和增强对班主任的尊敬和信赖。再次,语气要亲切。亲切、风趣、幽默的语言,不仅可以增强语言的感染力和说服力,而且有助于形成轻松愉快的谈话气氛,消除学生的恐惧心理和不必要的顾虑,从而更好地敞开心扉,推心置腹、开诚布公地说出心里话。

④选好谈话的切入点。第一,选准谈话的共同点。班主任和学生谈话,必须找准共同的话题,以学生的爱好、特长为切入点,激发学生吐露心声的欲望。第二,寻找谈话的共鸣点。班主任的谈话必须"晓之以理,动之以情"。"感人心者,莫先乎情。"班主任要说服学生,感化学生,必须要与学生共情。第三,抓住谈话的兴奋点。许多学生在和班主任谈话时,总是怀着一种戒备、抵触的心理,往往缄口不语,不愿敞开心扉。班主任要恰到好处地选准学生感兴趣的话题,把他的表达欲调动起来。第四,捕捉谈话的闪光点。班主任与学生尤其是后进生谈话时,应尽量抓住学生的闪光点,给予充分肯定,大力表扬,使学生认识到老师不光是盯着自己的缺点和不足,也能看到自己的长处。待学生情绪稳定后,再指出其缺点和不足,进行批评教育,这样更容易使学生接受。

⑤遵循谈话的原则。班主任与学生谈话要遵循"三有"原则:第一,有趣。要从学生感兴趣的话题谈起,这样才能缩短与学生之间的心理距离,才能使学生乐于接受班主任的观点。第二,有据。如果班主任向学生灌输某个道理,举例纯属子虚乌有,或只谈空话,学生不仅不会接受,反而会产生反感。如果班主任批评学生的事实不确凿,理由不充分,学生不仅不会甘心认错,反而会据理反驳,使班主任处境尴尬,所以班主任与学生谈话一定要做到言之有据。第三,有数。"凡事预则立,不预则废。"找学生谈话,要做到"心中有数",班主任事先要明确谈什么、怎么谈,以确保谈话达到预期目的。

⑥与学生谈话要做到"四心"。一要有诚心。班主任要诚心诚意地与学生谈心,要有关怀和爱护学生的情感。有了这种诚意和情感,与学生谈话才能推心置腹,说出

来的话,才能够如春风拂面,细雨润心,才能打动学生,感化学生。二要善知心。班主任与学生谈心之前,必须认真调查研究,全面细致地了解学生的思想情况。这样,才能让学生感到你是了解他、关心他的,他才愿说出心里话,班主任的谈话才能谈到点子上,针对性才强。三要有耐心。班主任和学生谈心,不能强求一两次就立竿见影,将问题彻底解决,而是要有极大的耐心,有计划、有目的地进行“持久战”。要做到不急不躁、不嫌不弃、不怕挫折。四要肯用心。谈心前要用心分析学生的性格特点,预想谈心过程可能会出现的问题,设计有说服力的语言。谈话时必须集中精力,启发鼓励学生开口,始终注意观察学生的表情神态,分析他们的语言,掌握他们的心理变化情况,从而随时调整自己的话语:或是婉转陈述,深入细谈;或是譬喻暗示,引而不发;或是郑重严肃,击中要害;或是和颜悦色,语重心长。

105.与学生谈话的策略

善于放松情绪,巧于相机推进,

诚于言情感化,长于幽默暗示。

[诠释]

班主任做学生的思想工作,找学生谈话是经常采用的形式,但要打开学生的心灵之窗,“对号开锁”,必须讲究谈话的策略。

①善于放松情绪。谈话前学生一般都是怀着紧张不安的心情准备受“训”的,思想上有顾虑,心中有对付老师的“腹稿”,如不先消除其紧张情绪,谈话就会变成一问一答式的“审问”。因此,当学生一进门时,就要通过热情招呼、让座或倒茶等礼貌行为给学生以亲切感。然后从学生的特长、爱好引出话题。对爱诗者谈诗,对善画者说画,对好球者论球,对沉默寡言又无明显特长的学生可从拉家常谈起。待学生的紧张情绪完全放松后再导入正题。这样,学生的戒备心理解除了,师生的距离拉近了,谈起话来自然就和谐、投机。

②巧于相机推进。谈话开始后,不要急于亮出谈话的主题和意图,以谈心的形式启发学生自由发表意见,当学生谈得情真意切时,可有目的地在关节点上画龙点睛地

插上一两句,诱导学生吐真情,讲实话。相机推进可以做层次导引,将所谈话题分若干层次,促使学生逐渐靠近主旨,在不知不觉中对老师要了解的内容提供情况和发表意见。一可“投石问路”。在学生谈兴正浓时,捕捉疑点,含而不露地插入一句,刺探对方的反应和口气。二可“激将辩白”。牵住话头不放,在学生交代不清处故意从反面设问,刺激对方,引起辩解,探听虚实。三可“即兴引发”。谈话中止冷场时,讲个故事或笑话使学生在谈笑声中再度敞开心扉,吐露真情。

③诚于言情感化。古人云:“感人心者,莫先乎情。”班主任与学生谈话时,冰冷的态度、空洞的说教、严厉的批评都会令学生关闭心灵的大门,甚至引起逆反心理。因此,要“达理”必先“通情”。老师只有像对待自己的子女、朋友那样怀着真诚的爱,尊重学生,不发火,不质问,和颜悦色,平易可亲,用饱含知识营养的甜美语言启迪感化学生,才能使学生亲近和信任班主任,和盘托出心底的想法,心悦诚服地接受班主任的教育和指点。

④长于幽默暗示。对学生进行思想教育,采用适宜的幽默暗示,常能收到更好的教育效果。幽默暗示的方法很多,常用的有以下几种:一是类比暗示,即用一种相近或相似的人或事暗示学生需要注意的问题。二是旁敲暗示,即对学生存在的问题不直接点出来,只从侧面敲击一下令其注意。三是赠言暗示,即选择暗示学生注意的格言、警句,在谈话结束时,以送书签、题留言的形式赠给学生,使谈话效果进一步升华。例如:对没有上进心的学生赠以“人生的美好理想是追求真理”;对虚度时光的学生赠以“珍惜时间就等于延长生命”;对过分追求穿着打扮的学生赠以“美的外表和美的心灵是奏出美的旋律不可分的音符”;对犯错误的学生赠以“人生好比一个本子,这一页写错了,下一页还是洁白的,就看你怎么写了”。实践证明,只要赠言含蓄而中肯,风趣而富有哲理,学生都乐于接受,并会当作座右铭来珍藏。

106.要放大学生的优点

你可以不知道学生的缺点,却不能不知道学生的优点;
你可以不在乎学生的成绩,却不能不在乎学生的品行;
你可以不关心学生的生活,却不能不关心学生的心理。

[诠释]

这样说并不是让班主任可以放任学生的缺点,可以轻视学生的成绩,可以不关心学生的生活,而是要求班主任要善于发现学生的优点,更加看重学生的品行,更加关心学生的心理。

①每一个学生都有自己的优点,作为班主任应该善于捕捉他们身上的闪光点,并将它放大,其产生的正向激励效应可能会影响学生一辈子。所以,班主任要在学生的错误行为中找优点,在学生的必然行为中找偶然的进步,在学生的平凡行为中找非凡的才能,坚持给学生以鼓励,充分挖掘其巨大的发展潜力。

②教育的职能,首先是培养学生如何做人,然后才是传授知识,这是中国优秀传统文化两千多年的教育思想。对于成长过程中的中小学生来说,他们身上不同程度地存在着诸如脆弱、自私、任性、缺乏吃苦精神、缺乏责任感、不求上进等不良品行,班主任应该更加关注对学生优良品行的培养。一要抓好课堂品行教育,使德育渗透到各科教学之中;二要利用主题班会,对学生进行思想品德教育;三要创建优秀班集体,优化品德修养的环境;四要培养纪律观念,促进学生品德修养的健康发展;五要对个别学生有耐心、有恒心,脚踏实地地一步一步把他们引向崇高的道德境界。

③班主任要学会用心理学的立场、观点去审视班主任工作,形成心理学指导下的新的班主任工作观。首先,要实施人性化教育。人性化教育的出发点是把学生看成发展的主体,在关怀人、尊重人的前提下进行价值引导,使校园、教室成为学生精神成长的家园。实施人性化教育,一要从物化走向人化,要承认学生是有独立人格的人,是完整的人,是有创造性的人,也是发展中的人;二要从灌输走向对话,要立足于让学生自己认知、自己体验、自己感悟、自己抉择、自己践行,而不是代替他们思考;三要从限制走向解放,让学生在开放的社会环境中吸取新的时代精神,在生活中提高品德素质。其次,要采用符合学生心理活动规律的教育方法。一要悄悄走进学生的内心世界,要先对学生进行感情投入,使学生在不知不觉间接纳班主任的感情;二要恰当运用心理调试,通过改变学生的心态达到育人的目的;三要帮助学生调整自我意象(自我意象是个体因既往经验、环境暗示等因素形成的心理上的“自我画像”),特别是对于骄傲自满与自卑的学生应主要通过帮助他们调整自我意象来达到教育的目的。

107.莫让表扬变伤害

班主任的一句话可能会影响学生的一生。千万不要因表扬而无意中刺伤了学生的心灵，误伤了学生的自尊，那将是无法愈合的伤口。

［诠释］

表扬好比加油站，它会让学生体验到成就感、自豪感、幸福感。但不恰当的表扬则正好相反，班主任如果不注意自己言语的表达，往往会使表扬无形中异化成一把伤害学生的利器。以下三个案例，敬请班主任有则改之，无则加勉。

①班主任："王润同学通过自己的勤奋努力和超常发挥，这次考试取得了较好的成绩，由原来的一名差生成为了优生，我们真为她高兴，我们要向她学习！"

点评：在这里，班主任的"超常发挥"用词不当，且当着全班同学的面把该生"差生"的过去抖出来，揭她"差生"的伤疤，与其说是表扬倒不如说是伤害，使其感到难言的隐痛。

②班主任："你们怎么这么不争气？你看看人家刘硕同学，尽管爸爸被判了刑，可人家丝毫不受影响，学习一如既往，而且成绩特别突出。你们就不能学学刘硕吗？"

点评：本来，刘硕家里的变故，其他同学并不知情，可班主任的这次"间接表扬"却像潭面投石，在班里炸开了锅。从此，刘硕沉默寡言，抑郁烦躁，成绩也一落千丈。在这里，班主任看似表扬，实际上则伤害了学生的自尊。

③班主任："丁珂同学虽然偷了班费，但他还是能认识到错误。我坚信，丁珂同学以后不会再偷别人的东西啦。"

点评：这种"对比式表扬"，把学生不光彩的过去、最怕提及的丑事又暴露在他人面前，怎能不让受表扬的同学痛苦难堪，耿耿于怀？所以，在表扬学生时，不要用"虽然……但是……"这种转折语句，慎用"尽管过去……但现在……"的对比句式。

108.依“事”择“时”，巧施惩戒

对学生的批评，既要就“事”论“施”，有错必究，软硬并举，又要就“时”论“施”，惩必有据，择机而动。

［诠释］

对学生的批评和惩罚是有学问的。处理得好，学生会认识到错误并改正，师生关系不但不会受到影响反而会更“铁”；但如果处理得不好，学生即使迫于班主任“权威”而暂时就范，最终并不能达到“惩前毖后，治病救人”的效果，师生关系也会因此蒙上阴影。那么，班主任如何才能掌握惩戒的火候呢？

①要就“事”论“施”。第一，对于大是大非问题，比如学校的规章制度，学生如果违反了，要采取“零容忍”的态度。对于原则性问题，班主任一定要让学生明白自己的立场，这是班主任威信和威严的重要表现。教师讲原则，学生才会趋善避恶。对于试图违反这些原则性问题的，一定要在第一时间彻底解决。如果发现不及时或者姑息纵容，会形成不好的风气。第二，如果属于群体性问题，比如班风、学风问题，一定要当着全体学生的面坚决制止。班主任的惩戒要有强势的一面，要能镇得住学生；也要有细致的一面，明确告诉学生他们的问题出在哪里，并提出具体的要求和改进的方法。第三，对于类似迟到、未交作业等情况，如果不是一贯如此或者态度恶劣，一般可用“绵里藏针法”解决。学生之所以屡次犯一些无关紧要的“小错”，就是因为他们觉得这没有什么大不了的。而班主任要做的就是让学生在自己犯错的地方感受到犯错带来的痛楚。

②要就“时”论“施”。这个“时”，指的是时机。时机恰当，学生会痛彻认识到自己的错误及危害，也会理解班主任的良苦用心。否则，即使惩戒了，学生也是口服心不服，不但对自己的错误难有深刻的反思和改进，还会对班主任产生不满、抵触情绪。对于集体犯错，可先惩后戒，惩必有据。对于不影响大局的小错误可择机而动。惩戒，“惩”是手段，“戒”才是目的。

109.善于倾听

放下身段,俯下身来,平等而亲切地倾听;

控制情绪,心平气和,理性而耐心地倾听;

用心去听,适度反馈,积极有回应地倾听。

[诠释]

在和学生谈话过程中,班主任有效地倾听可以实现三个功效:一是可以有效地收集与学生相关的信息;二是可以让学生感受到自己被尊重;三是有利于师生谈话的推进和建立良好的信任关系。那么,在与学生谈话中究竟该怎样倾听呢?

①班主任要放下高高在上的身段,俯下身来,平等而亲切地倾听学生的心声,这是有效倾听的前提。放下身段,俯下身来,和学生平等地交流,可以让学生感受到自己被尊重,也可以拉近师生之间的心理距离,从而有助于谈话的高效进行。

②在听学生说话时,班主任要学会控制自己的情绪,理性并耐心地听学生诉说。特别是当学生犯了较为严重的错误时,班主任更需要控制情绪,耐心倾听,把事情的来龙去脉搞清楚,以便采取理性的解决措施。如果班主任带着怒气,不问青红皂白,不听学生陈述,有可能把学生推向自己的对立面,最终使问题难以妥善解决。

③倾听要有一定的技巧。第一,倾听时,不但要用耳朵去听,更重要的要用头脑、用眼睛和用一颗炽热的心去听。一要用耳朵去听学生说话的内容、语气和语速的特点及言辞中的感情色彩等;二要开动脑筋去领会学生说话内容的弦外之音,尤其是学生说话时故意省略掉的内容和信息;三要睁大双眼去观察学生说话时的表情、手势及其他传达各种信息的肢体语言;四要用心去体会学生说话时的内心感受和情绪状态等。第二,摒弃对学生已有的认知,并学会适度地做出积极的回应和反馈。一要摒弃对学生原来的认知,不管这种认知是积极的还是消极的。尤其是在与那些表现不好或者成绩较差的学生进行交流时,更应该从心里摒弃对他们原有的印象,只需要把所有的精力投入到当前的谈话中,重在关注此时此刻此情此景此人此事。二要在与学生交谈的过程中,对说话者做出适度的积极的回应和反馈。常见的回应和反馈的方式主要有言语类和非言语类:在倾听的过程中,不时地说诸如"唔""哦"等来表示自己在认真倾听对方的话;也可以用提问的方式,比如"你是不是说……""你的意思

是……”等。这一方面可以表明学生所说的我在听，另一方面也可以促使学生进一步表达自己的想法，把谈话引向深入。同时，在听学生讲话时，可以采取目光追随、微笑、点头、身体稍微前倾等方式予以回应，尤其是目光追随，既可以让学生感受到班主任在认真倾听，也可以给予学生更多的安慰和关怀，增加学生的自信心，从而促进交谈更为顺畅地进行。

110.批评可以“评”而“不批”

当学生犯错时，班主任可能先想到的是怎样批评、斥责甚至怒骂学生，较少去思考如何帮助、提醒和指导学生。如果能“评”而“不批”，教育将会另有一番诗意。

[诠释]

批评是班主任教育学生时常用的方式，但批评多了、批评过了、批评狠了，学生便会对批评产生“免疫抗体”，教育效果必然会大打折扣。

“金无足赤，人无完人。”每个人都会犯错，何况学生呢？犯错的经历是人生的一笔宝贵财富，中小学生就是在犯错中不断成长起来的，不知错，焉求真？

当学生犯错时，我们可能先想到的是怎样去批评、斥责甚至怒骂学生，较少去思考如何帮助他们分清善恶，明辨是非，引导学生在犯错中进步。如果学生犯错时一味批评，教育不仅收效甚微，而且师生关系也由此紧张。如果我们化批评为帮助、提醒、指导，在“授人鱼”的同时也“授人渔”，“评”而“不批”，教育将会另有一番诗意，效果可能也会更加圆满。

111.避免对学生有偏见

作为班主任，消除偏见心理，杜绝歧视行为，应做到：提高认识水平，树立平等理念，培养健康心理，增强爱生情感。

[诠释]

偏见心理,人人皆有。问题不在于有没有偏见,而在于如何预防和避免偏见,产生了偏见应该怎样去纠正偏见。班主任要消除偏见心理,杜绝歧视行为,应做到:

①提高认识水平。要掌握教育理论,全面认知学生,培养公平意识。要深刻认识关于学生相貌、性别、智力等方面的偏见及行为的具体表现和造成的伤害,形成对这些偏见和歧视的批判性思考,不断修正和克服认知偏见。

②树立平等理念。要建立民主、平等、和谐的师生关系,尊重学生的人格尊严,客观、理性、不戴有色眼镜看待学生,力戒偏听偏信、以貌取人的错误观念,克服主观武断、自以为是的不良习惯。

③培养健康心理。心态积极的人往往倾向于正面归因,心态消极的人则倾向于负面归因。班主任承担灵魂的塑造工作,保持心情舒畅、心态平和尤为重要。

④增强爱生情感。爱能净化人的心灵,是化解偏见的良药。班主任要有一颗热忱之心,爱生如爱子,许多偏见就会化解于无形。因为爱,班主任才会耐心细致地去了解学生,消除先入为主的偏见;因为爱,班主任才会以炽热的情感,在师生之间架起一座相互了解、相互信任的桥梁;因为爱,班主任才会重视每一个学生的发展,尊重"贫困生",关爱"学困生",欣赏"问题生",关注"边缘生",一个也不落下。

112.大声表扬，小声批评

表扬学生声音洪亮,批评学生语重心长。细心呵护学生的自尊,保护学生纯真的心灵,比什么都重要。

[诠释]

①班主任在表扬学生时,要当着大家的面,声音洪亮,让被表扬者有一种成就感、自豪感、荣誉感,使他脸上红扑扑的,心里美滋滋的,以促其再接再厉,不断进步。

②当学生犯了错误时,批评要讲究方式方法,尽量缩小范围,降低影响,以维护学生的尊严。批评学生可以把学生叫到没人的地方小声交谈,如果班主任发自内心地替学生抻抻衣角,掸掸尘土,多些细心,多些慈爱,多些关切,多些期待,便能化抵触为

感激，让犯错变改错，这正是我们教育的真谛。

113.您可以不喜欢，但必须爱

对于“学困生”“后进生”“潜能生”，您可以不喜欢，但必须爱，因为爱是班主任的基本要求和素养。

［诠释］

在班级管理中，也可能有班主任会不喜欢某些学生，比如学习成绩不好的“学困生”、经常违反纪律的“问题生”等。但请记住，您可以不喜欢这些学生，但您必须爱他们。这里的“喜欢”，是指一种人对人的喜爱情感；这里的“爱”，是指班主任的基本要求和素养。

①因为“爱”，要宽容学生。宽容学生，就是对学习差的学生要宽容，对违反纪律的学生要宽容，对犯了错误的学生要宽容。班主任不能喜怒于形，要把“不喜欢”深深藏起。

②因为“爱”，要尊重学生。尊重学生，就是尊重学生的个性，尊重他的思想，尊重他的行为，尊重他的人格。如果您给“潜能生”一点温暖，他会感恩您一辈子。

③因为“爱”，要欣赏学生。有人认为欣赏“后进生”是溺爱，其实班主任的爱更多的应是一种激励与促进。如果欣赏没能让“潜能生”进步，并不是我们欣赏错了，而是欣赏的方法有待进一步改进。

④因为“爱”，要赞美学生。对于“潜能生”的进步，哪怕是一点点的进步，您也要放大并在全班学生面前表扬，或在家长面前赞美。“后进生”能独立完成作业，您要赞美；“迟到生”的迟到次数减少了，您要赞美；“捣乱生”上课不捣乱了，您要赞美……赞美所有的学生，他们幸福，您也会快乐。

114.班主任的“花语”秘诀

做学生的“风信子”——感动学生真情；

做学生的“解语花”——感受学生心灵；

做学生的“灯笼花”——感恩学生馈赠。

［诠释］

①做学生的“风信子”。风信子的花期过后，若要再开花，需要剪掉开败了的花朵。所以风信子也代表着重生的爱。班主任对学生的爱是绵延不断的，随着学生带给我们一次次崭新的认识，我们对学生的关爱也会随之一次次升华。当学生犯了比较严重的错误时，班主任要做学生的“风信子”，过滤掉、遗忘掉学生的缺点与不足，师生之情会更真诚、更深厚。

②做学生的“解语花”。每个学生都有自己的心灵世界，这个小小的心灵世界，时而如溪水般清澈灵动，时而似大海般深不可测。做学生的“解语花”，才可以感受到溪水的灵动和大海的奇幻。好的班主任应该融入学生中，为班级营造民主、平等的师生关系，不压抑学生的个性，不按照标准模板去塑造所谓的“好学生”，而是做学生的“解语花”，用眼、用心、用情去感知学生的心理动态和情感倾向，从而真正了解他们的内心世界，了解每个学生独特的闪光点，鼓励他们向着自己的优势方面发展。

③做学生的“灯笼花”。灯笼花是感恩之花，作为班主任，经常说“身正为师”，但我们扪心自问，是否经常感恩于学生给我们的无私馈赠呢？我们总是教育学生要有一颗感恩之心，但身为班主任的我们，是不是经常对学生向我们表达出的敬爱之情熟视无睹呢？无论事务大小，只要学生给予过我们帮助和支持，我们都应像他们对老师那样，认真地注视着他们，诚恳地说：“谢谢！”他们会笑一笑，有一点儿不好意思地离开。但在他们心中，一定会有一阵春风在荡漾……

115.班主任的“本体智慧”

规划智慧——立足学生后续发展能力的培养；

沟通智慧——寻找适合学生发展的教育方法;

协调智慧——调动一切资源为学生发展服务。

[诠释]

班主任的工作是以满足学生健康成长的需求为目标的。然而现实中班主任想要适合学生、满足学生需求的却很难。要满足学生多方面的需求,班主任不能只活在自己的世界里,而要“活”在学生的世界里。

学生的需求是什么?不同的学生有不同的需求。班主任要解决学生的“需求”问题,需要有班主任的本体智慧。别人的好方法不一定适合你,也不一定适合你所带的班级,所以要重新构建一个属于自己与学生对话、共享的平台,对不同的学生采取不同的策略。

班主任的本体智慧有三:一是规划智慧。要站在每个学生发展的角度来规划班集体建设,立足学生后续发展能力的培养,创设班集体的凝聚力。二是沟通智慧。教育学生要讲究策略,力求寻找适合每一个学生的教育方法。三是协调智慧。主要是协调班主任与科任教师之间的关系以及同家长之间的联系,调动一切资源为每个学生的发展服务。

116.换一种方式谈心

换一个时间,换一种身份,换一条路径,

换一种方式,换一种姿态,换一下环境。

[诠释]

①换一个时间。不要总是在出了问题后才与学生谈心,可以选择在他们有进步、受表扬时,或是在课余时间与学生们玩得正开心时与之谈心。这样,学生会觉得班主任更亲近,容易达到谈心的目的。

②换一种身份。作为班主任都会关心学生的进步,可当这种关心变成教导之后,学生就会有意无意地对老师产生抵触情绪。如果班主任换一种身份,选择朋友、哥们

儿或长辈等非老师的身份和他们谈心,效果就会截然不同。

③换一条路径。尽管良药苦口利于病,但一般直截了当地表达,学生往往不容易接受。班主任不妨换条路径进入学生心灵。只有和学生的心灵贴近了,他们才会愉快接受老师的批评或建议。

④换一种方式。性格内向的学生,不喜欢面对面的口头谈心。面对这类学生,可以写一封信,或者传递一张字条,通过书面交流的方式,架起情感沟通的桥梁。

⑤换一种姿态。学生不愿与班主任谈心,主要是由于他们与老师存在一定距离。如果班主任放低姿态,主动融入学生中去,用他们的眼光看问题,谈心就有了共同话题。

⑥换一下环境。班主任不要总在办公室谈话,否则学生总以为自己做错了什么。对学习成绩下降、家庭遭遇变故等情况的学生,不妨把谈话地点放在操场,因为开阔的场所更容易让学生从郁闷的情绪中走出来。谈话也不必太正式,路上偶遇,随便聊几句也很好。也许换种环境,隐藏目的,和学生谈话更容易被接受。

117. 先识后赏，让赏识更有力量

观察识别,夸在实处,赏对地方;
选准时机,耐心等待,赏出自信;
有褒有贬,夸出方向,赏出动力。

[**诠释**]

赏识教育是教育心理学的一种理论,在实践中,班主任要把握原则,科学实施,不能“浅夸”“滥夸”“泛夸”“虚夸”。

①观察识别,夸在实处,赏对地方。对学生的赏识是有条件的,不是对他们身上的所有优势都加以赏识。学生身上天赋的优势,或者他没有经过努力就获得的优势是不能随便夸奖的。只有那些经过努力之后取得的良好表现方可进行赏识。否则,学生的优势有可能变成一种劣势。同时,夸赞学生要仔细观察其表现,找到学生真正的优点,要夸在实处,夸到学生的心里去。

②选准时机,耐心等待,赏出自信。实施赏识教育,要选准赏识的时机,才能收到赏识者想要的效果。班主任一定要坚信"每一个学生都有自己的才华"的信念,在等待中抓住时机,有理有据,让学生对你的赏识深信不疑。只有学生认可你的赏识,才会达到赏识的功效。

③有褒有贬,夸出方向,赏出动力。赏识教育决不是不能对学生说"不",它与批评教育互为条件,没有批评就没有赏识。但是赏识教育理念下的批评,是给批评裹上一层赏识的"糖衣",让其甜在口中,却治病于体内。"良药"也可以让其不"苦口",批评要让学生乐于接受。批评只有被接受后才能被内化为前进的动力,找到努力的方向。

118.让心与爱同行

我的"光环"我做主,
及时快递"金香蕉",
因我"参与"而精彩,
"代位刺激"显神效。

[诠释]

①我的"光环"我做主。这里的"光环",指的是心理学上的"光环效应"。心理学认为,当一个人在别人心目中有较好的形象时,他会被一种积极的光环所笼罩,从而让人也把其他良好的品质赋予了他。这就是心理上的一种"光环效应"。因此,班主任在学生面前要注意自己的形象。一要注意仪表形象。仪表是人的心灵的外在表现,是人的情感的外露。和学生第一次见面,必须衣着得体,举止大方,神情端庄,态度友好。这样,才能给学生留下良好的印象,使学生见了有亲近感。二要注意语言形象。语言是人与人之间进行交际活动的工具。语言的运用,关系到交际活动的成功与否。因此,班主任面对学生讲话,必须针对所讲的内容,对所运用的语言仔细推敲,反复提炼,要做到通俗易懂、言简意赅,从而使他们信服、佩服。三要注意行为形象。育人既要言教,也要身教,身教重于言教。

②及时快递“金香蕉”。这里的“金香蕉”,指的是“金香蕉效应”。其遵循的原则是,奖励不在多,要重在及时。虽然“奖额”有限,但“奖价”无限。“金香蕉效应”给班主任的启示是:要肯定学生取得的点滴进步和成绩,奖励一定要在第一时间送达。班主任在班级日常管理中,应炼就一双“火眼金睛”,要善于发现,并且不要吝啬赞美的语言,及时为正在进步的学生送去暖心的“春风”,激发学生对生活、学习的热情,促进学生不断进步。

③因我“参与”而精彩。“参与”是民主管理的有效方法,它能让学生体验到当家做主的自豪感,激发他们的主人翁意识,提高学习的积极性。“参与”是一种态度,心理学上的态度形成和改变的两个过程对“参与”有很大的影响,这就是“同化—内化”理论。在班级管理中,班干部的任免、班级活动的组织实施、三好学生的评选等,班主任都应让学生参与其中。这是民主之需,也是心理之需。

④“代位刺激”显神效。在人际交往中,要建立联系并使联系成功,其重要技巧是“尽可能方便地为人接受”,这是心理学上的“代位刺激”。班主任在工作时,如果能充分利用“代位刺激”激励学生,可收到立竿见影的效果。这要求班主任善于捕捉学生身上的闪光点,及时地给予肯定与赞赏。班主任的赞扬和肯定,会让学生感到自我价值的存在,成为学生进步的动力,从而扬起自信的风帆,促使学生向着积极的方面努力。

119.用心品味学生

用心去品味,用心去倾听,
用心去观察,用心去宽容。

[**诠释**]

“用心”,即心中有学生。班主任的心学生是看得见的:你对学生真心,学生迟早会接受并回报;你对学生有耐心,学生迟早会被感化;你在学生面前虚心,学生会更加敬重你。

①用心去品味。心中有学生,就是不仅仅把学生单纯地看作一个受教育者、被管理者,而是把他们当成一群有思想、有感情、有性格、有欲望、与教师平等的人。虽然

他们还未成年,思想还不成熟,感情还很稚嫩,性格还不稳定,欲望还很虚幻,但正因为如此,才需要班主任走进他们的心里,了解他们的内心活动,有的放矢,对症下药。

②用心去倾听。不少班主任认为:因为我是老师,你是学生;我是大人,你是孩子;我是为你们好……由于有那么多那么充分的理由,所以就该我说你听,可是往往在苦口婆心之后,又为学生的"不听话"而无限烦恼着。班主任的教诲其实话不在多,贵在有的放矢,而这个"的"就是学生的心结、心态和他们"不听话"的理由。让他们敞开心扉,把心里话甚至小秘密说出来,才能为我们打开实施教育的通路。

③用心去观察。在许多成年人看来,学生就是学生,就应该全身心去学习,什么乱七八糟的杂念都不该有。可现实生活中的学生却偏偏不能让老师和家长如愿,他们对新事物充满了好奇,他们有太多的"非分"之想,他们的隐私难以启齿,他们总在极力向老师和家长隐瞒着自己的小秘密。作为班主任,不要认为完全了解自己的学生,真正了解和认识他们,并不是一件容易的事,尤其是处于青春期的学生,心理上与老师保持着一定的距离,他们有许多事不给别人讲,有许多话不给别人说,这就需要我们用心去细细观察,只有走进了他们的内心世界,摸准他们的脉搏,才有可能最大限度地防患于未然。

④用心去理解。班主任要正确认识学生在成长过程中的过错,对他们多一点宽容,对自己多一些反思。当学生发现和认可你对他们的理解时,他们不但会接受你的教导、指点甚至批评,而且会"言听计从"地尊敬你。

120.班主任,请多说悄悄话

调动学生情感时宜说悄悄话,
批评犯错学生时宜说悄悄话,
鼓励学生信心时宜说悄悄话,
激发学生动力时宜说悄悄话。

[诠释]

①调动学生情感时宜说悄悄话。古人云:"感人心者,莫先乎情。"课堂上学生思

想“开小差”或做小动作时,班主任可以走过去悄悄提醒他,调动学生的情感,激发其学习的积极性和主动性。学生在宽松和谐的氛围中感受到了老师的真诚,就会及时改正不良行为。

②批评犯错学生时宜说悄悄话。学生犯了错误,正处在惶惑和愧疚中。此时,班主任悄悄话的教育效果可能更佳。

③鼓励学生信心时宜说悄悄话。当学生对学习或人际交往缺乏信心时,班主任应对他们说一些悄悄话进行激励。不要讽刺或挖苦学生,要尽可能维护其“面子”。

④激发学生动力时宜说悄悄话。尖子生思维活跃、上进心强且学习刻苦,但也有骄傲自满、虚荣自私、心理承受能力差等问题。班主任用悄悄话对他们进行“淡化”教育时,既要保护其已经建立起来的自尊心和自信心,又要适时地打预防针,未雨绸缪。

121.班主任，请竖起您的“栅栏”

学生也有公民权,请勿随意侵犯;
学生也有尊严感,请勿随意踏践。
学生不是出气筒,请勿随意发泄;
学生不是跑腿的,请勿随意差遣。

[诠释]

①学生在班级有时会出现丢失东西的现象,有的班主任会逐个对学生搜身。在学校里,有的班主任打着“为学生好”的旗号,私拆学生的信件,或者收了学生的手机后查看学生的短信等。学生也有公民的权利,不要随意侵犯他们的个人隐私权。

②学生见到老师,往往会主动喊一声“老师好”,而有的老师则目不斜视,听而不闻,径直而过。遇到节假日,不少学生向老师发来短信祝福,也有老师是从不回复的。学生也有尊严,不要伤了学生的自尊。要知道您的回复能最大限度地调动学生学习的积极性和对您的尊重。

③当学生犯了错,依照班级规章制度,该怎么处理就怎么处理,根本不需要班主任那么高的嗓门,那么大的怒火,那么重的处罚。面对学生,尤其是面对已经知错低

头无语的学生,“抄五十遍”“跑二十圈”不要轻易地发出,学生不是出气筒,请勿随意发泄您的不满和怒火。

④在学校,当老师特别是班主任遇到能让学生代替自己办某件事时,通常会让学生跑腿去办,学生一般也乐意跑腿。他们会认为“老师叫我跑腿是对我的信任,是看得起我”。当然也有学生不太情愿干,但担心落个“不尊重老师”的恶名,或怕个别老师“秋后算账”,最终还是去了。于是,老师也就觉得让学生跑个腿是名正言顺的事。这种随口的差遣是会上瘾的,甚至有时学生正在上课或正在做作业,也有让学生停下学习,去为自己办不太重要的私事的。自己的事情最好自己办,学生不是跑腿的,请勿随意差遣。

122.镜子·梯子·靶子

“镜子”让学生了解现在的自己,“靶子”让学生明确未来的自己,而“梯子”则是架在这二者之间的通道。

[诠释]

班主任如果善于利用“镜子”“梯子”和“靶子”这些“工具”,将能更好地帮助学生成长。

①镜子式介入。“镜子式介入”是指对学生的各种行为表现及时地给予反馈和评价,如同镜子一样反射出学生自身的形象和位置。学生有了优秀的表现,对其进行有针对性的表扬,让他看到自己的优点;学生表现不佳,帮助他明白自己的不足,指导应该如何去做,让他看到自己的缺点和提高途径。班主任反射式的评价,要有助于学生正确认识自己,不断修正自己。

②梯子式介入。“梯子式介入”可以理解为扶持、帮助,为学生的自我管理提供支持和力量。这可以是在学生遇到困难、陷入迷茫的时候提供支持性建议,也可以是在学生没有想到、没有做到的地方给予点拨和升华;可以是在学生灰心丧气、半途而废的时候给予推进性力量,还可以是在学生遭受打击、痛苦伤心的时候给予温暖的鼓励。这些“梯子”,将逐步培养学生自我调节的技能,增强自我控制的意志,形成面对

困难挫折时的积极态度。

③靶子式介入。靶子,在这里取其“目标”之意,不是被攻击的目标,而是被瞄准的目标。“靶子式介入”就是说,教师用自己的亲身经历、自身表率,为学生树立一个目标、一个榜样;或者用学生身边的同学或其他人作为例子,打动学生,使他们成为学生效仿的“靶子”。中学生比之于小学生,具有更多的自主精神和批判意识,对世界产生更多的思考和探索,他们的自我意识和自我认知也在这些不断的思考和探索中得到进一步形成和发展。心理学研究表明,正在形成自我的青少年在和自己敬重的、与自己具有亲密情感联结的人的互动之中,会把对方作为自己的“理想自我”,努力向对方学习,希望成为对方的样子。教师的言传身教、同学的榜样作用,都会对学生产生很大的影响,成为学生的“榜样”,或者帮助学生在他们身边发掘“榜样”,成为学生成长的动力。

自我升华篇

班主任的成长最主要的是自我升华,包括知识的丰富、观念的提升、眼界的开阔、思想的解放和自我激励机制的确立等。班主任的自我升华,需要不断地学习、实践和反思。

学习——扩展视野。没有理论指导的实践是盲目的实践,班主任要终身学习。一要向书本学习。读一本好书,就像与一名专家在对话。班主任无论多忙也不能不看书,无论多穷也不能不买书,无论住房多小也不能不藏书。二要向同事学习。所有的班主任都是从年轻开始、从新手开始的,即使是老班主任也会遇到许多新的问题。因此,同事之间的相互学习、相互交流非常重要。不仅新手要向老班主任学习,老班主任也要注意从新手那里汲取新鲜的思想。三要向学生学习。学生是班主任的"镜子",班主任只有虚心向学生学习,才能教学相长。四要向网络学习。网络是新兴的传播媒体,现已成为人们获取信息最便捷的渠道,班主任不能忽视网络这一强势媒体的巨大作用。

实践——获得真知。班主任要管理好班级,就要在实践中不断探索:怎样建设班集体?怎样策划班级活动?怎样进行思想教育?怎样对待违纪学生?怎样科学评价学生?怎样与家长沟通?……这些基本技能都是班主任在工作实践中逐渐获得并提升的真知。

反思——增强理性。注重反思,班主任就不会迷茫;经常反思,班主任就会更加阳光。班主任并不缺少反思,但大多只是肤浅的反思,缺乏深层的思考与探索。在班级管理中,班主任要反思育人的得与失。班主任在工作中会积累大量的感性材料,有个体的,有群体的;有成功的,有失败的。如果不及时整理,不经常反思,就不会取得更大的成功。

总之,作为班主任,要始终牢记一条座右铭:学习+实践+反思=专业发展。学习、实践、反思是班主任专业发展的三大支柱,班主任要不断在学习中领悟,在实践中探索,在反思中提高。

123.班主任树立威信"七字诀"

德——高尚的师德是树立威信的根本；
才——渊博的知识是树立威信的基础；
行——严格的自律是树立威信的前提；
公——公正的态度是树立威信的标尺；
情——真挚的情感是树立威信的灵魂；
信——良好的信誉是树立威信的要求；
勤——辛勤的汗水是树立威信的阶梯。

[**诠释**]

班主任的威信是班主任以自己的师德修养和智慧成就等人格因素所形成的对学生的感召力量。班主任必须具有较高的威信,才能使学生心悦诚服地接受教育和劝导,达到事半功倍的育人成效。

①德——高尚的师德是树立威信的根本。著名教育家陶行知先生曾说过:"学高为师,德高为范。"这里的"德"主要是指教师的道德修养。立世德为首,做人品为先。班主任要不断加强自身的道德修养,以高尚的道德情操、完美的人格力量影响学生,进而提高自己在学生心目中的威信。

②才——渊博的知识是树立威信的基础。教学工作是教师的立身之本,教学水平的高低直接影响到教师在学生心目中的形象。班主任首先应该是一个响当当的科任教师,才能使学生重其道从而尊其师。没有真才实学的班主任,很难让学生心服口服,也难以在学生中树立自己的威信。

③行——严格的自律是树立威信的前提。古人云:"其身正,不令而行;其身不正,虽令不从。"以身作则、为人师表是班主任树立威信的决定因素。班主任的一言一行对学生的思想、行为和品质具有潜移默化的影响。因此,班主任要严于律己,衣着得体,语言规范,举止文明,事事、处处做学生的表率,才能在学生中树立威信。

④公——公正的态度是树立威信的标尺。班主任对学生要一视同仁,决不厚此薄彼。班主任要平等公正地对待每个学生,公平公正地对待学生身上发生的每件事情。班主任还要敢于承认自己的不足,坦然对待自己的失误,这样不但不会失去威

信,反而有助于提高威信。

⑤情——真挚的情感是树立威信的灵魂。班主任要用自己的真情实感去赢得学生的信任,要发自内心地关爱每一个学生,以心换心,用人格塑造人格。班主任只有善待每一个学生,才能得到每一个学生的真爱,才能和学生建立融洽的师生关系,擦出心灵交会的火花,提高自己在班级管理中的威信。

⑥信——良好的信誉是树立威信的要求。一个说到做到的班主任更受学生的欢迎,而一个说大话、讲空话的班主任则会引起学生的反感。班主任在班级管理中切记不要失信于人,不要轻易许诺,不提无法办到的要求,一定要给学生留下说话算数的印象。班主任布置要做的事,要实实在在地去检查,把事情落到实处。如果许诺太多,又难以兑现,班主任就会在学生心目中降低威信。

⑦勤——辛勤的汗水是树立威信的阶梯。班主任工作是一项非常烦琐和细致的工作,它需要班主任具有勤奋的工作态度和吃苦的工作作风。班主任要勤进班、勤辅导、勤下宿舍、勤与学生交流,认真备课上课,仔细批改作业,用自己的敬业精神感动学生,提高自己的威信。

124.班主任的“三字经”

对自己,要念好信、情、理“三字经”;

对学生,要念好严、励、导“三字经”。

[诠释]

①“信”,就是班主任在学生面前讲诚信,学生才会信任你。作为班主任,决不能自食其言,失信于学生,只有做到“言必行,行必果”,学生才能“亲其师,信其道”,自己才有威信可言。“情”,就是以情感人。如果班主任能以真挚的情感温暖学生,爱护学生,理解学生,尊重学生,学生就会对班主任产生好感,乐意与之亲近,并能愉快接受班主任的管理和教导,从而心情舒畅地搞好学习。“理”,就是摆事实,讲道理,以理服人。班主任在带班过程中,要时时处处以理当先,以理施教。古人曰:“行之,明也,明之为圣人。”学生只有弄清了道理,才会诚服。如果班主任“理”说得适时,说在点

上,又能注意一定的方式方法,就能更好地转变学生思想、行为,为班集体树立正风正气。

②"严",就是在学习上严格要求学生。班主任对学生的严格要求,方法可以有所不同。对学习能力差的,低标准、多督促;对学习能力强的,则高标准、严要求。"励",就是要不断激励学生。俗话说"好孩子是夸出来的",作为班主任要尊重学生的人格,体谅学生的处境,包容学生的幼稚,呵护学生的心灵,肯定学生的优点和长处,使他们感受到自身的价值,从而产生自信,促使其健康成长。班主任既要善于发现学生的优点"谋激励",又要肯定学生的优点"善激励"。"导",就是领导好班级,引导好班风,疏导好思想。首先,班主任要培养出一支想管理、敢管理、善于管理的班干部队伍,让班干部成为班级管理的主力军。班主任要给班干部增强素质、树立威信的机会,多出点子,出好点子,充分调动他们的积极性。其次,班主任要引导学生树立良好的班风。树立良好的班风,最主要的就是营造好班级文化氛围。班级管理决不能扼杀学生的灵性,挫伤学生蓬勃向上的激情,把学生培养成听话守纪律的"小绵羊",班主任要采用丰富多彩的形式,引导学生健康发展。再次,班主任要把学生的思想工作疏导好。疏导学生的思想,不能靠简单粗暴的训斥,要根据学生的特点,耐心地、和风细雨地疏导,使学生心悦诚服地接受,才能收到良好的效果。

125.记住每一个学生的名字

熟记每一个学生的名字,既是教师顺利开展教学工作的前提,又是师生沟通情感的纽带。作为科任教师,你义不容辞;作为班主任,你责无旁贷。

[诠释]

美国邮政最高首脑吉姆法里说:"记住人家的名字,而且很轻易地叫出来,等于给别人一个巧妙而有效的赞美。"每个人都很看重自己的名字,学生也不例外。如果你想成为优秀班主任,就应先努力记住每个学生的名字。

第一,记住学生的名字,是尊重学生的表现。学生受到了尊重,自然而然就会对教师产生信任感、亲切感,教师教育教学的效果也就会更佳。第二,记住学生的名字,这是教师智慧的体现。一个有智慧的教师一定能记住每一个学生的名字。第三,记住学生的名字,这是树立教师个人威信的途径,也是顺利开展教学工作的前提。第四,记住学生的名字,也是师生沟通情感的纽带。

教师要熟记并且能随时叫出每一个学生的名字,出类拔萃的学生你要记住,顽皮淘气的学生你要记住,默默无闻的学生你也要记住。记住学生的名字,作为科任教师,你义不容辞;作为班主任,你责无旁贷。

能记住学生名字的教师,学生也会永远记住他。

126.保持一颗童心

班主任要始终保持一颗“童心”,要有儿童般的情感、儿童般的兴趣、儿童般的思维和儿童般的纯真。

[诠释]

乐于保持一颗童心,善于把自己变成一个“儿童”,这不仅是中小学教师最基本的素质之一,更是班主任对学生产生真诚情感的心理基础。班主任要始终保持一颗“童心”,应做到以下四点:

①要有儿童般的情感。瑞士著名教育家裴斯泰洛齐曾这样深情地写道:“我决心使我的孩子们在一天中没有一分钟不从我的面部和我的嘴唇知道我的心是他们的,他们的幸福就是我的幸福,他们的欢乐就是我的欢乐。我们一同哭泣,一同欢笑。”能够自然地与学生“一同哭泣,一同欢笑”的教师无疑会被学生视为知心朋友。有些在成人看来是不可理解的感情,在儿童看来却是非常自然的。而变“不可理解”为“非常自然”,正是许多优秀班主任赢得学生心灵的可贵之处。

②要有儿童般的兴趣。有人认为,班主任在学生面前固然应平易近人,但切不可显出过分的“孩子气”,因为这样会使教育者丧失起码的尊严。事实是,只要把握学生的情感,并注意环境、场合,教师的“孩子气”不是多余的。尽可能和学生保持一些共同的兴趣爱好,这绝不是一味地迁就学生,而是教育的需要。多一些与学生共同的兴趣爱好,你便多了一条通往学生心灵深处的途径。在与学生嬉笑游戏时,班主任越是

忘掉自己的“尊严”,学生越会对老师油然而生亲切之情——而这正是教育成功的起点。

③要有儿童般的思维。我们常常说要多理解学生,但有时学生的言行,站在教师的角度看是很难理解的。只要我们站在学生的角度考虑一下,就很容易理解了。这当然不是说要把教师的思想降低到学生的水平,而是说如果我们学会点“儿童思维”,更有助于我们真正理解学生,从而更有效地引导并教育学生。我们把学生做的那些动机好、效果差的蠢事,称为“可爱的缺点”。只有童心才能理解童心,只有学会“儿童思维”,班主任才能够发现学生缺点中的可爱之处,甚至智慧之处。

④要有儿童般的纯真。童心,意味着淳朴、真诚、自然、率直,而这些也正是中小学班主任应具备的品质。生活阅历赋予我们成熟,社会经验赋予我们练达,文化知识赋予我们修养,人生挫折赋予我们机智……但是,对真善美的执着追求,对假恶丑的毫不妥协,火热的激情,正直的情怀,永远是班主任的人格力量。当教师第一次与学生见面,他就开始置身于几十位学生的监督之中,教师哪怕表现出一点点矫饰、圆滑、世故、敷衍塞责、麻木不仁、玩世不恭……都逃不过学生那一双双天真无邪的眼睛,并会给学生纯洁的心灵蒙上阴影。作为社会人,班主任也许会有几副面孔,但面对学生,只能有唯一的面孔:真诚!真诚只能用真诚来唤起,真诚只能以真诚来铸造。正因为如此,卢梭在《爱弥儿》中告诫教育者:“不要在教天真无邪的孩子分辨善恶的时候,自己就充当了引诱的魔鬼。”

陶行知多次告诫教育者:“我们必须会变小孩子,才配做小孩子的先生。”所谓“会变小孩子”,就是教师要尽量使自己具备“孩子的心灵”,用孩子的眼睛去观察,用孩子的耳朵去倾听,用孩子的大脑去思考,用孩子的兴趣去探寻,用孩子的情感去热爱。

127.班主任要处理好“五种关系”

在全面发展上,处理好“紧”与“松”的关系;
在遵守纪律上,处理好“严”与“宽”的关系;
在班级管理上,处理好“抓”与“放”的关系;

在个人形象上，处理好“威”和“信”的关系；
在师生关系上，处理好“亲”和“疏”的关系。

［诠释］

①紧和松是辩证统一的关系。辩证地对待“紧”和“松”，应该紧中有松、松中有紧，紧而有序、松而不散，松紧结合。作为班主任，应该在学生明确学习目的的计划性、学习时间的紧迫性和学习任务的艰巨性的前提下，有目的、有意识地组织学生开展一些有意义的文体活动。如文娱晚会、智力竞赛、体育比赛、班级辩论会等，既拓展学生思维，开发学生智力，增强学生体质，又能让学生在紧张的学习中“放松”一下，使学生的生活丰富多彩起来，心情开朗起来，精神振作起来。

②严与宽是相对的。辩证地处理“严”与“宽”的关系，应该严中有宽、宽中有严，宽严结合。在纪律管理方面，首先必须“严”，严师方能出高徒。一个蓬勃向上、积极进取、团结友爱的优秀班集体的形成和发展，确实与班主任的“严”有关。严格的要求、严肃的纪律是铸造良好班集体的必要条件。不严，无以正风；不严，无以肃纪；不严，无以养德；不严，无以励志。故在班级管理中，班主任应对学生严格要求和严格管理，制定严明的规章制度，让学生有章可循。学生犯了错要及时处理，不能姑息纵容或放任自流。

③要搞好班级管理工作，班主任还要处理好“抓”和“放”的矛盾。只抓不放，班主任一人唱独角戏，既不利于搞好班级工作，又不利于培养学生能力。放而不抓，完全让学生“自主”管理，班主任袖手旁观，工作就会乱套。因此，班主任要明抓暗放，抓中有放，放中有抓。对于学生不能做或做不好的事务，就不能放。一旦放了，就应让学生放开手脚工作，切忌时抓时放，使学生无所适从，不知所措。

④威信是衡量班主任工作能力的重要标志之一，是每个班主任都应该在学生心目中树立的重要形象。“威”是学生在信任、尊重的基础上油然而生的一种敬佩；信，是信任，是师生思想感情的共鸣，是“威”的升华。“威”和“信”是统一的，“威”要从“信”中来，不能靠压；“信”则来自真，不能玩假。一个言而无信、朝令夕改、言行不一的班主任是得不到学生信任的，也是无法建立起教师应有的威信的。

⑤孔子曰：“亲其师，信其道。”而要让学生亲其师，班主任必须以平等的身份深入了解学生，消除师生之间的天然鸿沟。但师生之间的交往过多、过密、过近也是不妥

的,相互间应留有一定的空间,即心理距离。师生的身份毕竟不同,不能因过分的亲密而丧失威信。在特定的时间(如上课)、特定的地点(如教室、办公室等)和特定的活动环境中,师生身份需要严格界定,班主任的言谈举止和行为处事要有教师风范和威严。亦师亦友,这是班主任与学生相处的双重身份,也是正确把握师生之间心理距离的关键。

128.班主任的“五面镜子”

显微镜——看细;

望远镜——看远;

放大镜——看透;

太阳镜——看淡;

哈哈镜——看乐。

[诠释]

班主任是学生心目中最亲近的人。班主任要利用好“五面镜子”,照亮学生前行的方向,引领他们健康成长。

①“小处大文章,细节见功力。”班主任要用“显微镜”细心观察班级工作中的细节。耐心地询问、静静地倾听学生的一言一语,是细节;观察学生脸上的微笑、身上的装束,是细节。细节虽小,却有和学生心灵沟通的功效。

②“欲穷千里目,更上一层楼。”站得高才能看得远。当班级工作取得了一些成绩时,不能自我陶醉、孤芳自赏,要用“望远镜”瞄准更高的目标,求精、求细、求实,高标准、严要求,百尺竿头,更进一步。

③“严以律己,宽以待人。”“放大镜”是班主任发现问题的眼睛,只有把问题放大,才能把班级工作做得尽善尽美,才能将“问题学生”的优点放大,扬起他们自信与前进的风帆。

④“淡定从容,宁静致远。”班主任要看淡班级工作的艰辛,看淡工作中遇到的困难和挫折,让自己的心中永远有一片阳光照耀的晴空。

⑤“知足常乐,笑口常开。”当你走到哈哈镜面前,你一定会笑个不停。只有乐观的班主任,才能教出乐观的学生。面对繁重复杂的班主任工作,请笑口常开,或哈哈大笑,或面带微笑,那是一种鼓励,一种坦然,一种坚强,一种勇敢。

129.班主任要做“七种人”

班主任要不断转换自己的角色,做一名“点灯”的人、“垒巢”的人、“蓄水”的人、“布云”的人、“插花”的人、“播种”的人、“插秧”的人。

[诠释]

中小学班主任的言行往往会影响学生的一生,因此要不断扮演“七种人”的角色。

①做一名“点灯”的人。英国诗人斯蒂文森在《点灯的人》诗里歌颂了李利在每天太阳落下后,扛着梯子走来,把街灯点亮。于是,那些坐着喝茶的大人和孩子们,就又看见了窗外柔和的光,朦朦胧胧中,让一天的生活有了美好的心情。班主任也要像李利一样做一个点灯的人,点亮学生心中的灯。

②做一名“垒巢”的人。有人把班主任比喻成一棵树,让教室变成温暖的鸟巢;有人把班主任比喻成一只鸟,垒好教室里的每一个“巢”。一个温馨的“巢”会温暖那些幼小的心灵。每个学生都需要一个温暖的“巢”,班主任应该垒好每一个“巢”,温暖每一个学生。

③做一名“蓄水”的人。有人把学校教育比喻成水池,而教育的“水”就是情,就是爱,教育的奥妙在于情和爱。“教育没有了情和爱,就成了无水池,任你四方也罢,圆圈也罢,总逃不了一个空虚。”因此,班主任要真诚地爱护和关心学生,没有爱就没有教育,班主任就是播撒爱的使者。

④做一名“布云”的人。中国有句谚语:“谁也说不清哪块云彩会下雨。”作为班主任,要坚信每一块云彩都会下雨。班主任的育人理念是:每个学生都要发展,但不求一样发展;每个学生都要提高,但不是同步提高;每个学生都要合格,但规格不必相同。每个学生都是一片云,他们等待着下雨,请班主任呵护好每一片云。

⑤做一名“插花”的人。有时候,我们不经意间在野外采来一束花,把它插在花瓶

里，它照样能装点房间，也丝毫不逊色于从花店买来的鲜花。教育也同样如此，有时候我们用欣赏的眼光观察学生时，也会有异常的欣喜。因为是木头，就可制成家具；是泥土，就可烧成瓷器；是石头，就可铺路筑基。每个学生都有自己最棒的一面。

⑥做一名"播种"的人。印度诗人杰佛来期在《播种》中写道："把一个信念播种下去，收获的将是一个行动；把一个行动播种下去，收获的将是一个习惯；把一个习惯播种下去，收获的将是一个性格；把一个性格播种下去，收获的将是一个命运。"作为一名班主任，我们为学生播种下信念，最终收获的将是学生一生的幸福。

⑦做一名"插秧"的人。农民插秧要横竖照应，间距适中，才适合秧苗成长。学生就好比班主任手中的秧苗一样，不管是规矩也好，方圆也罢，要插好每一株秧苗，让每一个学生都能健康地成长。

130.班主任要不断更新自己

观念更新：是人非神，有长有短，能屈能伸，与生为友；

知识更新：听的要新，看的要新，讲的要新，用的要新；

方法更新：于得于失，换位思考，左右逢源，面面俱到；

形象更新：保养得当，穿着时尚，谈吐得体，举止大方。

[诠释]

班主任角色的更新，是教师内在素质提高和外在形象变化的共同要求。班主任角色的更新，要做到在稳中求变，变中寻稳。

①观念更新。要明确自己不是救世主，学生的命运掌握在他们自己手中。承认学生有许多长处，摒弃"一日为师终身为父"的观念。

②知识更新。知识更新一日千里，不能再用老一套的理论教育学生。课堂举例应紧跟形势发展，应及时采用最新的教育方法，应耳熟能详最新的信息资料，更重要的是课要上得妙趣横生，新意倍出。

③方法更新。在思想教育过程中要与学生产生共鸣，站在学生的角度多为他们着想。既要服从学校的统一安排，又要兼顾学生的情绪；既要考虑科任教师的权威，

又要适时反映学生对老师的要求。

④形象更新。班主任必须注重外在形象的更新,穿衣着装不求时髦,但应时尚;身体发肤不求刻意保养,但要干净利落;言谈举止不求高贵典雅,但应文明得体。

131.家访的“四要四不”

确定家访对象,不能主观随意;
选择合适时机,不能突然袭击;
做好访前准备,不能心里没底;
营造家访氛围,不能盛气凌人。

[诠释]

班主任与家长沟通,可以请家长到学校来,也可以电话联系,但最行之有效的方法就是家访。做好家访,要注意四个环节:

①确定家访对象。一般来讲,家访对象主要是在学习、纪律方面问题较大的学生,如学习成绩差、行为习惯差的学生等。家访要分轻重缓急,切不可主观随意。

②选择合适时机。首先要考虑家长是否有空闲时间,其次要考虑学生的问题是否急于解决。并且一定要事先约好家访的日程,切不可搞突然袭击。

③做好访前准备。家访前必须制订好一份计划,对学生在校的表现要了如指掌,对家访的目的要了然于心。切不可心里没底,打无准备之仗。

④营造家访氛围。家访时,一要注意讲究语言艺术,要“扬长避短”,以表扬为主,多讲学生的闪光点,尽量把孩子的进步归功于家长教育的结果;对学生的弱点、缺点要委婉、客观地指出来,切不可告状式地贬低学生。二要尊重家长,在和家长谈话时要讲礼貌,态度真诚、谦和,同时要注意聆听家长的意见,营造和谐的谈话气氛。切不可对家长流露出厌烦情绪,更不能训斥家长。三要和学生、家长一起交谈,决不能有意让学生回避与家长的谈话,伤害学生的感情。

132.“别样”家访

联访——更有力；
突访——更真实；
接访——更有益；
信访——更灵活；
邀访——更和谐。

［诠释］

要使家访既轻松又高效，班主任不妨增加些灵活性，在“访”字上变变花样，试一试“别样”家访。

①联访。为提高家访效果，我们可以根据实际需要，适时选择“联访”的方式，与科任教师、班干部或学生一起去家访。

②突访。通常家访前，班主任习惯把时间和内容告知学生及家长，以便他们有所准备，从而保证家访任务的顺利完成。但这样的家访很容易演变为做样子、走过场。如果我们敢于打破常规，偶尔来一次“突访”，说不定会了解到更真实的情况，获得意想不到的效果。“突访”的特点就在于时间的不确定性，好就好在情景的真实性。当然，对于“突访”，一定要慎用、少用、巧用，以免引起学生和家长的反感，带来副作用。

③接访。当班主任不方便去学生家里时，可以适当考虑“接访”——让家长到学校来谈，用“接访”作为家访的有益补充。

④信访。家访并非一定要与家长面对面交流，有时也可以“信访”，例如发放调查问卷、写信、打电话等。

⑤邀访。家访一般是班主任到学生家里去，如果倒过来，把学生家长请到班主任家里，把家访变“邀访”，其效果可能会更好。

133.班主任要成为杂家

学做“心理专家”，

扮演“备考专家”，
当好“励志专家”，
做好“调控专家”，
成为“亲密战友”。

［诠释］

①班主任要学做“心理专家”。天天和学生打交道，班主任需要掌握一定的心理学知识，使自己不知不觉地走进学生的心灵，洞察学生的内心，感受学生脉搏的跳动。

②班主任要扮演“备考专家”。一要突破一个“准”字。即让学生准确记忆书本知识，准确写出试题答案。二要做到一个“精”字。老师讲精，学生练精。三要避免一个“漏”字。查漏补缺，找到学生知识的漏洞、思维方式的偏差、解题规范的疏漏。四要升华一个“扩”字。对每道题中的选项既要知其然，又要知其所以然，还要知其所以不然。五要模拟一个“实”字。引导学生提高应试技巧，进入实战模拟训练。

③班主任要当好“励志专家”。班主任要细心洞察学生的思想、情绪，不断加强励志和耐挫教育，以鼓舞学生的士气。一可通过班会高涨士气，二可通过树立榜样激励学生，三可通过班主任谈心加以正面引导。

④班主任要做好“调控专家”。班主任要调动一切积极力量为提高学生的学习成绩服务。一要调动科任老师的积极性；二要激发班干部的竞争斗志；三要及时协调好学生之间的关系，避免出现因小误会引起的大矛盾；四要发挥好家长的配合作用。

⑤班主任要成为学生的“亲密战友”。班主任要做到与学生心灵上的交融、时空上的相伴及行为上的示范。班主任每天都和学生一起宣誓、一起反思、一起总结……班主任要用自己的备战激情点燃学生的学习激情，以自己的行动助推学生的行动，真正成为学生朝夕相处的“亲密战友”。

134.微笑——班主任最美的语言

真诚善意的微笑，使师生关系融洽；
安慰谅解的微笑，使师生友好团结；

由衷自然的微笑,使学生心情愉悦;

暖人心怀的微笑,使学生倍感亲切。

[**诠释**]

世界上不存在从来没有笑过的人,也不存在从来不笑的班主任。但在学生的印象中,从来不笑的“老班”却大有人在。在学生面前从来不笑,原因或许是多方面的。也许有的班主任认为在学生面前笑有失尊严,只有板着面孔才能显示出老师的威严,才能“镇”得住学生,否则,就会失去老师的身份和派头。和学生接触时过于随意、嬉笑、失态固然不好,但从来不笑,总是摆出一副一本正经、可敬而不可亲、拒人千里之外的神态,也并不妥当。

笑容,是表达感情的一种方式,是令人愉快、有效沟通感情的一种面部表情。“笑脸可做解花语”,微笑是人最美的语言。生活需要微笑,而学生更希望看到老师那暖人心怀的微笑。真诚、善意、由衷的微笑,包含着友好、同情、关怀、鼓励、理解、支持等珍贵的情感,也表达了人与人之间的相互尊重。

实际上,班主任的笑容在和学生的交往中确实有多种功能。找学生谈话时,如果用含笑的眼睛注视学生,就会使他放下戒备心理,形成一种融洽和谐的气氛;当学生在课堂上因紧张、拘束而回答不出老师提问时,微笑对他是一种谅解和安慰;和学生一起闲谈、游玩时,微笑会使学生倍感亲切、格外愉快……

当然,笑也不是万能的。从另一方面来看,愤怒、焦急、忧虑、严峻等“表情语言”,也都有其丰富的内容和独特的作用,但问题在于何时何处因何事而使用需要恰到好处。学生渴望班主任的微笑,是教育内化的必要条件,也是教育过程和谐与合作的需要。

威严是装不出来的,硬装出来的威严不会有太大的力量。微笑是表演不出来的,表演出来的微笑只能使人感到虚伪。只有对教育事业满腔热情、襟怀坦荡的人,在学生面前才会有真挚的情感和舒心的微笑。

135.班主任的“五勤”

眼勤——勤观察班级和学生；

口勤——勤动口交流和沟通；

脑勤——勤动脑思考和提升；

手勤——勤动手记录和行动；

腿勤——勤深入班级和家庭。

［诠释］

常言道：“勤能补拙是良训，一分辛苦一分甜。”作为班主任要做到“五勤”：

①眼勤。班主任要经常深入班级，深入学生，注视本班的每一个角落，观察每一位学生的心理和思想变化，发现问题及时解决。同时，还要勤奋学习，勤研究班级管理方法，创立出一套具有本班特色的管理方式。

②口勤。口勤是沟通、交流、了解学生的纽带，是点拨、理解、运用知识的桥梁。班主任教育的过程，就是晓之以理、动之以情、导之以行的过程。作为班主任，只有勤动口、多交流，才能对学生实施有效的教育教学管理，才能让学生明辨是非，做到令行禁止。班主任在教育学生时，一要有针对性，要言之有物，言简意明、褒贬适当，不讲空话；二要有教育性，在做学生思想工作时要讲究方式方法，要耐心、细致引导，不要轻易责备学生；三要有典型性，要抓住学生的闪光点，及时肯定和表扬学生的进步，从而振奋其精神，鼓足其士气，不要乱泼“冷水”；四要有疏导性，要经常找学生单独谈话，耐心、细致地做学生的思想工作，要以心换心，用真情真爱打开学生心灵的窗户，点燃学生心灵的火把，拨亮学生心灵的明灯，不能只做表面文章。

③脑勤。作为一名班主任，要勤动脑研究和思考对班级学生进行教育教学管理的对策、形式和办法，勤动脑思考采取什么样的方式、方法和措施，恰当灵活地教育管理学生，怎样有效地引导学生适应新时期发展的要求。班主任思考得越多，教育教学管理方法也就越灵活，班主任工作也越得心应手。

④手勤。作为班主任，要勤动手拟定班级的教育管理方案，形成比较完整可行的班级教育管理模式；勤动手为学生建立学生成长档案，为班级建立管理工作档案，完整保存班级管理的文字资料；勤动手填写班主任手记，记录学生的思想动态，记录班

级的辉煌和不足,使班级管理进入科学有序之列。

⑤腿勤。班主任要勤到学生中间,和学生一起锻炼、一起就餐、一起活动等。要勤深入班级,随堂听本班科任老师的课,这样做既可以观察学生的学习状态,又可以与科任老师交流班级学生学习的情况,听取学生对科任老师的意见和要求。班主任要勤家访,多了解学生的家庭情况,以便对学生的教育“对症下药”。

136.班主任的“刀子嘴”“豆腐心”

班主任要处理好严与松的关系。“刀子嘴”,即外在的“刚”,重在严格要求,规范管理;“豆腐心”,即内在的“柔”,重在宽容理解,以心育人。

[诠释]

如何处理好“严”与“松”的关系,是班主任的工作艺术。“豆腐心”即宽松的管理,“刀子嘴”即严格的要求。宽松的管理虽能调动学生的积极性,培养学生的自治能力,但必须有严格的要求作为前提,这样才不至于班级管理一盘散沙,才不至于让学生放任自流。

常言道:“教不严,师之惰。”班主任的“刀子嘴”,不可避免地带有一定的强制性。第一,班级纪律的制定与执行要严明。班主任针对学生的特点,在班级中制定的规章制度是班级管理的“准绳”,是班集体全体成员必须共同遵守的行为准则。班规制定前需广泛听取学生意见,注重可操作性。班规制定后,就要不折不扣地执行,切忌朝令夕改。班主任在学生面前一定要树立“说了就算,定了就干”的信誉与形象。第二,班主任对自己的言行要严格。“既要言教,又要身教”,班主任不仅要严格要求学生,更应该严格要求自己。“刀子嘴”实际上也体现了班主任有一说一、干净利落的形象。

如果说“刀子嘴”是“严”的代名词,那么“豆腐心”则是“宽”和“爱”的代名词。班级管理最重要的就是要把对学生的爱护和宽容放在核心地位。中小学生自我意识和自我约束能力不强,在其生活、学习的过程中犯点儿错误在所难免。如果学生动辄得咎,处处受罚,情绪一定会大受挫折,信心也可能丧失殆尽。一旦整个人在精神上萎靡不振,就算有高超的智慧和才能,也将难以发挥。反之,如果用欣赏的眼光看待学生,学生将因受到尊重而振奋,甚至能够挖掘出其特有的潜能。对待学生,尤其是违纪学生,班主任一定要有“豆腐心”,宽容、爱护违纪学生,帮助他们分析违纪原因,尊重他们的人格和尊严,鼓励他们重新开始。这样的教育效果可能比单纯处罚要好很多。

“刀子嘴”不是指用尖酸刻薄的语言去讽刺、挖苦、伤害学生,其中所包含的“严”,要有“格”的限制,这种“严”要求以能鼓舞人、激励人进取为目的,要严中有情、严中有信、严中有章、严中有爱,要以“豆腐心”为前提。“刀子嘴”与“豆腐心”,两者既相互渗透,又相互包含,严中有宽,宽中有严,优势互补,班主任工作才能“更上一层楼”。

137.面对无礼家长,“退”是最好之策

退,是一种风度;

退,是一种谋略;

退,是一种责任;

退,是一种反思。

[诠释]

学生家长,受教育程度不同,素质参差不齐,行事方式有别,脾气秉性各异。俗话说:“退一步,能够跳得更远。”与家长打交道,尤其是面对个别胡搅蛮缠的家长,退让是最好之策。

①退,是一种风度。面对家长的无理取闹,退是指耐心、理解和宽容。家长无礼,有的是因为素质不高而个性易怒、行事偏执,有的是由于表达能力不佳而词不达意。但从根本上讲,其出发点都是爱子心切。如果我们不急不躁,耐心倾听家长说话,弄清他们产生怒气的缘由,理解了家长的心态,便能化干戈为玉帛。

②退,是一种谋略。与家长硬碰硬,吃亏的多数是班主任。因此,退一步,可以避其锋芒,保全自己,然后伺机“反击”。在家长大力控诉之时,要微笑倾听,以便为自己赢得一个筹谋的时间,一边在脑海中整理学生的相关表现,一边等待一个良好的时机

向家长详细解释。此外,有时班主任暂退二线,让学生出面与家长沟通,效果可能会更好。

③退,是一种责任。在与家长沟通时,班主任勇于承担责任是迈出合作的第一步。承担责任,并不等于理亏,而是给家长一颗定心丸,并从心理上接纳我们,为沟通奠定基础。一味地推脱责任,只会让家长产生抵触情绪,更加不依不饶。

④退,是一种反思。在家长面前的退,不是怯懦,而是一种更坚强的表现,能让我们在反思中更加完善自己的工作。家长之所以会跑到学校来问责,也许多少有些无理取闹的成分,但也反映出班主任的工作确实有做得不够到位的地方。如果班主任的工作做得再细致些,家长就无法找到"无礼"的理由。

138.遇冰时，暖一暖自己

用降低期望暖一暖自己,
用平时投入暖一暖自己,
用静心等待暖一暖自己,
用进退有度暖一暖自己。

[诠释]

每个教师,尤其是班主任,都会遇到各种各样的师生矛盾。因此,要学会暖一暖自己。

①用降低期望暖一暖自己。每个学生的性格、品行、经历、背景等各不相同,班主任也不必苛求每一个学生都理解、都尊敬、都能读懂自己的关心和付出。因此,降低期望是减少师生间误解和矛盾的有效方法。当然,降低期望并不是回避或漠视可能出现的师生矛盾,或推卸自己教书育人的责任,而是因材施教,分梯度、分层次地对学生提出要求,鼓励他们小步前进。

②用平时投入暖一暖自己。"勿以恶小而为之",班主任要把问题解决在平时,及时化解负面情绪,注重解决剪不断、理更乱的小矛盾。这样有利于缓解矛盾,消除隔阂,降低问题的"着火点"。

③用静心等待暖一暖自己。在某种特定的情境或背景下，每个人都有自己一时难以把控的人性弱点。所以，班主任尽量不要在心情不佳或情绪激动时去处理棘手问题。没有好办法时，可以先让自己缓一缓、冷一冷、静一静、慢一慢，也可以和同事交流沟通，以寻求帮助。班主任学会了控制情绪，调整心态，注意批评教育学生的方式方法，矛盾发生的概率就会小得多，问题的解决也会好得多。

④用进退有度暖一暖自己。师生矛盾发生了，总是要解决的。在解决矛盾的过程中，班主任要有理有利有节，要有所为有所不为。这就要求班主任遇到不期而遇的棘手问题时，必须理性而为，既不能走“热”极端，针尖对麦芒，也不能走“冷”极端，弃之不问或一推了之。原谅还是不原谅学生，在什么时候、什么情况下原谅学生，若原谅又以什么方式原谅，这些看似简单的问题，都需要班主任反复斟酌，慎重处理。

139.班主任工作“六力”

组织力，是班主任工作的第一要义；
协调力，是班主任工作的基本要求；
亲和力，是班主任工作的必要前提；
创造力，是班主任工作的客观需要；
忍耐力，是班主任工作的重要方法；
体魄力，是班主任工作的根本保证。

［诠释］

要胜任班主任工作，管理好班级，服务好学生，需要有“六力”：

①组织力。班主任要组织班级各项活动，活动搞得好不好，开展的效果怎么样，集中体现了班主任的组织能力。另外，班级班风、学风的养成，学生行为习惯的培养等，都可反映出一个班主任的工作技巧。故组织力是班主任工作的第一要义。

②协调力。班主任工作繁忙而琐碎，要协调好自己与学生的关系、与科任教师的关系、与领导的关系、与兄弟班级的关系和与家长的关系。如果上述关系处理得不好，都会直接影响到班级工作。故协调力是班主任工作的基本要求。

③亲和力。一个盛气凌人、凌驾于学生之上的班主任,很容易被学生拒于千里之外。而那些和蔼可亲、慈眉善目的班主任,人气指数肯定会一路飙升。班主任的亲和力就是流淌在班级之池中的水,时刻滋润着学生的心田。故亲和力是班主任工作的必要前提。

④创造力。班主任除了要按照学校要求完成一些常规性的工作,还要结合本班学生的特点和身心发展规律,创造性地开展形式多样、灵活有效的班级活动,在活动中开发学生的智力,培养学生的品行。故创造力是班主任工作的客观需要。

⑤忍耐力。班主任要有耐心和耐力。遇到脾气暴躁的学生,班主任要平心静气地与之沟通。碰上不紧不慢的学生,班主任即使火烧眉毛,也要稳坐钓鱼台。故忍耐力是班主任工作的重要方法。

⑥体魄力。班主任不仅要备课、上课、批改作业,还要处理班级的其他事务。每天楼上楼下、室内室外、进进出出,从早自习到下午放学甚至到下夜自习,不知疲倦地来回奔波。故体魄力是班主任工作的根本保证。

140.班主任要砥砺自己的心灵

砥砺一颗进取的心灵:转变观念,提升生命价值;
砥砺一颗创新的心灵:创造成功,提速专业发展;
砥砺一颗平静的心灵:感受幸福,增强身心愉悦;
砥砺一颗豁达的心灵:心存高远,缔造教育情结;
砥砺一颗年轻的心灵:享受生活,提高生活质量。

[诠释]

班主任用自己的知识丰富学生的知识,用自己的智慧启迪学生的智慧,用自己的思想熏陶学生的思想,用自己的情感感染学生的情感,用自己的意志激发学生的意志,用自己的个性影响学生的个性,用自己的心灵呼唤学生的心灵,用自己的灵魂塑造学生的灵魂,用自己的人格完善学生的人格。班主任用自己的青春和理想谱写着辉煌的教育诗篇,用自己的忠诚和执着维系着绵长的文化繁衍,用自己的希冀和神往描绘着斑斓的成长手记,用自己的理念和憧憬铸造着坚强的未来人杰……教育是心灵的艺术,班主任的首要任务是塑造青少年美好的心灵。为了出色完成光荣而艰巨的任务,切实走进学生的心灵,班主任必须砥砺自己的心灵。

①班主任要走进学生的心灵,必须不断更新教育观念。新的教育观念,会打开思路,开阔视野,使教师充分享受工作的幸福和成功的快乐。转变教育观念,有利于砥砺一颗进取的心灵。进取心是提高班主任工作艺术的不竭动力,进取心是积极的心态,不满足现状,不故步自封,不浅尝辄止,永远不断地追求,永远不断地进取。这样,教育生命之树才会永远青翠苍劲。

②砥砺一颗奋斗的心灵,就是要有事业心。事业心给人以力量,给人以智慧,是攀登教育事业高峰的保证。事业心可以产生进取心,进取心可以产生对事业的痴迷。强烈的事业心可以创造教育奇迹,缺乏这种事业心,只会泯灭教育激情。砥砺一颗事业心,才能热爱学习,自觉学习。只有学会学习,才能经纶满腹,才能旁征博引,才能学会创造性地使用教材,才能赢得自身的发展进而促进学生的发展。这样的学习是一个长期甚至一生的过程,生命不息,学习不止。

③教育的本质是创造幸福,是引导人们或者说是教给人们感受幸福。因此,班主任需要培育幸福感,要感受教育的幸福,要自觉为学生创造幸福。班主任关注的是一个个鲜活的生命,班主任的劳动成就了学生,使自卑的心灵自信,使羸弱的体魄强健,使狭隘的心胸开阔,使迷茫的眼睛明亮,让愚昧走向智慧,让弱小走向强大……培养青少年求真向善趋美的心灵,引导青少年健康茁壮地成长,这既是班主任的责任,更是班主任的幸福。

④班主任是学生直接的领导者和教育者,是学生提高学业成绩的引导者和鼓励者,是各种教育力量的协调者和组织者。班主任具有多重角色——良师、益友、慈母、伯乐、保健员、指导员、文艺家、演讲家……班主任工作内容繁多,非常辛苦,这就需要班主任志存高远,缔造教育神话,砥砺豁达心灵,这是完成教书育人任务的需要,是走进学生心灵的需要,也是疏导自己心理的需要。

⑤教育事业是永远年轻的事业,班主任必须永远保持一颗年轻之心,为了事业,为了学生,为了自己,我们不能未老先衰,不能忧心忡忡,不能满腹牢骚,不能怨天尤人。我们要看到生活是丰富多彩的,我们要创造条件,享受生活,提高生活质量。班主任在做好工作的同时,砥砺年轻的心灵,懂得享受生活,不断提高生活质量。我们

不能只有忙碌的一天、紧张的一天、竞争的一天、奔波的一天、辛苦的一天、劳累的一天,也应有轻松的一天、休闲的一天、逍遥的一天、浪漫的一天。我们需要忙碌、紧张、竞争、奔波、辛苦,但更需要轻松、休闲、潇洒、浪漫。

141.班主任的“五个一”

一身正气——廉洁从教;

一腔热情——热爱教育;

一马当先——以身作则;

一视同仁——平等公正;

一手绝活——高超技艺。

[诠释]

班主任要创建一个班风正、学风浓、纪律好、成绩优、能力强的班集体,需要做到“五个一”。

①一身正气,是指廉洁从教。班主任真正做到一身正气,两袖清风,就要拒收家长礼物,拒赴家长宴请。班主任只有自身清正廉洁,在学生面前才能堂堂正正,在领导面前才能底气十足,在家长面前才能理直气壮。

②一腔热情,包含四个内容:一是热爱教育。忠诚于党的教育事业,热爱人民的教育事业,把自己毕生的精力奉献给教育事业,这是教师职业道德的最高原则。二是热爱班主任工作。班主任要热爱班级管理工作,对班级管理工作要满腔热情,无私奉献,书写人生辉煌的篇章。三是热爱学生。班主任面对的是学生,要由衷地热爱学生,把整个身心献给学生,从学习上、思想上、生活上无微不至地关爱学生。四是热爱生活。班主任尽管工作重、压力大,生活中会有这样或那样的不顺心事,但是在学生面前始终要做一个充满阳光的老师,再大的困难也能克服,再大的坎坷也能迈过。坚强、乐观,对生活、工作和学习充满信心,让微笑始终挂在脸上,用积极乐观的心态来感染学生。

③一马当先,是指班主任要以身作则,凡事都走在学生的前面,努力做学生的表

率。榜样的作用是巨大的。每天与学生打交道的班主任,应注重身教,以身作则,给学生树立光辉的榜样。凡是学校布置的任务,班主任要高质量地按时完成;凡是要求学生做到的,班主任在学生面前要努力做到;凡是可以与学生一同做的,班主任要身先士卒。班主任要用实际行动向学生表明自己是严谨勤奋的,是言行一致的,是追求卓越的。

④一视同仁,是指班主任要平等、公正地对待每一个学生,热爱每一个学生。应该说班主任都是爱学生的,但是做到爱所有的学生,对所有的学生都一视同仁,就不那么容易了。爱成绩好的学生容易,爱成绩差的学生就不容易;爱遵守纪律的学生容易,爱顽劣调皮的学生就不容易;爱尊敬老师的学生容易,爱目无师长的学生就不容易;爱循规蹈矩的学生容易,爱惹是生非的学生就不容易。然而,学生最"不可爱"的时候,正是他们最需要"爱"的时候。教育的实践证明,爱一个学生等于培养一个学生,讨厌一个学生意味着毁掉一个学生。

⑤一手绝活,是指班主任要有高超的管理能力和教学水平。班主任应是学生人生道路上的导师,当学生遇到情感困惑时,能够春风化雨,解开心中千千结;当学生在歧路上徘徊时,能够醍醐灌顶,指点人生航向。作为班主任,还必须治班有方,思维敏锐,敢于创新,大胆实践,讲究方法,妙法频出,使班级各项事务井井有条,令学生心服口服。每个班主任不一定都有一手绝活,但要相信勤能补拙,相信一分耕耘一分收获。要善于向书本学习,向身边的同行学习,用理论指导实践,用实践丰富理论。

班主任对"五个一"的不懈追求,本身就是一种成功的境界。

142.当好班主任的"十度"

热度——热情工作,热爱学生;

冷度——冷静理智,宁静沉稳;

宽度——见多识广,博学多才;

厚度——知识厚重,底蕴厚实;

高度——目标高远,标准高超;

力度——效果强力,学会助力;

精度——工作精心,落实精细;

亮度——树立形象,突出亮点;

长度——耐力长久,效果持久;

大度——胸怀包容,大智大慧。

[诠释]

①热度。所谓热度,是指热爱、热情,也就是说班主任要热爱自己的工作岗位。班主任只有热爱本职工作,才能积极面对工作中的一切困难,才有克服这些困难的决心和勇气,才能够在克服困难中体验到成功的快乐。热爱还包括热爱自己的学生,要以"幼吾幼以及人之幼"的心态来对待学生,把他们当成自己的孩子一样看待,这样,不管工作有多么辛苦,内心也是充实而快乐的。热情则指面对辛苦繁杂的班主任工作,要以积极的心态去面对,热情洋溢地投入其中。

②冷度。所谓冷度,首先指冷静的"冷",就是要理智、客观地去工作,要按照客观规律办事。从教育对象上看,班主任面对的是一群未成年人,其举止言行往往是幼稚的,甚至是"可气"的。此时,"冷"处理就会不被情绪所左右。从工作本身来看,一个成熟的班主任,其工作是有目标、有计划的,只有冷静地安排工作,一切才会井然有序。"静",就是要宁静、沉稳,不浮躁。宁静和沉稳是当好班主任的基本功。

③宽度。所谓宽度,是指班主任知识面要宽广。作为班主任,必须提高自己的学识水平,要见多识广,博学多才,兴趣广泛。如果学生能发自内心地觉得你"太有才了",那他们肯定会自然崇敬和佩服你,从而把学习和受教育变成他们自觉的行动。

④厚度。所谓厚度,是指班主任知识底蕴的厚重、厚实。面对学生提出的问题,要力争做到"难不倒"和"问不住"。"难不倒",就是要给学生一碗水,班主任首先要有一桶水。"问不住",就是要给学生一碗水,班主任要做源头的长流水。要当好一个班主任,不一定能解决学生的所有问题,但是能引导学生学会思考、学会学习、学会处事、学会做人。

⑤高度。所谓高度,是指培养学生的目标要高远。作为班主任,应该时常问一问自己:我要培养怎样的人?他们的品格高尚吗?他们的性格乐观吗?他们的行为习惯良好吗?他们的综合素质提高了吗?他们的实践能力增强了吗?……只有培养的目标是高层次的,才有可能向着高层次的目标不断努力。如果每天所思所想都是学

生能考多少分,那培养的学生只能是“两耳不闻窗外事,一心只读圣贤书”的书呆子。只有以更高的标准要求学生,才会更好地引导他们谱写人生。

⑥力度。所谓力度,一是指强力,一是指助力。这里所说的强力,是从工作效果的角度来讲的。班主任工作必须讲求效果,不论干什么工作,做了就要见实效,否则等于没做,甚至还不如不做。君子当借力而行。班主任工作纷繁复杂,更需要借助方方面面的力量为己所用。借来的力量,就是助力。能够提供帮助的力量有很多:领导的力量、同事的力量、家长的力量、社会的力量等,但这些都是辅助的力量,都不是主要的、根本的力量,最根本的力量其实来自学生本身。只有充分调动学生自我管理的积极性和主动性,让他们在过程中体验,在体验中感悟,在感悟中自觉,在自觉中成长,班主任的工作才会卓有实效。

⑦精度。所谓精度,是指工作要精心,要有精品意识。班主任工作既要有宏观的整体筹划,也需要有精细的观察和落实。事实上,许多工作的成功取决于细节的落实,没有精细的落实,再美好的宏愿也只是空中楼阁。

⑧亮度。所谓亮度,是指班级形象的亮点。一个班集体要树立自己的形象,首先是有能让人看得见的东西。作为一个班主任,在进行班级内涵建设的同时,不可忽视班级外部形象的展示。例如,班集体活动时班级的形象和学生的表现,班级的环境卫生,教室的布置等。

⑨长度。所谓长度,一是工作耐力的长久,一是工作效果的持久。班主任的工作很多时候都是在培养学生良好的行为习惯,任何一个良好行为习惯的养成都不是一朝一夕的事,更何况养成一个良好行为习惯往往又是与改掉一个不良习惯相伴而行的。这时候就要看班主任的耐力,谁坚持得最长久,谁的效果就最持久。

⑩大度。所谓大度,一是指胸怀的包容,一是指教育的大智和大慧。作为班主任,应该有“海纳百川”的胸怀,有“登泰山而小天下”的胸襟。教育是需要智慧的,班主任需要有大智,这样工作才会做得更顺利,但更需要大慧,更需要对人生有深入的思考和理解。

143.班主任要“五官端正”

班主任要做好班级工作,就要做到:嘴正,说话言而有信;耳正,兼听而不偏信;眼正,看问题不偏不倚;心正,干工作兢兢业业;腿正,和学生打成一片。

[诠释]

班主任要做到“五官端正”,形象地说,就是嘴不歪、眼不斜、耳不偏、心不散、腿不懒。

①班主任嘴若歪,说话不算数,就会失信于学生,影响班级工作的顺利开展。所以,作为班主任要言必行、行必果,言而有度,言而有信。只有这样,才能在学生中树立良好的形象,建立起崇高的威信。批评,要讲究艺术,做到有理有据,达到说服一人,教育大家;表扬,要弘扬正气,表扬先进,鞭策后进;指导,要科学、准确,既要有较强的针对性,更要有较好的导向性。

②班主任眼若斜,就不能全面了解班内情况,就不能及时发现各种问题,对各种事情的处理就会凭个人的好恶和想当然。每个学生的性格不同,爱好各异,班主任要全面把握学生的思想动向,及时准确地处理发生的各种问题,防患于未然。

③班主任耳若偏,就会偏听偏信,用人不当,处事不周,极易挫伤学生的积极性。“兼听则明,偏信则暗。”所以,班主任一定要多了解情况,处理问题要恰当,做到公平、公正。

④班主任心若散,班集体就不会有凝聚力,学生就会丧失信心,也就不可能统一思想、统一步调,各项工作也就不可能很好地完成。因此,班主任必须要有崇高的敬业精神,干一行爱一行,忠于职守,尽职尽责。

⑤班主任腿若懒,就不能深入学生中间了解实际情况,就会脱离学生实际,滋生官僚主义、家长作风。这样,不仅不能教育学生,反而会造成学生的抵触情绪,给班级工作带来不必要的麻烦。

144.班主任的智慧来源

听——广泛听取他人意见；
读——多读教育图书报刊；
写——动笔反思管理经验；
做——积极参加班级实践。

［诠释］

①听出来的智慧。听，就是广泛听取他人意见。一是多听学生怎么说，这样才能把握学生的思想脉搏和心理动态，避免用成人的思维去看待学生的想法。二是多听科任教师的建议，这样才能从另一个侧面发现班级中存在的问题，全方位掌握班集体的情况。三是多听家长的反映，这样既能找到家庭教育的问题，也能获得来自家长的教育智慧。

②读出来的智慧。班主任需要不断直接或间接学习古今中外教育家的教育理论和实践经验，多读教育名著和教育类报刊。读书不是把知识像拍照一样拍下来，原封不动地记在脑子里，而是要用心读，特别是结合自己的工作实践去读，带着具体问题去读，这样，前人、别人的智慧才能变为自己的智慧。

③写出来的智慧。俗话说：好记性不如烂笔头。班主任要养成一种勤思考、勤动笔的习惯。一是记录。将每天班级中发生的事情，或自己看到的现象，一一记录在案；同时还要记录自己是如何去解决的，或者自己对这些情况的看法及分析。这样，这些书本上看不到的第一手资料，经过梳理、研究和思考，就积累为我们的管理经验。二是写作。没有写就不会有反思，没有反思就不会有智慧的增进。多动笔写文章，不仅可以全方位激活班主任的管理思想、创新思维、工作经验、知识储备和写作激情，而且可以通过以写促学、以写促思、以写促研，多方面提高管理水平。

④做出来的智慧。“纸上得来终觉浅，绝知此事要躬行。”不管班主任读了多少书，都必须积极实践。班主任工作需要不断创新，别人的经验永远只是一个参照系数，决不能照搬照抄。只有在不断的实践中，才能找到正确的方法，最终形成自己的教育风格。

145. 日常用心，启智增慧

日常“听”智慧——倾听增加智慧；

日常“说”智慧——说话展示智慧；

日常“读”智慧——读书积累智慧；

日常“写”智慧——写作提升智慧；

日常“悟”智慧——感悟内化智慧。

[诠释]

《说文解字》云:“智”从“日”“知”声,“慧”从“心”“彗”声。由此我们不难看出,“日”和“心”才是“智慧”的关键。所以,做智慧型班主任,我们应该从日常用心开始。

①日常“听”智慧。班主任要做一个有心人,要善于通过各种渠道去倾听和积累教学智慧。如通过聆听上级领导讲话,学习如何贯彻党的教育方针和端正教学思想;通过听取先进教师的经验介绍,学习如何提高教学质量;通过谈心交心,倾听学生心声,摸清他们在思考什么、盼望什么、反对什么,力求把学生的呼声当作我们教学的第一信号……如此汲取众人的智慧以提高班主任的教育教学水平。

②日常“说”智慧。说话是一门艺术,也是班主任的一项基本功。尤其是在课堂上,班主任说话要言之有物、言之有理、言之有味,才会给予学生新的内容,学生也才乐于倾听和接受。因此班主任在学生面前说话,应该深思熟虑做好准备,有意识地“逼”自己最大限度地调动知识与智能储备,用真才实学、真知灼见去“征服”学生。即使平时和学生交谈,也不能习惯于个人单纯说教,要注重互动。通过与学生的语言交流、思维碰撞,将他们的独到见解和自己被激活的灵感,及时整理存入自己的“智慧库”。

③日常“读”智慧。作为班主任,应懂得只有读书破万卷,才能教学如有神。读书学习是教师专业成长的“保鲜剂”。一个班主任有没有发展潜能,关键看他有没有“想学习”的欲望和“会学习”的能力。钱钟书说:“读书不能只是眼读,也不能只是心读,而是超越二者之上的神读。”用眼读,就是把知识像拍照一样拍下来,原封不动地记在脑子里,这是下智;用心读,就是只以理解书中的内容、观点为目的,至多是一座储存知识的仓库,这是中智;用神读,就是不但心领神会书中的精髓,还能融入自己的

见解,这是上智。班主任要多用“上智”去读,以研究的态度去读,把读书看成发展的动力,看成是实现智慧的积累与提升。

④日常“写”智慧。班主任要养成多动笔的习惯,把听到的、看到的、悟到的有新意的东西及时记下来,这样就会日久生“智”。“做学问之道,不光要吃得进,还要吐得出。吃是读,吐是写。”一个班主任不能只会读别人的文章,也应学会从自己体会最多、感悟最深的地方去动笔写文章。

⑤日常“悟”智慧。有的班主任干了多年,工作就是上不去,原因不是不敬业,而是工作中缺乏悟性。悟性是班主任智慧的“生长点”。有悟性的班主任注重在“学然后知不足”的同时,寻找自己的“教然后知不足”,同时把教学的着力点放在调动学生的积极性上,放在服务于学生的发展上。一个班主任只有懂得把先进的教育理念变成现实,把大家的智慧化成自己的智慧,让教学走向智慧、充满智慧,那才是班主任最大的智慧。

146.班主任的说话艺术

用“口”说出赞美的激励话,
用“眼”说出赏识的鼓励话,
用“手”说出尊重的勉励话。

[诠释]

①人人都喜欢被赞美,赞美的话让人如沐春风。所以,班主任要有随时随地赞美学生的习惯,赞美学生的话一定要说两遍。赞美的话既有表扬,也有鼓励。教师衷心的赞美,会催生学生向上的动力。

②在课堂上,班主任巧妙地运用眼神来组织教学,能收到“此时无声胜有声”的效果。有时班主任借助眼神“说话”的教育方式,比用言语表达更能令学生难以忘怀。因此,班主任要用赏识的眼光,真诚善待每一位学生。班主任不仅要用赏识的眼光善待学习优秀的学生,也要用赏识的眼光善待学习困难的学生、智力低下的学生、犯错误的学生和个性特别的学生。班主任不仅要用赏识的眼光欣赏学生的行为,也要重

视与每一位学生的思想交流。

③触摸是相互接触的肢体语言,如果运用得好,也能直抵学生的心灵。班主任在和学生谈心或辅导他们做功课时,如果恰当拍一下他们的肩膀,可以使学生增添力量。在课堂上教师带头为学生鼓掌,不仅能使教室充满生命力,而且能增强学生的自尊、自信和自强意识。多给学生掌声,对他们会产生一种无形的推动力。

147.班主任的批评艺术

批评要客观公正,有针对性;
批评要平等和气,委婉含蓄;
批评要用词得当,言语由衷;
批评要侧重引导,注重转化。

[诠释]

①批评要客观公正,有针对性。批评通常是在事情发生后出现的,班主任一定要深入了解事实,调查情况,通过研究分析后对学生的思想行为做出实事求是的评价,给予公正合理的批评。客观公正是班主任对学生做出评价的最基本要求。有时,班主任会用"你总是怎么样怎么样""你从来""根本"等这类以偏概全的字眼,使学生觉得冤枉。所以在选定批评语之前,班主任要明确你要批评的是针对学生的哪一件事、哪一个行为。对学生而言,针对某一件确实发生过的行为的批评是比较容易接受的。因此,班主任不要"一杆子打翻一船人",将犯错误学生的所有行为笼统地纳入批评的目标,也不要因某一位同学有违纪行为而批评全班学生。批评一定要公正和有所针对,否则会事与愿违。

②批评要平等和气,委婉含蓄。班主任批评学生时,理智地把握住自己的情绪,不要用训斥、威胁的口气,也不要用斩钉截铁的语气。那种瞪眼睛、拍桌子、大声叫嚷等发怒的行为是绝对不能发生的。每个学生都有较强的自尊心,班主任在批评学生时要用平等和气的态度,讲究委婉含蓄,考虑环境条件、时间场合,设身处地为接受批评的学生着想,尽量不在全班同学面前点名批评学生。可以点事不点名,表明批评是

对事不对人，这样既照顾了被批评学生的面子，也起到教育全体的作用。

③批评要用词得当，言语由衷。班主任批评学生时，不要长篇大论，语言要简洁明了，要注意语言文明，用词得当，在学生心中留下良好的形象，千万不可有语含讽刺、嘲笑、污辱的意思。

④批评要侧重引导，注重转化。一般的批评多半把重点放在批“错”的地方，而未指明“对”的应是什么，这样的批评收不到积极的效果。真正懂得批评的人应侧重引导，侧重的是正而不是误。班主任是学生的引路人，批评时要指出改正的方向，让学生用积极的态度思考批评的问题。学生犯了错误，能认识到自己的错误，感到后悔，这时班主任就不需批评，而应给予关心和体贴，给予改正错误的机会。当学生犯了错误，通过教育有了正确的反应，接受班主任的指点并积极付诸行动，改掉了错误的行为习惯，这时班主任要及时加以赞许，恰当地给予表扬。让批评转化为表扬，才是批评的最佳效果。

148.班主任的用“眼”艺术

眼神传力道——充满灵气，传达情感；
眼力须精深　　捕捉灵感，拨云见日；
眼光要独到——高瞻远瞩，慧眼识才；
眼里能容沙——博大胸怀，宽宏气度。

［诠释］

眼睛是心灵的窗户。要成为一名优秀的班主任，掌握高超的用“眼”艺术至关重要。

①眼神传力道。利用眼神传递信息，能产生语言或其他形式沟通所达不到的效果。眼神的运用主要有以下几种：一是“传递魅力”。眼睛有没有神，代表的是一个人有没有灵气、悟性、魅力。如果班主任的眼神时时充满快乐、阳光和自信，学生自然会被其人格魅力所吸引，并自觉听从教诲。二是“表达批评”。有些班主任在学生犯了错误以后总是控制不住自己的情绪，轻者厉声呵斥，重者破口大骂，伤及学生的自尊，

导致学生口服心不服,不仅起不到鞭策和激励学生的作用,还可能引起学生的反抗。如果用严肃的眼神来表达批评的意思,既能达到批评的效果,又不致使学生“没面子”,还给了他们思考和反省的时间,效果要好得多。三是“传达情感”。所谓人的眼睛会说话,就是说它会传达情感。比如,当师生之间的交流陷入僵局时,教师可在说话之前或说话的同时,用亲切柔和的目光注视学生,使学生受到感染而予以积极回应,以利于交流的顺利进行。

②眼力须精深。班主任一定要保持清醒的头脑,眼力要好,要能看到表面现象背后隐藏的东西。具体来说:一要能从偶然中发现必然。有些事情发生的频率并不高,甚至只是偶然发生,但其中往往隐藏着不为人知的必然因素,注意了、思考了,就会获益匪浅;不入眼、不上心,则可能一败涂地。二要能从错误中看到希望。错误,要么因为其小而被人忽视,要么因为其大而让人紧张。错误的大小并不在于本身,而在其可资利用的价值,如果能从错误中找到希望,就能更好地吸取教训,迅速改正。三要能从瞬间抓住灵感。有时候一件小的事情、一个小的思路、一些小的迹象都有可能转化为大的发展机遇,抓住瞬间的灵感甚至可以透视事物的全貌、本质和主流。如果忽略这些细节,就有可能对班级管理造成不良影响。四要能从现象看到本质。许多虚假现象不是一眼就能看穿的,而是隐藏在许多“浮云”之后,如果不“拨云”,就很难“见日”,也就很难实现班级管理的既定目标。

③眼光要独到。作为班主任,必须要有战略眼光和战略思维,善于统揽全局,筹划未来。班主任的战略眼光和战略思维主要体现在三个方面:一是体现在“高”字上,即高瞻远瞩。只有具备“登泰山而小天下”的眼光,才能对班级重大问题做出高人一筹的战略判断,从而采取正确的处置方式。二是体现在“慧”字上,即慧眼识才。对学生不仅要识俊才,而且要识奇才;不仅要识贤者举荐之才,而且要识卑者自荐之才;不仅要识才之才气,更要识才之人格;不仅要识才之长处,更要识才之短项。“慧”还表现在不以貌取人,不以偏概全,不以个人好恶取舍,不以传闻鉴人。三是体现在“锐”字上,即目光犀利、见解独到。要坚持用联系、发展、全面的观点看待学生和班级事务,善于见微知著,防微杜渐。当不良倾向刚刚出现时,就能看到潜藏其中的不利因素和消极影响,把问题解决于萌芽时期。

④眼里能容沙。“海纳百川,有容乃大。”作为班主任,要有博大的胸怀和宽宏的气度,眼里要能容得下沙子。具体来说:一要能听得进不同意见。对学生提出的不同

意见客观分析,有则改之,无则加勉;即使是学生恶意“搅局”,也要有泰然处之、一笑了之的肚量。二是能善用有瑕疵之人。越是有才的人可能越有个性,要发挥班级人才的积极作用,就要大度能容,待之以宽。

总之,班主任一定要善于用“眼”,即使做不到“综观天下,用眼如神”,至少也应该“眼中有物”“眼观六路”。

149.班主任的“发怒”艺术

对犯小错误的立场——面带怒色;

对犯中错误的策略——怒而不发;

对犯大错误的警示——勃然大怒。

[诠释]

喜怒哀乐,人之常情。见到不良倾向和错误行为,产生怒气是很自然的事。班主任天天跟学生打交道,发怒更是在所难免。但怎样发怒,以什么方式发怒,发到什么程度,这里面大有学问,颇有艺术。

①面带怒色,即假装发怒。该方式的使用通常是在学生犯了非原则性的小错误时,班主任或向学生投去制止的眼神,或向学生摆摆手表示该行为不妥,或皱皱眉头让学生感受到这样做班主任是不高兴的,让学生体会到班主任的良苦用心。它既解决了问题,教育了学生,又融洽了师生感情,达到了教育学生的目的。

②怒而不发,起到发怒无声的作用。使用该方式,一是犯错误的学生一时难于接受班主任的批评,一时难于理解班主任对问题的处理时;二是对一些不马上解决也不至于导致不良后果的错误行为时。此时,怒而不发有以怒制之的目的,有利于搞清楚事实的真相和原因,避免造成新的矛盾冲突,或因冲突的升级而使矛盾激化。这样可以稳定情绪,对问题做冷静处理,使犯错误的学生有时间冷静地认识错误。怒而不发看似退了一步,实际上是进了两步,正所谓:“此时制怒胜发怒,此处无声胜有声。”

③勃然大怒,即暴风骤雨式的发怒。该方式的使用要看准时机,把握分寸,通常在错误性质非常严重或带有严重不良倾向的时候。如因同学之间有矛盾约校外人员

到校内滋事打架、请人代做作业等,面对这样的错误不动怒就是纵容错误。暴风骤雨式的发怒,可以使学生认识到错误的严重程度和后果,可以使学生更好地接受教育和改正错误。当然,这种发怒不是大声咆哮,更不是泼妇骂街,而是一种愤怒心情下的理智表现。这样可以使学生在震惊之后仔细品味老师的批评,如当头棒喝,使学生豁然警醒,及时改过,收到良好的效果。

150.班主任要有自己的追求

做一个有境界的班主任,你就有智慧;
做一个有智慧的班主任,你就有成就;
做一个有成就的班主任,你就会幸福。

[**诠释**]

一位优秀的班主任应该有自己的追求。应追求班主任的教育理想与责任,追求班主任的教育风骨和良知,追求班主任的教育视野与思考,追求班主任的教育学识与技能,追求班主任的教育成就与幸福,做一名富有教育智慧的班主任。

教书育人是教师的本分,而作为班主任不仅要育好人,而且要教好书。班主任要有专业视野,要阅读教育专著,阅读教育报刊;要有人文视野,要关注社会,关注人生;要成为一名学者型教师,进行不露痕迹的教育。教育者的教育意图隐藏得越深,教育的效果就越好。

班主任要善于发现并利用每一笔教育资源,为自己创设教育机会;要善于发掘班级事务中突发的意外事件所蕴含的教育机会,对学生进行潜移默化的教育。一个有成就的班主任,不一定是生活幸福的人。但一个生活幸福的班主任,一定是有成就的人。

151.班主任的“三有”

心中有数——明确职责；
目中有人——装着学生；
手中有法——管理有方。

［诠释］

①心中有数，即对班主任职责范围心中有数。首先要摆正四种关系：从教育与管理的关系看，班主任是教育型的管理者；从教育与教学的关系看，班主任是学生学习的指导者；从师生关系看，班主任是学生的平等对话者和心理工作者；从与家长的关系看，班主任是家庭教育的指导者。其次要明确三大任务，即班风建设、班级日常管理和“问题生”诊疗。

②目中有人，即眼中要有学生，管理要以人为本。班主任要把学生当作有思想、有个性、有感情的活生生的人，在尊重的前提下实施管理，营造有利于学生健康、和谐发展的管理氛围。

③手中有法，即班级管理要有科学的方法。班主任手中要有源源不断的法宝，可以多动脑筋，积累病因及处方，达到灵活运用；可以揣摩《孙子兵法》等经典名著，古为今用；也可以借鉴当今优秀班主任的一些成功做法。一位真正优秀的班主任，必须掌握多种教育方法，遇事探究原因，量体裁衣，对症下药，增强管理的艺术性。

152.做学生喜欢的班主任

爱字当头，让学生信任你；
教书育人，让学生尊敬你；
幽默风趣，让学生喜欢你；
率先垂范，让学生佩服你。

[诠释]

①爱字当头,让学生信任你。作为班主任,首先要爱每一个学生,在学生身上多倾注爱心与情感,在师生之间架起互信的桥梁。

②教书育人,让学生尊敬你。立德树人,教书育人,是对每一位班主任的基本要求,也是我们义不容辞的责任。班主任既要教书,又要育人,用自己高尚的道德情操去陶冶学生,用自己的模范行动去感染学生,用自己慈母般的爱心去呵护学生。

③幽默风趣,让学生喜欢你。如果班主任富于幽默感,让班级气氛轻松一些,不但能提高自己在学生心目中的形象,还能改善与学生之间的关系。因此,遇到合适的教育时机或遇到突发事件,班主任不妨幽默风趣一把,让学生在愉悦中感悟,在笑声中升华。

④率先垂范,让学生佩服你。作为班主任,应言而有信,身体力行,以身作则,要时时、事事给学生以楷模,从小事做起,从自己做起,使班主任工作达到春风化雨、润物无声的境界。

153.做个会说话的班主任

丑话要说在前面,
好话要重复两遍,
满话要尽量避免,
狠话要掂量再三。

[诠释]

班主任的语言表达能力,应该像相声演员一样,追求无止境。

①丑话要说在前面。班主任的想法和做法一定要让学生和家长知道,这既是对别人的尊重,也是对自己顺利实施计划的铺垫。特别是一些涉及批评、处罚的敏感问题,一定要事先详细告知学生,让被批评者明白自己的行为达到什么程度,造成了什么样的后果,要承担什么样的责任。考虑到学生的心智尚未成熟、自控能力有限、易反复的特点,应当在实施处罚初期留有一定的缓冲余地。

②好话要重复两遍。俗话说“好话不说两遍”。但如果真是好话,班主任应该多

说几遍。因为人人都是喜欢听好话的,说好话可以让人如沐春风。“良言一句三春暖,恶语伤人六月寒。”有的班主任批评学生常常长篇大论,但却很吝惜对学生说好话。好话不仅包括表扬的话,还有问候的话、鼓励的话,要养成随时随地在不经意间赞扬学生的习惯。一个人如果不断地接受积极的暗示,就能转化成向上的动力。人们常说“好学生是夸出来的”,但绝不是一次就能夸出好学生,而是不断夸出来的。

③满话要尽量避免。满饭好吃,满话不能说,班主任在说话时一定要给自己留有余地。班主任说话要考虑到学生的承受能力,不能把学生逼到绝路上。有时班主任会因为一时冲动,未经仔细考虑,说出一些满话、过头话,实际上事后很难兑现。如果多次这样,班主任的话在学生心里的分量就会大打折扣,班主任的威信也会逐渐降低。虽说班主任的话不是金口玉言,但是也要尽量说到做到,做不到的或不能坚持做到的就不要说。

④狠话要掂量再三。人在情急的时候会冲动,会口不择言。有的班主任有时在班上放出狠话:如果不怎么怎么样,就要怎么怎么样。实际上呢?又不可能做到。不可能做到,那说了有什么用?除了当时过过嘴瘾,没有任何实际意义,反而让学生在心里看低班主任,增加抵触情绪。班主任和学生不是敌对的双方,没有必要剑拔弩张。当然,班主任该发火的时候也要发发火,要让学生感受到一种震慑力。所谓“掂量再三”,是指在发火的时候内心要冷静,遣词造句注意把握分寸,不侮辱学生的人格,不践踏学生的尊严。

154.班主任的“六颗心”

进取之心——博览群书,潜心研究;

宽容之心——学会包容,善于宽宏;

精细之心——狠抓细节,细化管理;

仁爱之心——倾注爱心,善待学生;

欣赏之心——多多表扬,多加赞赏;

快乐之心——快乐管理,快乐人生。

［诠释］

①进取之心。中小学班主任要潜心研究，倾心学习，博览群书，开阔视野，净化心灵，陶冶情操。学理论，学技能，多读书，读好书，用渊博的学识武装自己，用扎实的功底升华自己。多与高尚的人做朋友，你会收获高尚；多与勤奋的人做朋友，你会奋起努力；多与学识渊博的人做朋友，你会收获知识；多与追求卓越的人做朋友，你会加快前进的脚步。

②宽容之心。班主任要对学生有宽宏之心、包容之量。胸中要有一团火，对工作满腔热情；心中要有一潭水，对学生宽宏包容。做学生的工作，如果没有火热的工作激情，没有海纳百川的雅量，没有垂钓者的耐心，没有狩猎者的机智，没有包罗万象的气魄，是不会也不可能做出成绩来的。

③精细之心。细节决定成败，班级管理工作关键在一个"细"字，即细化班级管理的各个方面、各个细节。在班级管理工作中没有一件事情小到不值得去做，也没有一个细节细到可以被忽略。班主任要善于抓小事、抓细事，细心发现，用心研究，专心落实，恒心坚持。

④仁爱之心。热爱学生是班主任的天职，班主任要用仁爱之心善待每一位学生，让学生感觉到你就是他们的仁父慈母。班主任要以真心为学生擎起一片晴朗的天空，以诚心点亮学生内心深处的明灯，以热心激发学生学习的兴趣，以爱心贯穿学生成长的全过程。

⑤欣赏之心。教育的艺术不仅在于知识的传授，更在于呼唤、激励、感化、感悟和欣赏。中小学生似幼苗、像花朵，他们需要的是雨露的滋润、阳光的普照，而不是疾风骤雨、冷月霜天。因此，班主任要有欣赏之心，向学生送去缕缕春风，向他们播撒绵绵春雨。即使学生有点滴进步，也要及时表扬和鼓励，给予充分的肯定和赞赏。

⑥快乐之心。班主任要快乐地对待每一位学生，只有爱学生，自己才快乐。以快乐传授知识，收获的是愉悦的笑容；以快乐管理班级，收获的是融洽的气氛；以快乐与学生沟通，收获的是学生对自己的爱。班级快乐了，学生快乐了，就是班主任最大的快乐。

155.向善——班主任的必备素养

重责任——强烈的责任意识；

有爱心——高尚的道德情感；

讲民主——平等的师生关系；

崇公正——公正的治班理念。

[诠释]

优良的思想道德素质是班主任教育学生的精神力量，它包括重责任、有爱心、讲民主、崇公正。

①重责任。班主任是成人世界派往儿童世界的“育人大使”。为了完成这一重大使命，班主任应当具有强烈的责任心，这是班主任的必备意识，也是班主任素养的厚重基石。

②有爱心。班主任工作是爱的事业，这种爱包括自爱与爱人两个方面。所谓自爱，是指从爱护教育者的名誉出发，严格要求自己，努力做到自尊、自重、自立、自强，从而获得学生、家长和社会的尊重与信任，成为可敬可爱的人。除了以自爱树立良好的师表形象，班主任还必须爱人。班主任对学生的爱应从广度与深度两个方面加以理解。从广度上来说，它是一种博爱，即关爱所有的学生。一般来说，好学生、听话的学生，往往比较讨人喜爱，而那些表现较差的学生，就不那么容易令人产生爱的情感。但是，社会责任感要求班主任必须热爱每一个学生。只有发自内心地去关爱那些不讨人喜欢的学生，才是真正的爱。从深度上来说，班主任不但要关注学生的外在表现，更要关注他们的内心世界，关心他们的心理健康。青少年的心理世界是丰富多彩的，班主任要善于突破学生的心理屏障，走进他们的心灵世界，采取有效的教育手段，引导他们健康发展，这是获得教育成功的必由之路。

③讲民主。发扬民主，克服以教师为中心的观念，是班级管理的重要原则。教育的民主化是以师生双方人格平等为前提的，没有师生双方人格的平等，就没有民主的教育可言。教育民主要求班主任提高民主意识，尊重和理解学生，和学生平等地探讨问题，对学生的缺点和错误，采取说服的方式，而决不能压服，同时欢迎学生批评老师，虚心接受学生的意见，有错必纠，这样做更有利于改进班级工作。

④崇公正。崇尚公正是人们普遍的心理需求,也是中小学生对教育公正的迫切需求。有的班主任在学生中威信不高,重要原因之一就是处理问题不公正。因此,作为班主任,一定要以公正为标尺,对学生一视同仁,没有厚薄之分,既不偏爱好学生,又不歧视后进生,这样的班主任才会深受学生的喜爱,才会具有较高的威望,才能有效地开展班级教育活动。

156.优秀班主任的九个好习惯

习惯一:预设方案,发现机遇;
习惯二:明确目标,有的放矢;
习惯三:抓住重点,统筹兼顾;
习惯四:师生共管,实现双赢;
习惯五:学会放权,发扬民主;
习惯六:取长补短,相互协调;
习惯七:善于倾听,勤于观察;
习惯八:角色换位,平等沟通;
习惯九:精神饱满,状态良好。

[**诠释**]

①凡事要走在事情发生的前头。一个具有前瞻性的班主任,在准备做某件事之前,就应该先把这件事能够成功的因素尽可能都考虑到,然后再设计出有助于成功的方案。一个优秀的班主任要善于在没有竞争的时候,赶在竞争对手之前发现机遇,同时还要充分考虑到机遇带来的困难与挑战。

②在开始的时候就想到了结束。一个优秀的班主任从接班起,就要有明确的长远目标:首先应该将主要任务列出清单,再为每项任务确定一至两个长远目标。在运行过程中,凡是有利于这些任务完成的事情就要坚持做下去,遇到不利于任务完成的事情就应当马上停下来。

③最重要的事情要放在第一位。一个优秀的班主任要善于把最重要的事情放在

第一位。工作中一旦出现比最初的计划与目标更为重要的事情,应当马上进行调整,始终要把握好班级第一位的事。

④要有双赢的思想。没有学生的支持,是不可能建设一个成功的班集体的。有的班主任认为,加强学生内部竞争会提高效率,但事实上这样往往会引起人与人之间的冲突。双赢协定不论是正式的,还是非正式的,都要与每个学生的需要、能力和经历相适应。

⑤要调动学生的积极性。一个擅长调动学生积极性的班主任,在开始做一项新工作时,通常会征求班干部和学生代表的意见。学生们的建议有助于班主任实现自己的目标。

⑥取长补短,互相协调。寸有所长,尺有所短。班主任要充分发挥每个学生的长项,让学生在取长补短、互相协调中将工作做到最好。一群相互依赖、相互影响的学生组合在一起去完成某项具体目标时,通常工作效率会最高。

⑦学会倾听,勤于观察。“知彼知己,百战不殆。”占有大量可靠的感性材料是做好学生思想工作的前提。为此,班主任要善于倾听学生、家长、同事及领导的意见,切实把握学生的思想脉搏;同时要善于观察、记录、整理相关信息,做到既能看清班级的主流,又能及时发现班级个别不良现象的蛛丝马迹,以便断然采取措施,防患于未然。

⑧角色换位,平等沟通。师生之间存在隔阂的现象并不鲜见,产生这种状况的重要原因,是师生之间没有建立有效沟通的渠道。这种隔阂如果不及时加以消除,久而久之就会变得越来越深。角色换位能解决教育主客体之间的沟通难题。角色换位的关键在于,班主任要丢掉高高在上、唯我独尊的管理者心态,多从学生的角度考虑问题,尊重、关心学生,倾听他们的心声,以朋友的心态与学生一起学习、一起成长。

⑨要保持良好的状态。一个工作状态良好的班主任,必然保持良好的习惯,如坚持每天锻炼身体、经常与学生谈心、定期与科任教师沟通等。这些良好习惯能使班主任的工作始终处于一种良好的状态。

157.班主任的角色定位

慈母的角色——博爱与宽容;

严父的角色——严格与尊重;

朋友的角色——信任与平等；

法官的角色——公平与公正。

[诠释]

①慈母的角色。班主任的爱应该是一种博爱，爱自己的每一位学生，关心他们的品德，关心他们的学习，关心他们的生活，关心他们的身体。天下的母亲都希望自己的孩子快乐，同样，班主任也应该多让学生体验进步成长的快乐，增强继续进步的信心。班主任要像母亲一样容忍学生一次次的“旧病复发”，要像母亲一样善于发现学生的长处，充分肯定他们的点滴进步，对他们的长处要小题大做、适当夸张，不要轻易说“你不行”，而要毫不吝啬地说：“嗨，你真棒！”让学生在充满鼓励与期待的沃土中成长，决不能因为一点点过失而让其在指责声中自卑得抬不起头来。对于所谓的“差生”，更要多给一点偏爱。

②严父的角色。班主任爱学生，不是姑息迁就，不是放任自流，而是与严格要求相结合的爱。班主任对学生的爱不应该是溺爱，应是在尊重学生的人格和感情、关心学生进步与成长的同时，也要严格要求他们。学生犯了错误时，该批评的就要批评，该处罚的也一定要处罚，只有奖惩得当，才能在班级中形成一个良好的、积极向上的学习氛围。

③朋友的角色。班主任要蹲下来和学生保持一样的高度，以学生的眼光看问题。这样，才能真正尊重学生、理解学生，为学生提供最好的教育。教育的平等不只是学生之间的平等，更应是教育者和学生之间的平等。在教育学生时，班主任要晓之以理、动之以情、导之以行。在融洽的师生情感中，学生才会把班主任的批评看作对自己的爱护，把班主任的表扬看作对自己的鼓励，从而引起情感的共鸣，自觉把品德要求和行为规范转化为自己的心理定式和良好的习惯，收到“亲其师，信其道，受其术”的效果。

④法官的角色。在学生的眼中，班主任是成人社会的代表，是社会公正的代表，是社会公平的化身。这就要求班主任在自己的教学和班级管理工作中，建立公平、公正、民主、平等的氛围。排座位要公平、公正，写操行评语要公平、公正，评选各种荣誉要公平、公正，甚至于对平时的每一次小小的表扬，都要尽可能做到公平、公正。

158.班主任的教育境界

技术——班主任的职业境界；

人文——班主任的素养境界；

思想——班主任的视野境界；

信仰——班主任的理想境界；

人格——班主任的人品境界。

［诠释］

①技术。在学校，你的教学技能强，教学水平高，教学质量自然胜人一筹。技术的比拼，就是分数的竞争，谁有本事把学生的分数提上去，谁就是强者。无论做什么工作，技术都非常重要，因为技术里包含着能力。

②人文。技术固然很重要，但如果仅仅停留于技术，其发展也是有限的。班主任的教育教学不仅仅是抓分数，还有情感，还有智慧，还有素质，这就是“人文”。而素质教育，就是充满人文精神的教育。课堂的人文气息主要源于教师自身的人文素养。

③思想。所谓“思想”并不抽象，也不高深，就是班主任在做每一天的工作时，在做每一件事时，有没有想过：为什么要这样做？这样做对不对？有什么方法让工作做得更好？……自由的灵魂，批判的精神，质疑的眼光，创新的勇气，就是一名教师“思想”的标志。一个人的思想当然源于实践，但这也和他的视野有关，这里的“视野”主要包括读书、读报、读网、读脑（与人交流）。如果班主任给自己的教育注入了思想，也就提升了教育的品质，教育自然就比别人有更高的境界。

④信仰。所谓“信仰”，是指我们每天从事的工作是为别人做，还是为自己做；是别人对自己的要求，还是自己内在的需要。所谓“信仰”，我们还可以换一个词叫“理想”。有理想的人做教育会有一种内在的坚韧与执着，他不会因任何外在的干扰而懈怠，也不会在乎别人的褒贬和一些功利的评价。而教育技巧、教育素养、教育思想，都比不上教育信仰更能让人持久地坚守自己的教育阵地，只有教育信仰能够使人保持教育良知，守住教育阵地，让教育之旅无限地延伸。

⑤人格。世界上不乏聪明绝顶的人，但有的人聪明却不善良。其实，人与人竞争到最后，什么聪明呀，什么技巧呀，什么智慧呀，统统算不了什么。返璞归真，洗尽铅

华，最后剩下的是朴素人格的较量——善良、宽厚、豁达、坚毅、淡薄……随时想着别人，随时成全别人。一些著名教师之所以能够成为中国教育的大家，固然和他们的智商、能力、学养有关，但最后决定他们能成为大家的，是他们纯真和纯粹的人品。反过来说，如果没有一种高尚的人格，无论多么聪明，也无论有多大"名气"，其成功都不会长久。

159.要"反思"，更要"正思"

"正思"相对于"反思"而言，更有利于教师的专业发展。班主任不仅仅要"反思"，更要"正思"。

[诠释]

诚然，反思可以使班主任清醒地意识到自己工作中存在的问题，但是如果仅仅反思，看不到工作的前景，找不到工作的幸福感，这样的反思是不成功的。所谓"正思"即正面思考。著名教育家魏书生在当教育局长时，要求全市的教师每节课的教案之后只写一类话："我成功、我快乐在何处?"魏书生要求教师不说失败，不说缺陷，不说问题，只说优点，只说长处，只说成功。其实，魏书生的"正思"理论颇有一番道理。

"正思"相对于"反思"而言，更有利于教师的专业发展。"正思"有助于帮助教师寻找教学的自信心，有利于帮助教师寻找教育的规律性，有利于帮助教师寻找专业的生长点。作为班主任，"正思"可以给自己的工作带来激情，带来幸福感。有了激情，有了幸福感，班级管理工作才能长青不衰。可见，"正思"对于班主任尤为重要，故班主任不仅仅要"反思"，更要"正思"。

160.班主任的专业化之路

班主任应具备专业化职业的新认识，

班主任应形成专业化教育的新理念，

班主任应提高专业化工作的新素质。

[诠释]

①班主任应具备专业化职业的新认识。第一,班主任专业化是时代发展的必然趋势。当今教育发展的方向是在“以人为本”的理念下构建人的生命价值的“全面教育”。就现实的需要而言,不仅要求班主任具备高尚的人格、远大的理想和关爱学生的思想境界,还要求班主任懂得心理学、社会学、管理学等专业知识,具备广泛的交际沟通能力、处理突发事件的能力、心理疏导和调适的能力等。所以,班主任就必须由敬业式、经验型向专业化转变。第二,班主任专业化是教师专业化的一个特殊方面。班主任专业化的特殊性,可以概括为两个方面:一是从教育劳动的性质看,主要是与学生心灵沟通,促进其精神发展的精神活动;二是班主任有其特殊的教育操作系统,组织、教育、管理班级的知识和能力,是班主任专业化特有的要求。班主任专业化是关注班主任成长、帮助班主任实现专业追求的必然要求。第三,班主任专业化将从根本上改变班主任的职业形象。班主任光靠勤奋和尽心不一定能做好工作,而将班主任工作提升到专业化的层面来认识,用专业化的体系来规范,用专业化的机制来运作,用专业化的标准来评价,就可以从根本上使班主任的工作降低随意性,弱化经验性,减少盲目性,相应提高班主任工作的目的性、计划性、智慧性,逐渐完善班主任工作新机制,树立班主任职业新形象。

②班主任应形成专业化教育的新理念。班主任专业化的核心理念是:班主任是学生主要的精神关怀者,而不是单纯的班级管理者。精神关怀主要是关怀学生的心理健康、道德情操、审美情趣等方面及其成长与发展,关怀他们当下的精神状况和他们未来的精神发展。对学生的精神关怀是班主任最根本的教育理念,也是最重要的教育品质。学会关心、理解、尊重、信任学生,是对班主任专业化的必然要求。如果我们每一位班主任都以“关心、理解、尊重、信任”为支撑来建构自己的教育理念,自觉实现由单纯的班级管理者向主要的精神关怀者、人生引领者、潜能发掘者、智慧拓展者转变,我们的班主任也就能够在专业化的层面上愉快地开展工作,既在学生的成人成才中获得喜悦,又在工作的操作实践中获得成功。

③班主任应提高专业化工作的新素质。一般而言,班主任专业化的个体素质包括以下几个方面:一是专业化的理念。如“育人为本”的教育观、“认识学生,研究学

生”的学生观、“发挥学生的潜能,相信每一位学生都能成功”的人才观、“以学生发展为核心”的教育评价观等。二是专业化的精神。如关爱精神、敬业乐业精神、学而不厌精神、教育创新精神、勇于负责精神等。三是专业化的道德。如爱岗敬业、团结协作、献身教育、热爱学生、促进发展、以身作则、为人师表等。四是专业化的知识。如现代班集体建设要素、比较完善的基础科学文化知识、边缘学科和新学科知识、最新科学技术和社会科学信息等。五是专业化的能力。如学习能力、组织能力、交际能力、科研能力、洞察能力、自我发展能力、创新能力等。只有把班主任个体素质的要求提高到专业化的标准来评价,只有把班主任工作提升到专业化的高度来建设,班主任工作才能实现新突破。因此,每个班主任都要瞄准班主任专业化的个体素质建设目标,始终坚持把“学习—反思—研究—总结—实践—升华”作为自我升华的基本模式,不断提高班主任专业化的整体素质。

161.做心灵高贵的班主任

要有底气——厚实的学问,丰富的智慧;
要有大气——儒雅的修养,宽阔的胸襟;
要有正气——朴素的良知,纯洁的童真;
要有朝气——执着的理想,赤诚的爱心;
要有才气——内在的才华,非凡的魄力;
要有骨气——伟岸的风骨,自由的精神。

[**诠释**]

什么是高贵?“不戚戚于贫贱,不汲汲于富贵”是高贵;“富贵不淫贫贱乐,男儿到此是豪雄”是高贵;“君子不以利害义”是高贵;“三军可夺帅,匹夫不可夺志也”是高贵;“穷且益坚,不坠青云之志”是高贵;“知道者必不自矜,知义者必不好得,知德者必不沽名”是高贵;“伸出你的手去援助别人,而不是伸出你的脚去踢倒他们”是高贵……

李镇西老师对教师高贵的心灵概括为:“厚实的学问、儒雅的修养、执着的理想、赤诚的爱心、纯洁的童真、丰富的智慧、宽阔的胸襟、凌云的气节、伟岸的风骨、朴素的良知、自由的精神……构成了高贵心灵的全部内涵。”

我们许多班主任以美丽的语言、执着的行动,生动而深刻地阐释了高贵心灵的内涵。做心灵高贵的人,应该成为班主任矢志不渝的追求,应该是悬挂在班主任心中的太阳,应该是班主任教育生命的精神动力。

162.班主任的“心”

班主任的心激励学生向上,
班主任的心点燃学生希望,
班主任的心鼓舞学生奋进,
班主任的心催发学生远航。

[诠释]

班主任的脚步很轻很轻,却能走进每一个学生的心房;班主任的光亮很弱很弱,却能给学生指引前进的方向。班主任的心像大海,让每一个学生在爱的浸润下恣意畅游,让学生的理想之船扬帆远航;班主任的心像烛光,照亮班级的每一个角落,让迷茫的学生变得清醒;班主任的心像春风,吹开每一个学生的心扉,让学生从孤僻变得开朗;班主任的心像阳光,有了它的照耀,学生才会无忧无虑地成长。

因此,班主任要用心激励学生向上,用心点燃学生希望,用心鼓舞学生奋进,用心催发学生远航。

163.班主任的“四个一”

一双慧眼看学生,
一颗真心待学生,
一个习惯促前行,

一句忠告记心中。

[诠释]

①一双慧眼看学生。要做快乐的班主任,必须炼就一双慧眼。世界上没有十全十美的人,也没有一无是处的人。没有缺点的学生是不存在的,没有优点的学生也是不存在的。班主任的重要任务是发现学生的优点并使之发扬光大。“人人有才,人皆能成才”,这应是每位班主任的学生观。班主任要努力炼就一双慧眼,力争从懒惰学生身上发现“稳重”,从好动学生身上发现“灵活”;从内向学生身上解读“文静”,从外向学生身上解读“热情”。在学生一声叹息中听出“上进”,在学生声声抱怨中听出“责任”。要不断调整自己的视角,全方位地审视学生,发现学生的闪光点,点亮学生的心烛,要告诉学生:“老师很喜欢你。”

②一颗真心待学生。班主任要想管好学生,就要真心对待学生。第一,真心就是博爱之心。学生之间的差异是客观存在的,教师要一视同仁,平等对待每一个学生,把差异当作美丽来欣赏,因势利导,因材施教,让玫瑰成为最漂亮的玫瑰,让青松成为最挺拔的青松。班主任的伟大不在于爱那些人见人爱的学生,而在于爱那些“不可爱但需要人爱”的学生,让爱的阳光照耀每一个学生。第二,真心就是真爱之心。真爱之心就是去掉功名利禄的淡定从容之心。真爱是不计回报的,热爱教育事业、爱学生是班主任分内之事,是职责,而不是施舍;讲师德是为学生,也是为班主任自己。第三,真心就是真诚之心。对于教育而言,用力是尽职,用智是敬业,用心是境界。班主任和学生都是有血有肉有情感的人,真正的教育不是人管人、人教人,而是人感人、人敬人,是心的交流、情的撞击。真诚是开启学生心扉的钥匙,是跨越师生鸿沟的桥梁,是赢得学生理解、信任和尊重的捷径。

③一个习惯促前行。作为一名班主任,要养成善于思考的好习惯。思考能使我们少走弯路。做事之前,要通盘考虑做什么、怎么做、达到什么目标、可能出现什么问题等,然后再制订计划,使工作具有计划性、系统性、前瞻性,避免盲目性。做事过程中要思考,边做边想,思行结合,减少失误,走向成功。做事之后尤其是做错事之后要思考,驻足回眸,合理归因,学会自我批评,及时反思,来警示自己、告诫自己,使工作更上一层楼。思考,是教师成长的必要条件,是班主任走向成熟的必经之路,是每一个教育工作者必须具备的好习惯。

④一句忠告记心中。“想做的尽力而为,能做的尽善尽美,必做的无怨无悔。”这是不少班主任的座右铭。正因为教育是教师想做的、能做的和必做的事情,所以在班级管理中,班主任要倾尽全力,无怨无悔,力求做到尽善尽美。

164.用“心”点亮每个日子

用“心”传道,点燃学生求知之火;
用“心”授业,谱写学生心灵之歌;
用“心”解惑,开启学生成长之门。

[诠释]

班主任要做一位智者,用智慧开启每个学生的成长之门;班主任要做一粒火种,用自身之火点燃学生求知的热情;班主任要做一束阳光,用温暖抚慰每颗稚嫩的心灵。每个学生都是一本书,需要教师细心品读。班主任要潜下心来研究每一个学生,蹲下身来倾听他们的心声,用心点亮每一个日子,用爱感化每一个学生。

韩愈在《师说》中说:“师者,传道授业解惑者也。”班主任,要用心点亮学生的每一个日子,力求做到:用“心”传道,点燃学生求知之火;用“心”授业,谱写学生心灵之歌;用“心”解惑,开启学生成长之门。

165.好班主任的三个特征

独立——好班主任的人格特征;
创新——好班主任的精神特征;
人本——好班主任的实践特征。

[诠释]

班主任的职业特征主要由人格特征、精神特征和实践特征三个维度构成,好班主任应该具备“独立”的人格特征、“创新”的精神特征和“人本”的实践特征。

①“独立”的人格特征。班主任的人格,从心理学角度看,是指班主任的气质和性格特点,诸如坚强的意志、积极的心态、纯真的情感、广泛的兴趣和良好的品性等;从社会学层面分析,是指教师的职业品格,如“为人师表”“以身作则”“循循善诱”“诲人不倦”等。二者有机结合,构成教师的职业人格。好班主任的职业人格包括热忱关怀、真诚坦率、胸怀宽阔、作风民主、客观公正、自信自强、耐心自制、坚韧果断、热爱教育等。在不同的社会发展阶段,班主任的职业人格体现出不同的时代特点。当今社会正处于转型时期,班主任职业人格的养成更应保持平和的心境,要耐得住坚守三尺讲台的寂寞,践行“正德、利民、厚生”的教育信念,摒弃物欲世界对教师职业的异化,还教师以“人”的本来面目。

②“创新”的精神特征。陶行知先生认为,一流的教育者应“敢探未发明的新理,敢入未开化的疆域”。这是对创新精神的最好诠释。首先,好班主任必须具备创新精神是由教师的角色定位决定的。当今时代,信息化大潮扑面而来,知识更新的速度日益加快,教师的社会角色已脱掉了知识权威的外衣,失去了在传授知识过程中固有的传统地位,只是这条飞速前行的“信息流”“知识链”的一个重要节点。这就在客观上迫使教师必须冲破传统教育思维的樊篱,不断反思旧有的知识、经验,及时更新理念、方法。其次,新课程的实施也要求教师具备创新精神。新课程下的教师角色被定位为学生学习过程的组织者、引导者。班主任只有创新,才能建立与学生固有知识、经验之间的联系;只有创新,才能使课堂成为焕发生命活力的场所。具备创新精神的班主任,在精神状态上,是积极进取、永不满足的,是能在学生的成功中收获幸福、体验愉悦情感的;在教育方式上,能更多关注学生的每一个细节,创设学生“心灵自由”的氛围;在教育策略上,善于激发学生对知识的兴趣,引发学生对文本的质疑,鼓励学生对未知的探索;在教育评价上,提倡对学生的发展性评价,让学生在肯定中体验成功的快乐。创新,让教育成为一池生机勃勃的活水!

③“人本”的实践特征。人本主义教育观强调人的潜能发展和自我实现,主张培养心理健康、具备创造性的人,使每个学生的能力达到最佳状态。它倡导坚持学生的主体地位,尊重学生的个性差异,强调个体潜能的开发和后天素质的培养,重视受教育者完整人格的形成等教育原则。人本主义教育观体现了以人为本的社会发展观,体现了现代化的本质,体现了教育从“知识本位”到“智力本位”再到“人本位”的发展

轨迹。好班主任要让自己的教育实践充满人本特征,要做到:第一,强调认知与情感相结合的教学。学生是会思考、有感情、能活动的具有独立人格的有机体,学生的学习如果不带有情感色彩,那它就是空虚、无意义的学习,是失去人性的学习。因此要求班主任公开、坦诚地对待每一个学生,认真听取学生的意见,恰当体验学生情绪情感的变化,尊重学生的个性,发挥学生的创造性,让学生感受到班主任对他们的信任与尊重。这样的学习活动才是愉快的、有效的。第二,强调学生个性化的自我评价。以往对学生个体的评价往往忽略了学生的个体差异性。学生是一个独立自主的个体,学生的发展和成长应与他自己相比较,看他是否比以前有进步。班主任在考虑到学生个体差异的同时,应依据一定的教学内容,给学生一个客观公正的评价,使学生正确地认识自己的学习状况,有没有达到自己预定的目标,今后应怎样努力,并掌握正确的自我评价方法,提高学习的自觉性,成为学习的主人。第三,强调情感化的师生关系。教育中的师生关系是一种特殊的人际关系。班主任不仅是知识的传授者,更是学生精神与心灵的关怀者和互动者。这是一种通过双方的认知情感沟通,最终达到提高学生身心素质的目的、向学生倾斜的人际关系。班主任需要以真诚的感情,关心学生的身心健康,理解、信任学生,尊重学生的情感,欣赏并赞扬学生的优点,这样师生之间才能建立起和谐融洽的关系,这种关系能够满足学生希望得到他人关爱的需要,从而促进学生的全面发展。

166.班主任的“五个大于”

状态大于方法,
反思大于苦干,
研究大于经验,
合作大于独行,
实践大于思想。

[诠释]

在班主任的专业成长中,存在着许多复杂的因素和关系。只有很好地认识和处理这些关系，才能够使自身素质、能力得到快速提高和完善。

①状态大于方法。在长期的思维定式中，提到问题，往往就会想到方法。似乎一切教育问题的解决都需要依靠什么方法，似乎一切名师、专家的成长也都是找到了什么有效的成长方法。教师的专业成长固然有一定的方法、途径和规律，但是众多名师成长的经历却清楚地告诉我们：成长，其实是一种状态。不管处于什么样的环境，如果你有强烈的自我进取、自我发展的成长状态，你就会主动把环境的压力转化成发展的动力，不断地学习，不断地吸纳，不断地积聚能力，不断地取得进步。

②反思大于苦干。反思就是对自己的所作所为进行梳理，进行思考分析，从中总结经验教训，以便更好地成长和完善。苦干的精神令人感动，但苦干往往带有一定的盲目性。扎实苦干的精神和态度是基础，而学会不断地自我反思则是必由之路。善于反思是成功者一种优良的品质，反思能够借鉴别人，思考自己，取其精华，扬长避短，丰富自我。反思的过程，是对自我的锤炼过程，更是一个提升自我的过程。

③研究大于经验。丰富的经验，是一个人成长的财富。但是如果只固守过去的经验，不研究新的环境、新的问题、新的规律，思想就会僵化、麻木，就会被时代所淘汰。经验是过去的知识积累，经验意味着被动地接受、模仿和继承。而研究是面对新的问题，研究意味着主动地探索、创新和发展。

④合作大于独行。一个人的力量永远小于团体合作的力量。一个和谐合作的优良环境，促成了一个合作共进的优秀团体，在团体力量的推动和影响下，走出了一个又一个名师。

⑤实践大于思想。教育工作的灵魂就在于思想，班主任的全部尊严也在于拥有独立的思想。思想是照亮我们教育航程的灯塔，有思想的班主任追求教育的本真。知识奠定班主任教育行为的底气，思想却能给班主任的教育行为带来灵气。思想的花很美，行动之果更甜。思想是行动前的思考和规划，行动就是“实践”，是思想的尝试、检验、创新和升华的外显过程。思想只有在行动中才能得到检验、修正、丰富和完善；思想再美好，如果没有去行动，也只能是空想、幻想，永远都不会成功。作为班主任，承担着孕育和引领学生精神发展的使命，思想绝对不可以贫穷，但行动更不能缺少。成长不可能一蹴而就，必然伴随着尝试、困难、挫折和失败。但失败不可怕，可怕的是只有思想，没有行动，可怕的是遇到一点点挫折就不再行动。大胆去做，才有成功的可能；如果不做，什么都不会有。名师的可贵之处，就在于他们始终处于行动之中，坚守着自己的思想追

求,坚守着对事业和学生的真爱,始终如一地向着一个又一个目标奋进。

167.班主任对家长的“三心”

家长是一支蕴藏着巨大教育潜力的队伍。班主任只有虚心听取家长的批评,才能不断改进教育方法;只有耐心听取家长的建议,才能不断充实教育中的不足;只有诚心听取家长的意见,才能不断完善自己的工作。

[诠释]

①班主任能否虚心听取来自家长的意见和建议,尤其是批评,甚至是个别家长因误解、偏见而对班主任的指责,既是衡量一个班主任修养高低的标准,又是班主任能否和家长建立密切关系的关键。

②班主任与家长的沟通是一门艺术,更是超越知识的智慧。班主任应当放下架子,把家长视为同伴和助手,本着对教育事业负责的态度,真心实意听取家长的建议。班主任与家长沟通交往的方式很多,但无论采取何种方式,要想取得良好的效果,都必须既要讲究沟通艺术,又要注重文明礼仪。

③在与家长沟通过程中,要注意根据不同的家庭类型采取不同的交谈方式:对于文化程度较高的家长,尽可能将学生的表现如实向家长反映,主动请他们提出教育措施,认真倾听他们的意见,并适时提出自己的看法,共同做好学生的教育工作。对于独生子女的家庭,交谈时更应先肯定学生的长处,然后再适时指出学生的不足。要充分尊重学生家长的感情,肯定家长疼爱子女的正确性,使对方在心理上能接纳你的意见,并采取正确的方式来教育子女。对于文化程度较低的家长,班主任在家访时要多报喜,少报忧,使家长认识到孩子有很大的发展前途,激发家长对孩子的爱心与期望心理,加强家长与子女间的感情,为学生的发展创造一个良好的环境。

168.班主任是班级的领导者

班主任是班级的“领导者”，而非单纯的“执行者”；班主任是班级的“学术领袖”，而非“活动家”。

［诠释］

①每个班主任都应该勇敢地告诉自己，我是一个主任。中国有各种类型的主任，班主任也算是其中的一类。班主任虽然也是教师，但他与一般教师的不同之处在于，班主任不只是教学者，他首先是管理者，是学校班级里的CEO。什么是主任？主任就是负主要责任的人、主持工作完成任务的人。不管别人是否承认，班主任自己要敢于承认，我是一个主任，我是一个领导者，我是班级的领袖。执行者只能是上传下达、唯唯诺诺，但作为领导者，作为领袖，班主任必须发挥自己的领袖智慧。

②活动家可以左右逢源、呼朋引伴、高谈阔论，但作为学术领袖，班主任必须把发展学术智慧作为自己的基本使命。学术智慧的核心是“促进学生成长”。促进学生成长的积极状态，就是使班级的一切活动有利于促进学生的学业成就，使班级的一切活动有利于促进学生的全面发展。

169.班主任和科任教师的配合艺术

“知”而后“行”，帮助科任教师了解学生；
“理”而后“顺”，协调学生与教师的关系；
“助”而后“融”，协助科任教师搞好工作；
“听”而后“动”，征求科任教师管班意见。

［诠释］

一个班级实际上是两个集体，一个是学生集体，一个是教师集体。建设好学生集体固然重要，建设好教师集体则更为关键。教师集体的“班长”是班主任，班主任起着沟通教师集体与学生集体的桥梁作用。因此，班主任主动取得科任教师的配合，最大限度地发挥科任教师的作用,就显得十分迫切和重要。

①“知”而后“行”,帮助科任教师了解学生。科任教师与学生接触少,对学生的了解一般不太深,有的甚至连学生名字都叫不全。因此,要取得科任教师的配合,班主任就要尽量创造条件让科任教师接触班级事务,接触学生,帮助科任教师了解学生。可以邀请科任教师参加班级的各种活动,如主题班会、郊游、家长会、联欢会等,在活动中使科任教师增加对班级学生的了解;可以邀请科任教师一起家访,或者在学生家长来校了解学生情况时请有关科任教师一起接待,给他们创造了解学生家庭情况的机会;平时找学生谈话,也可以邀请有关科任教师参加,提高科任教师的威信;还可以定期或不定期向科任教师通报学生思想状况与家庭情况,以及班级发生的重大事情;学生对某一科的建议或学生对某一科的学习产生了困难,班主任应及时和科任教师沟通,共同商量解决措施。这样,就为取得科任教师的配合创造了条件,使科任教师有可能也愿意协助班主任搞好班级工作。

②“理”而后“顺”,协调学生与教师的关系。学生与科任教师的关系处理得好,科任教师喜欢这个班级,爱上这个班级的课,就能最大限度地提高教学质量。所以,班主任一定要注意协调好学生与科任教师的关系。首先,要教育学生尊重科任教师。可以利用班会向学生介绍科任教师的工作业绩、生活历程,让学生了解科任教师的工作辛劳,引导学生尊重科任教师的劳动。其次,要及时处理科任教师反馈来的问题,不管是纪律问题,还是学习问题,班主任都要及时处理。属于学生的缺点错误,要批评督促其改正;属于科任教师的误解,要及时解释清楚,求得理解。不管是哪一类问题,处理的结果最终都是要取得科任教师的肯定。再次,对于科任教师与学生间发生的矛盾纠纷要及时处理。总之,班主任要在科任教师与学生之间起协调作用,促进师生关系融洽,让科任教师乐于配合班主任搞好班级工作。

③“助”而后“融”,协助科任教师搞好工作。班主任要取得科任教师的配合,就要协助科任教师搞好工作,为科任教师的工作提供各种方便。比如:及时向科任教师推荐各科好苗子,像音乐尖子、体育尖子、学科兴趣者,并保证他们参加活动的时间;选好各科科代表,保证科代表人选既有工作能力,又有工作热情,能助科任教师一臂之力;在各学科组织学科竞赛时积极协助选拔人选,协助进行赛前准备,保证参赛质量;尽力协助科任教师的教学工作,主动分担科任教师的工作;在科任教师有困难需要帮助时,班主任要及时伸出援手,如科任教师临时有事,早读不能来,自习不能辅

导，课不能上，班主任都要主动顶替或协调沟通换课、调课。班主任在各方面的积极协助，使科任教师得以顺利开展工作，密切了班主任与科任教师的关系，科任教师也就会全力配合班主任搞好班级工作。

④“听”而后“动”，征求科任教师的管班意见。要取得科任教师的配合，班主任还应该及时、主动地征求科任教师对班级工作的意见和建议，并尽可能采纳实行，使科任教师感到他们的意见能受到尊重。班委讨论通过的决定和班级的重大活动都应该在事前听取科任教师的意见，争取科任教师参加；评选“三好学生”“优秀学生干部”，撰写期末学生评语，都要征求科任教师的意见。科任教师配合得好，班级工作就能更好地开展起来。

170.班主任的“四种心态”

保持平常之心，
保持平等之心，
保持关爱之心，
保持乐观之心。

[诠释]

有好心态才有好心情，拥有好心态的班主任其师生关系才会和谐快乐。班主任在工作实践中，要保持以下四种心态：

①保持平常之心。班主任对待班级突发事件及学生所犯错误，保持一颗平常之心十分必要。尤其对那些倔强、偏执、抗挫折能力较差的学生，更要保持一颗平常之心。学生正处于成长期，犯错属于正常情况。如果班主任有这样的心态，在处理犯错学生时，就会冷静、理智得多。

②保持平等之心。严师要做，益友也要担当。尤其是面对生活优越、追求个性解放、思想独立的中小学生来说，他们渴望的是理解，希望得到尊重。所以班主任工作中不仅要有长者的宽容、坦荡、关怀，也要有朋友的平等、理解、关心。深入学生的心灵，用长者和朋友这两把钥匙打开学生的心锁。

③保持关爱之心。爱是可以传递的，当你把爱无私奉献给学生时，学生心中的

真、善、美也会被催生,就如春雨后阳光普照下的小草,定会让你收获满眼春色,让你欣慰释怀。

④保持乐观之心。快乐可以传递,当你面带微笑、满怀自信地走进教室时,你的学生的心情也会因你的到来而阳光灿烂;当你机智而诙谐的语言让学生开怀大笑时,你开朗乐观的样子一定会长时间定格在他们的脑海中;当学生受挫遇到困难时,你的自信乐观一定会给他们以力量。保持乐观之心,学生快乐,自己也快乐。

171.当班主任面对学生冲突时

思想要重视,
态度要冷静,
处理要公正,
反馈要及时,
反思要深刻。

[诠释]

在中小学校园,学生之间磕磕碰碰、发生一些矛盾冲突在所难免。班主任要想巧妙地化解矛盾,有效地解决冲突,需要做到以下五点:

①思想要重视。我们的教育对象是未成年人,他们往往具有幼稚、偏执、容易冲动的一面。很多校园事故的起因都是“一句闲话”“一次碰撞”,甚至“一个不经意的眼神”,班主任没有把这些鸡毛蒜皮的小事放在心上,没有认真对待并及时解决,结果小问题变成大问题,一般事件酿成恶性冲突。因此,对于学生之间的矛盾冲突,班主任不能掉以轻心,而要高度重视。

②态度要冷静。作为班主任,我们不希望学生惹事。但事情已经发生了,惊慌失措、暴跳如雷都于事无补,只能把问题搞得更糟。此时最重要的是保持冷静,控制事态的发展,阻止事件的恶化,寻找解决的方法,尽量把危害降到最低,甚至化不利为有利,让冲突事件发挥正能量的教育作用。

③处理要公正。问题出现了就要尽快解决,要解决问题首先要了解情况,没有调查

就没有发言权。班主任了解情况不能只听一面之词,更不能凭感觉、印象主观臆断。要摘掉“有色眼镜”,突破思维定式,放弃偏见、成见,全面了解情况,做到实事求是,客观公允。如果班主任根据“经验”想当然地在调查之前就妄下结论,那么学生矛盾还没解决,又会产生师生矛盾。因而,处理的原则是:第一,公正公平,一视同仁。班主任处理学生冲突要一碗水端平,就事论事,不要借题发挥。这是赢得学生信任和尊重的前提,也是有效处理冲突的保障。第二,保持理智,明确目的。惩罚不是目的,也不是为了出气泄愤,而是为了让学生改正缺点,助其成长。第三,以人为本,讲求实效。在处理学生冲突时,既要遵守公平原则,还要考虑学生的个体差异,做到以人为本,因人而异。

④反馈要及时。事情处理完之后,班主任要多关心这些学生,及时找他们谈心,在合适的场合用合适的方式提醒他们;使其深入认识问题,打开心结,化干戈为玉帛,变对手为朋友。班主任的后续跟进工作很重要,问题处理得好,等于画了一个句号;后续思想工作做得好,则是画了一个感叹号!

⑤反思要深刻。班主任不要仅仅满足于妥善地处理问题,还要反思总结把握规律,找到这些偶发事件背后的必然性。要减少学生之间的冲突,除健全制度强化管理,更重要的是要把功夫用在平时,多注重提高学生的修养。

172.请慎写“禁止学生……”

如果把“禁止”改成温馨提示,那么改变的将是班主任高高在上的姿态;

假若把“禁止”变成善意提醒,那么体现的将是班主任以人为本的胸怀。

[**诠释**]

笔者常常发现有班主任在教室张贴有关“禁止”的告示,如“禁止大声喧哗”“禁止随地吐痰”“禁止在教室吃零食”“禁止在教室上网”等;也有班主任在制定班级规章制度时喜欢用“禁语”,如“禁止迟到、旷课、早退”“上课禁止去厕所”“上课禁止睡觉”“上课禁止乱说话”“禁止顶撞老师”“禁止穿奇装异服”等。

“禁止……”的出现,往往折射的是班主任的教育理念,也反映出教师忽视了学生的情感,不能认为学生只是教师的教育对象,而忽略学生更是教师的服务对象。

如果把“禁止……”改成温馨提示，例如把“禁止大声喧哗”改成“你的轻声细语是对大家的尊重”，或者“不要高声语，休惊学习人”，那么，改变的将是班主任高高在上的姿态；假若把“禁止……”变成一种善意提醒，例如把“上课禁止睡觉”提醒为“此刻打盹，你将做梦；此刻学习，你将圆梦”，那么，更多体现的是班主任以生为本的胸怀。

教室里不见了“禁止……”，班级会显得更温馨与和谐！

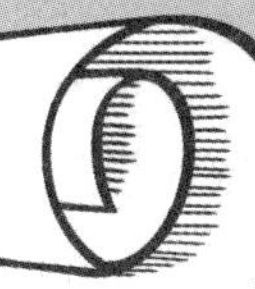

指导学生篇

指导学生学会学习、学会生活、学会做人、学会考试，是班主任工作的重要内容。

指导学生学会学习，就要激发学生的学习动机，指导学生端正学习态度，制订适合自己的学习计划，掌握科学的学习方法，培养学生自学能力和良好的学习习惯。

指导学生学会生活，就要走进学生的生活，指导学生调控情绪，帮助学生克服心理障碍；就要指导学生参加学校组织的各项文体活动，关注学生的身心健康；就要指导学生参加社会实践活动，提高学生的动手能力。

指导学生学会做人，就要教育学生构筑影响他们一生的十项特质：上进、诚信、友善、谦虚、严谨、节俭、思考、理解、健康、成熟。把学生培养成一个有理想信念的捍卫者，有人生境界的思想者，有自主发展的践行者。

指导学生在考试中取得优异成绩，就要平时注重学法指导，树立竞争意识；考前偏重心态指导，把握复习战术；临场侧重应考指导，学会答卷策略。要指导学生抓牢一个"准"字——准确记忆，准确答题；做到一个"精"字——精益求精，精学精练；避免一个"漏"字——查漏补缺，避免疏漏；升华一个"扩"字——一题多解，举一反三；模拟一个"实"字——立足实际，讲求实效。

173.指导学生学习的策略

激发学习动机，
端正学习态度，
制订学习计划，
掌握学习方法，
培养自学能力，
养成学习习惯。

［诠释］

指导学生学会学习，是班主任最重要的工作。班主任指导学生学习的策略有：

①激发学生学习动机。学习动机是直接推动学生学习的内动力，班主任激发学生的学习动机，一要让学生明确学习的目的和意义，二要向学生提出具体而明确的目标，三要培养学生良好的学习氛围，四要适当开展学习竞赛活动。

②指导学生端正学习态度。学习态度是学生对学习所持肯定或否定的内在反应，它影响着学生对学习的定向选择。班主任要帮助学生树立严肃认真、一丝不苟、勤奋好学、刻苦钻研、勤于思考和精益求精的学习态度。

③指导学生制订适合自己的学习计划。制订学习计划可以减少学生学习上的盲目性，提高学习的积极性、主动性和自觉性。班主任指导学生制订学习计划，首先，要让学生明确学习计划的重要性，要针对自己的具体情况，从自身“学”的角度制订适合自己的学习计划；其次，指导学生制订的学习计划要明确具体，切实可行，要体现自己的个性，要留有一定的余地。

④指导学生掌握科学的学习方法。学习方法是否科学，直接影响着学生的学习效果。班主任一要指导学生自觉按照预习、听课、复习、作业和小结五个基本环节进行学习；二要指导学生合理安排学习时间；三要指导学生根据学科特点及自身的学习状况，采用科学的学习方法。

⑤指导学生培养自学能力。为了开发学生的智力，提高学生的整体素质，班主任必须重视培养学生的自学能力。班主任要引导学生掌握学习的规律和特点，指导学生善于读书，善于交流，善于反思。

⑥指导学生养成良好的学习习惯。班主任要注重培养学生一心向学、专心致志、认真思考及严格执行学习计划等学习习惯。

174.指导学生听课“四要”

一要专心,二要思考,三要交流,四要动手。

[诠释]

学生上课,必须做到“四要”:一要专心听讲,即“动眼”“动耳”;二要围绕教师讲解的内容进行思考,即“动脑”;三要对有疑问的知识与教师开展对话交流,或者同学之间互相交流,即“动口”;四要对重要知识批批画画、圈圈点点,即“动手”。

有的教师把高效听课总结为“五到”法则,即眼到、耳到、口到、心到、手到。也有教师提出“五动”指导学生听课,即动眼、动耳、动脑、动口、动手。

175.指导学生背书“四有”“四要”

四有:一有计划,二有方法,三有重点,四有效率。

四要:一要熟读,二要反复,三要有意,四要巧记。

[诠释]

俗话说:“学习无诀窍,背书最重要。”学生背书要做到“四有”:一要有计划(又可分为月计划、周计划、日计划),这是背书的时间安排;二要有方法(可以采用理解记忆法、快速诵读法、提纲挈领法、分层背诵法等),这是提高背书效率的诀窍;三要有重点,不能面面俱到,这是背书的内容要求;四要有效率,这是对背书提出的总目标。

要提高背书效率,必须做到“四要”:一要熟读。读书包括朗读和默读,“背书不出声,等于磨洋工”,故读书最有效的方法是小声朗读。二要反复。既要反复朗读、反复默读,又要反复记忆、反复追忆。三要有意记忆。即有预定的记忆目的和要求,需要做出记忆的意志努力,需要运用一定的记忆方法,追求记忆的自控性和储存性。四要巧记,即不能死记硬背,要提高记忆的科学性和有效性。

背书有三重境界:第一重境界是“记”,就是记住书上所讲的概念、定理、公式,明白有关知识的意义。第二重境界是“联”,就是将所学的新知识与已经学过的知识联系起来,把握知识体系。第三重境界是“用”,就是把所学的知识运用到实际生活中或解题中,只有会用才算真正掌握了知识。

176.指导学生做题的“三重境界”

解——解出正确答案;
思——反思解题方法;
归——回归书本知识。

[诠释]

做题有三重境界:第一重境界是“解”,就是想尽一切办法解出试题的答案。第二重境界是“思”,就是解题后的回顾和反思,总结解题经验和方法。第三重境界是“归”,就是将做题获得的知识与书本知识联系起来,回归课本。

无论大考、小考还是平时训练,都要做到“四要”:一要思想上重视,认真做好每一道题。二要解题规范,做题时要按学科答题要求进行,做到表达清楚、层次分明、结论正确、书写整洁。三要提高解题的速度,尽可能缩短做题的时间。四要对做过的试题进行感悟反思。既要对做对的试题感悟为什么做对了,巩固正确思维,更要对做错的试题反思为什么做错了,从而纠正错误的思路和偏差。每做一道试题,要尽可能将这道题的知识点记牢,理解透彻,如以后遇到类似试题,确保能够正确应对。

177.命运掌握在自己手中

为何学——树立正确的态度;

学什么——制定合适的目标；

怎么学——确立科学的方法。

［诠释］

①为何学——关乎态度。对于每一位学生来说，考试是一次考验，一次挑战，更是一次机会。考试能让学生真切感受到，把握命运的是自己而不是他人。班主任要指导学生始终抱定一个信念：今天奋斗了，或许明天我们的生活就会变得不一样。因此，大家要积极主动地去学习，满怀信心地去考试。只有自己发奋图强地去学习，才能取得好的成绩。我们不能左右天气，但可以控制心情；我们不能左右他人，但可以把握自己；我们不能样样顺利，但可以事事尽力。好好学习，努力学习，是大家唯一的选择。

②学什么——关乎目标。当学生有了乐于学习的进取心之后，就应该为自己确立一个目标。有梦想才有动力。当你身心疲惫难以坚持的时候，要想到自己的梦；当你遇到困难想要逃避的时候，要想到自己的梦；当你获得一点成功心存懈怠的时候，要告诫自己笑到最后才是赢家。制定目标时还要将大目标细化为小目标，可以将一年的时间划分为几个阶段，规划每个阶段要达到什么学习目标，甚至具体到每个月、每个星期、每一天的学习目标是什么。

目标和计划人人会订，坚持才是成功的关键。基础差并不可怕，关键是要坚持不懈。要教导学生，把握生命里的每一分钟，全力以赴，实现自己心中的梦。

③怎么学——关乎方法。好方法，形成好习惯；好习惯，培养好学生；好学生，拥有好成绩；好成绩，源于好方法。学习方法因人而异，但正确的学习方法应该遵循循序渐进、熟读精思、自求自得、博约结合、知行统一的原则。考生不管采用何种方法，都要以一个"勤"字为前提，刻苦勤奋，勤学善思，一步一个脚印才是最有效的方法。

178.指导学生制订学习计划"七要"

学习计划的部署要全面，

学习计划的制订要实际，

学习计划的目标要灵活，
学习计划的安排要具体，
学习计划的措施要科学，
学习计划的落实要扎实，
学习计划的实施要调整。

[诠释]

学习计划是指学习的具体安排。“凡事预则立，不预则废。”一份好的学习计划，有利于激发学生的学习动力，提高其学习效率。

①学习计划的部署要全面。在制订学习计划的时候，一定要对自己的学习、生活时间做出全面的部署，包括睡眠时间、锻炼时间及娱乐活动时间等。这样，才能保证在学习时间内精力充沛地学习。

②学习计划的制订要实际。在制订学习计划的时候，要根据自己学习的实际情况制订，不要完全照搬或模仿别人的学习计划。

③学习计划的目标要灵活。即对自己的学习计划要留有一定的余地。为了保证计划的完成，所订计划不要太满、太死、太紧。

④学习计划的安排要具体。学习时间可以分为两部分：一是常规学习时间，主要用来完成当天老师布置的学习任务，消化当天所学的知识。二是自由学习时间，是指完成了老师布置的学习任务后所剩下的时间，这部分时间一般可以用来补课、预习或升华知识。要努力提高常规学习时间内的学习效率，以便增加自由学习时间，掌握学习的主动权。

⑤学习计划的措施要科学。要提高学习效率：早晨和晚上，尽量多看偏重记忆的科目，如外语、政治、历史等；当心情愉快、注意力集中且时间比较长时，可安排比较单调或自己不太喜欢的科目；零星时间或注意力不太集中的时间，可以安排做习题或学习自己最感兴趣的学科。除此以外，还要注意学习时间和体育活动时间交替安排，文科科目和理科科目轮换学习等。

⑥学习计划的落实要扎实。学习计划又可分为长计划和短安排。长计划不能太具体，不可能把每天干什么都一一罗列出来。但是在学习上要解决哪些问题，心中应当有数，要把在短期内无法完成的学习任务分到每周、每天去。有了长计划，在完成具体学

习任务时就有了明确的学习目的;有了短安排,长计划中的目标就可以逐步实现。

⑦学习计划的实施要调整。在计划执行到一个阶段之后,还要总结其学习效果如何。如效果不好,应查找原因,及时调整。主要总结的内容有:自己是否按计划实施?学习效果如何?计划提出的学习任务是否已经完成?没有完成计划的原因是什么?……通过总结,要立即采取相应的措施,及时调整计划中的不合理之处。

179.养成学习的十个好习惯

班主任要指导学生养成:制订计划的习惯,主动学习的习惯,提前预习的习惯,专心听讲的习惯,善于提问的习惯,上课记笔记的习惯,完成作业的习惯,整理错题的习惯,解题反思的习惯,经常阅读的习惯。

[**诠释**]

良好的学习习惯,有利于激发学生学习的积极性和主动性;有利于形成学习策略,提高学习效率;有利于培养学生自主学习的能力;有利于培养学生的创新精神和创造能力。因此,班主任要指导学生养成以下良好的学习习惯:

①养成制订计划的习惯。凡事预则立,不预则废。学习有困难的学生的问题一般都出在计划性不强上,让老师推着走,而优秀学生的长处就在于他们明白自己想要干什么。所以,班主任要培养学生制订计划的习惯。

②养成主动学习的习惯。学习主动,学习效率就高。主动学习表现在:自己主动给自己留作业;别人不督促也能主动学习;一学习就能立刻进入状态;能高效率地利用每一分钟时间学习;能有意识地将注意力集中于学习,并能始终坚持。

③养成提前预习的习惯。预习,不但可以缩短学生之间在学习上的差距,而且能使预习者在课堂上显得更加自信,更有勇气,还可以让学生自己摸索出一条学习的路子,积累一些学习的方法。预习时应对要学的内容认真研读、理解,并应用预习提示、查阅工具书或有关资料进行学习。预习时对有关问题加以认真思考,把不懂的问题做好标记,以便课堂上有重点地去听、去学、去练。

④养成专心听讲的习惯。上课时,老师不仅用语言而且用动作、表情传递信息,

有时还用眼神与学生交流。因此学生上课要情绪饱满,精力集中,专心听课,认真记笔记。能否调动所有感觉器官全神贯注地听课,是学习效率高低的关键。

⑤养成善于提问的习惯。学问学问,既要学,又要问。班主任上课或辅导学生学习时,要多启发鼓励学生提出问题。学生的提问哪怕非常幼稚简单,也要给以鼓励,逐步培养学生的思考能力。鼓励学生虚心向老师、同学及他人请教,养成主动向别人请教的习惯,这样才能提高学生的学习成绩。

⑥养成上课记笔记的习惯。"好记性不如烂笔头。"在专心听讲的同时,要动笔做简单记录或记号。对重点内容、疑难问题、关键语句进行圈、点、勾、画,把一些关键性的词句记下来。还要注意,课堂笔记一定要简略,要突出重点。如果记的内容过多,势必会占用思考的时间,反而会降低课堂的学习效率。

⑦养成完成作业的习惯。按时完成老师布置的作业和自己选做的作业,认真思考,认真书写,一丝不苟。对作业中存在的问题,要认真寻找解决的办法。作业写完后,还要思考它的特征和要点,以达到举一反三的效果。

⑧养成整理错题的习惯。整理错题是整理学习资源,分析错题是锻炼思维能力,纠正错题是强化责任意识。每次考试之后,先将做错的题目抄下来,然后将自己当时做错的真正原因用红笔写到试题一边,最后把正确答案和步骤清楚地写到试题下方。

⑨养成解题反思的习惯。反思是解题的重要环节,一般来说,要从五个层次反思:该题是怎样做出来的?反思解题采用的方法。为什么这样做?反思解题依据的原理。为什么想到用这种方法解题?反思解题基本思路。有无其他方法?哪种方法更好?总结归纳,思维求异,反思一题多解。能否把题目变通一下,变成另一类题目?反思一题多变,促进思维发展。

⑩养成经常阅读的习惯。班主任要及时抓住学生有阅读愿望的时机,尽可能提供或推荐一些适合学生阅读的书刊。选文的篇幅要短小有趣,让阅读成为"悦读"。也可举办班级"读书周"活动,以鼓励学生阅读。

180.从小学到初中的"软着陆"

思想上——不能松懈,不要掉队;

习惯上——摒弃浮躁，踏实细心；

行动上——自觉学习，计划学习；

方法上——学练结合，边练边思；

问题上——勤学少问，注重技巧；

心态上——自我调节，学会沟通。

［诠释］

小学生升入初中，不仅有环境的变化，也有知识的长进，还有心理的跨越。

①思想上不能松懈，时时刻刻提醒自己，要刻苦努力，不要掉队。有相当一部分学生进入初中后以为万事大吉了，心想休息一段时间，然后再努力，反正中考还早着呢，这就大错特错了。初中三年，眨眼即过，而且七年级、八年级、九年级所学知识环环相扣。七年级的知识比较简单，但如果基础打得不牢，到了八年级、九年级学习就会吃力。所以，从跨入初中大门开始，大家就要有长远的目标和近期的计划，步步为营，稳扎稳打，时时抢占先机。

②要摒弃浮躁、不安的学习心态，养成认真、踏实的学习习惯。小学学的知识比较简单，即使你粗心大意，也无关紧要。但到了初中，同学们如果再抱着这种蜻蜓点水式的学习心态，就不能完全消化老师所讲的知识，只知皮毛，似懂非懂。即便在完全会做的情况下，也不能马虎。初中比的是谁更努力、更细心、更少犯错误。这也是不少毛躁同学在小学成绩很优秀，而到了初中后成绩越来越差的原因。

③要学会自觉学习，有计划地学习。一进入初中，同学们会惊奇地发现，与小学老师事事关心、面面俱到相比，初中老师管得较松，作业留得不多，上自习很少有老师看着。在这样宽松的学习环境下要做到两点：一是要自觉地学习。有些同学管不住自己，放任自流，不能自觉地预习、复习。长此以往，与其他同学的差距就会越拉越大。等你发现差距的时候，一般已很难赶上了。二是要有计划性。在学习的过程中，总会有自己学得好的部分，也有学得不好的部分，自己要有计划地随时查漏补缺。而且，初中开设的学科较多，有计划地分配时间，避免偏科也很重要。

④试题并不是做得越多越好。到了初中以后，随着知识的不断加深，很多老师为了提高成绩，都会让学生做大量的试题，同学们千万不能为了做题而做题。做一定数量的试题当然是必需的，只有通过多做试题，同学们才能将课堂上所讲的知识理解透

彻。但如果撇开书本知识只做题,到头来不但不会的仍旧不会,会的也可能不会了。这就要求,一要在做题的同时将试题和知识点对接起来,以达到深化知识的效果;二要找出自己还不会做的试题,通过做题真正弄懂它。

⑤“不会就问”不一定是好习惯。遇到不会的问题当然要向老师、同学请教,但大家一定要明白:一道题目,一个技巧,只有自己弄懂,独立求解,才是真的明白。向其他人请教得到的知识,往往只是得到了该知识的皮毛,并不一定领会知识的精髓,下次遇到类似题目时,可能还是很难处理。所以,面对一道难题,首先要独立思考,争取自己解出来。如果自己实在看不懂解不出,再向别人请教。请教时要注意别人是怎样思考的,而不是仅仅关心答案。另外要在听懂之后,找一道类似的试题再练习一下,以巩固所学到的知识和技巧。

⑥要保持良好的、积极的心态。进入初中以后,同学们或多或少会遇到一些思想问题,如果处理不好,也会影响学习成绩。遇到问题,我们首先要学会自我调节,多从积极的方面思考问题;其次要多跟老师、父母、同学、朋友进行沟通,寻找解决问题的途径。千万不要为了自尊心而逃避问题。

181.指导中考考生要具备“四心”

信心——充满自信,信心十足;
专心——排除干扰,专心致志;
细心——仔细审题,精细入微;
恒心——持之以恒,锲而不舍。

[**诠释**]

①信心。信心是成功的精神支柱,中考是一场精力和信心的较量。班主任要指导学生充分讲究战略战术,重视它而不是畏惧它。信心可以让你镇静自若,沉着应考。没有信心就办不好任何事情。因此,在复习的时候,要对自己说:“我能行!”在考试的时候,要对自己说:“我真行!”

②专心。只有专心致志才能头脑清醒,才能感知深刻,才能思维积极,使自己处

于最佳心理和生理状态。在九年级学年里,班主任要指导学生树立毕业班的紧迫感和责任感,排除干扰,全身心地投入到复习中去。要珍惜九年级的每一天,珍惜每一堂课,珍惜每分每秒,为中考做好充分的准备。在复习过程中,要立足基础,着眼能力,培养自己的综合素养和应试技巧。

③细心。班主任要告诫学生,考试时要力求做到细心:通览全试卷,填好号和名;审题要仔细,题意要弄清;遇到难做题,不妨绕道行;细中求速度,快中需从容;检查要认真,细心去纠正。除了做题,班主任还要交代学生做好考前准备工作,不要忘记带准考证、考试必需品等,以免进考场前手忙脚乱,影响考试成绩。

④恒心。班主任要告诉学生考场战术:参加考试,有的人可能出师不利,首战受挫,第一道题就不会做或第一门就考得不够理想,有的人可能中途受阻。面对这种情况,我们需要冷静下来,认真总结失利的原因,尽快把注意力转移到下一门考试中,不必再对前场考试耿耿于怀。要拿得起、放得下。每场考试结束后,尽量做到不同别人对答案,不讨论不会做的试题。决不能一失败就灰心丧气,要有恒心,要锲而不舍,不管前面的学科考得如何,都要以乐观坦然的心态对待下一场考试,坚持考到最后一门学科,考到最后一秒。

182.高三班主任要扮演好“六种角色”

鼓动师角色——调整心态,轻松备考;
协调员角色——协调关系,形成合力;
服务员角色——做好服务,搭建平台;
导航员角色——鼓舞士气,培养自信;
指导员角色——规范答题,把握技巧;
心理师角色——因势利导,解其心结。

[诠释]

高三是学生学习生涯中最关键的一年,也是人生的重要转折时期。有经验的高三班主任,要扮演好“六种角色”。

①鼓动师角色。高考不仅是成绩的较量,更是心理素质和身体素质的展示。进入高三,紧张的学习气氛、逐渐增大的压力及过高的期望,都可能挫伤学生学习的积极性和主动性,使学生情绪消沉,乃至悲观失望。如何帮助学生调整好心态,让其在轻松愉悦中进行备考复习,是高三班主任需要思考的问题。作为班主任,要及时把握学生的思想情绪,适时地、恰到好处地鼓舞学生的斗志。要充分利用课余时间对学生进行不同层次的、多方面的鼓动。当学生身处逆境时,要急学生所急,帮其分析原因,通过鼓动性的语言,告诉学生曙光在前头。当学生身处顺境,更要及时鼓动,"欲穷千里目,更上一层楼"。要尊重学生,理解学生,要对学生多关怀,少指责,要用真诚对待学生,用言行感动学生。

②协调员角色。一要协调好各科任教师之间的关系。大家要心往一处想,劲往一处使。同时班主任要主动协助科任教师检查作业练习的落实情况,掌握学生的学习动态。二要协调好师生关系。和谐的师生关系可以营造一种同舟共济的氛围,从而使教师教得高兴,学生学得尽兴。三要协调好家校之间的关系。家校密切配合,步调一致,才能取得成效。因此,高三阶段,班主任要做好"协调员"工作,让学生、老师、家长形成合力。

③服务员角色。班主任要有为学生成才搭建良好学习平台的服务意识。到了高三,要严抓学生纪律,确保良好的学习氛围。要特别做好对后进生的管理,及时对他们点拨鼓励,增强学习的动力。同时,高三班主任更要关心学生的生活与身体。高考复习很大程度上是体能的较量,因此,班主任要抓卫生,管饮食,促锻炼,强体能,开展文体活动,坚持做眼保健操,调节生物钟,以缓解学生心理压力,确保学生有充沛的精力。

④导航员角色。高三阶段学生更易出现信心不足、心理紧张、效率低下、情绪波动大、学习不得法、答题不得要领等现象。尤其是进入临考阶段,各种心理问题更容易产生。班主任要将激发、培养学生的自信心列为首要工作,使学生的身心处于最佳状态。

⑤指导员角色。要指导学生进行应试技巧的训练。每次大型考试之前,可对如何审题、材料应用、信息加工与提取、规范书写、答题思路、答题顺序和对难题的处理方法等问题,做出有针对性的指导。要着重训练学生答题速度、方法规范,让学生慎重对待每一次考试和强化训练,正确把握每一次实战锻炼的机会,努力做到"平时考

试像高考,真正高考像平时”。

⑥心理师角色。据调查,高三学生有近半数处于心理亚健康状态,随着高考的临近,普遍会出现惊悸、失眠、易怒、急躁等心理症状,有人称之为考试综合征。针对这种状态,班主任要因势利导,及时扮演好“心理师”的角色,帮助学生克服心理障碍。要教育学生辩证地认识人生,在生活、学习和工作中,有压力、有竞争是常态,我们要做的不是逃避,不是退却,而是勇敢地面对。班主任要帮助学生正确认识自己,给自己合理定位,既不好高骛远、目中无人,也不悲观失望、自卑自贱。要把着眼点放在挖掘学生的潜能上,要用自己丰富的阅历、广博的知识、平和的心态去洞察学生的心理症结,适时用准确的语言、高尚的情操、合理的方法解其心结,促其不断上进。

183.提高学生学习成绩“十招”

永远赏识,保持期待,培养习惯,树立榜样,体验成功,
制定目标,异质分组,持续激励,挫折教育,以情制胜。

[**诠释**]

作为班主任,要提高学生的整体学习成绩,既要面向全体学生,通盘考虑整体,又要关注个体,采取有针对性的措施。

①永远赏识。“赏识教育”的倡导者周弘曾说过:我期望把孩子的人生当作跑道、战场,我们家长就是啦啦队,永远高喊“加油”,高呼“冲啊”,怎么喊都不会错,要发自肺腑,不要装模作样。当学生学习成绩不理想时,班主任更要对学生的每一点努力和进步给予肯定和表扬。对学生,多表扬、多赞美往往比批评效果更佳。

②保持期待。班主任的期待实际上是一种发展性评价。班主任为学生勾勒出他未来可能达到的高度,并且发自内心地以此来期待学生、相信学生,即使学生在前进过程中出现偶尔反复也不改变初衷,最终常常会出现奇迹。这也就是著名的罗森塔尔效应。

③培养习惯。学生的学习习惯需要训练和培养。班主任要培养学生养成集中注意力学习的习惯,在学习习惯上教师必须定出规矩,并严格执行,方可有效。

④树立榜样。榜样的力量是无穷的。学生作业不规范,教师可以在讲评时重点表扬那些作业规范的学生,并且把他们的作业让全班学生传阅,学生自然就知道应该怎么做了,在心理学上这种做法叫作“正强化”。班主任自己也要以身垂范,成为学生的榜样,用自己的爱好、专长带动学生的学习热情,让自己的行为品质成为学生参照的榜样。

⑤体验成功。苏霍姆林斯基提出:“让每个学生都能抬起头来走路。”“我的学习是最棒的”,这是每个学生的共同愿望,也是一种乐观向上、体现强烈主体意识的积极心态。它不仅为学生积极主动的学习提供了明确的动机,而且促进了学生良好的心理、情感、理想和信念的形成。因此班主任不仅要强调学生积极主动参与,而且要让学生获得成功的体验。要让每个不同水平、不同层次、不同个性的学生都能体验成功,要为他们搭建自主实践成果的展示平台,使每个学生都相信自己能学习、会学习、“我能行”、“我真行”。

⑥制定目标。在详细了解每个学生情况的基础上,班主任要引导、帮助学生制定阶段性目标,并根据目标完成的情况,给予一定的奖惩。有了目标,就会产生强大的动力,就会推动学习不断进步。

⑦异质分组。有经验的班主任常常会运用集体的力量帮助学习动力不足的学生,其有效的做法是异质分组。如教师把全班学生按照学习成绩分成A、B、C、D、E、F六个等级,然后从每个等级里挑出一个学生编成一个组,这样每组都有来自六个等级的学生,各小组实力比较均衡。然后教师开展小组间的学科竞赛,每天的作业、每次测验都进行评分、比较,并进行小组排名。由于实力接近,这样的排名总是充满悬念。小组内的学生会互帮互助,集体荣誉感使每一名学生都产生了努力学习的动力。

⑧持续激励。班主任可以搜集一些励志故事,在学生遇到困难或产生懈怠情绪时,及时给学生讲解。鼓舞士气的方式很多,或开一场主题班会,或组织一场主题报告会,或读一篇励志文章,或观看一部励志电影,都能收到好的效果。

⑨挫折教育。挫折教育是让受教育者体验一定挫折,使其经得起逆境和艰苦的磨炼,从而激发潜能,获得发展。在学校生活中,长跑和远足都是提升意志品质的较好锻炼方式,可以因时因地运用。

⑩以情制胜。不少学生因为喜欢某科任教师,而喜欢上了这门学科。班主任要努力把自己的课上得精彩,同时有意识地在生活上、学习上关心帮助这些学生。学生

对班主任有了感激之情，又特别喜欢上班主任的课，怎么会不认真学习呢？

184.提高学习成绩“四抓”

抓习惯——培养学生的学习习惯；
抓细节——注重学生的学习细节；
抓学法——研究学生的学习方法；
抓效率——提高学生的学习效率。

［诠释］

①抓习惯就是抓质量。英国哲学家培根在谈到习惯时深有感触地说：“习惯真是一种顽强而巨大的力量，它可以主宰人的一生。”国内外教学研究统计资料表明，对于绝大多数学生来说，学习的好坏，20%与智力因素相关，80%与非智力因素相关。所以，班主任要提高学生的学习成绩，必须从培养学生良好的学习习惯入手，如培养课堂听讲习惯、做作业习惯等。

②抓细节就是抓质量。海尔集团的老总张瑞敏说：“把简单的事情做好就是不简单，把平凡的事情做好就是不平凡。”班主任从事的教学就是一个平平凡凡的事业，为了把这项平凡的工作演绎得不平凡，就得把平凡的事做好，就得抓教学的每个细节。只有教学的每一个细节都做到极致，学生的学习成绩才会得到提高。

③抓学法就是抓质量。班主任不仅要研究教学方法，更要研究学习方法。一要不断研究学习规律，特别要研究学生自主学习、合作学习、探究学习的学习规律；二要研究人体大脑的活动规律，要研究多元智能理论，自觉遵循遗忘规律等。

④抓效率就是抓质量。勤奋学习，必须有两个要素：一要用时间作保证；二要以效率为前提。班主任既要教会学生宁静致远，坐得住冷板凳，又要教会学习方法，在“巧”字上下功夫。

185.提高班级整体学习成绩“四字诀”

情——情真意切,激发动力;

勤——勤能补拙,常抓不懈;

严——严师益友,从严治班;

细——细致入微,全面推进。

[诠释]

①学习需要动力,作为一个班主任,不仅要做好班级常规管理工作,更要学会用真情去感化学生,用期盼去打动学生,用理想去激励学生。只有这样,学生才会有一个明确的学习目标,才会产生强大的学习动力。

②勤能补拙,班务工作应常抓不懈。作为班主任,一定要做到“勤”:勤问、勤说、勤看。“勤问”,问学生学习情况,了解学生心理状态;“勤说”,说人生大道理,说生活小常识;“勤看”,观察整体纪律情况,观察学生学习动态。哪些同学该鼓励表扬,哪些同学该批评教育,哪些势头该发扬光大,哪些苗头该杜绝疏导……班主任要及时召开班会,加强纪律整顿。纪律好了,学风自然就好了;学风好了,班级整体成绩就会有所提升。

③一个成功的班主任,必定是一个亲切而又不失严肃的老师。班主任首先要成为学生的“益友”,走进学生的生活,关注学生的身心健康,让学生体会到老师的关爱,感受到集体的温暖,从而使他们人人有集体荣誉感,个个有自我成就感。同时,班主任还要成为学生的“严师”,严格要求,从严治班,让学生人人有规则意识,个个有纪律观念。

④俗话说:“十个指头不一样齐。”对于一个班集体,学生的学习成绩各不相同,这就要求班主任不仅要细心,更要有耐心,找问题,想办法提高班级整体成绩。对待班里的后进生,要“亮出一个亮点,各科全面推进”。一个亮点,指的是学生的特长科目。“亮出一个亮点”为学生找到自信,而“各科全面推进”则能提高其总体成绩。

186.指导学生读书“三字经”

实——计划实,过程实,效果实;
新——理念新,思路新,方法新;
细——安排细,观察细,总结细。

[诠释]

班主任是学生读书活动的直接组织者和引导者,所以班级读书活动开展得如何,很大程度上取决于班主任的重视程度和操作方法。

①实。第一,计划实。班主任要根据班级学生的实际情况(如年龄特点、兴趣爱好、能力素质等),科学合理地选择读书内容,制订切实可行的读书计划,策划好读书活动。对学生的课外阅读要因材施教,班主任要根据教学进度,在不同学段推荐不同的课外读物。第二,过程实。开展读书活动旨在激发学生的读书兴趣,教会学生正确的读书方法,培养学生良好的读书习惯,使其受益终生。因而,班级要适时或定期开展内容丰富的读书活动,决不能摆花架子。例如举行故事会、朗读会、演讲比赛、读书心得交流、读书征文比赛、知识竞赛等,以激励学生读书兴趣的养成。第三,效果实。开展读书活动要重实效,要把读书活动落到实处。

②新。第一,理念新。班主任要确立“一切为了学生的发展”的教育理念,不要把抓读书活动看作班主任的额外负担。第二,思路新。多数学生由于种种因素,读书兴趣不是很浓,这就需要班主任根据学生的实际情况,琢磨出一条行之有效的读书之路。第三,方法新。读书要做到“五到”:心到、眼到、口到、耳到、手到。“心到”就是读书时注意力要集中,边读边思考;“眼到”就是眼睛要紧盯着书本;“口到”就是读出声音来,把内容复述出来;“耳到”就是耳朵要听见自己的读书声;“手到”就是做读书笔记,及时摘抄一些好词佳句。

③细。第一,安排细。在指导学生开展读书活动中,班主任的心里思考读书,脑子琢磨读书,才能安排好读书。第二,观察细。班主任在读书活动中要善于发现学生身上的闪光点,加以正确引导,使之成为学生读书的典范和榜样,从而以点带面,促进全面提高。同时还要悉心观察、发现并纠正学生不良的读书习惯。第三,总结细。在指导学生开展读书活动中,班主任还要勤于动手写一些典型事例、总结和反思。

187.鼓励学生“十拼”

拼学习,犹如千帆竞发,力争上游;
拼纪律,犹如冬去春来,自然遵从;
拼卫生,犹如雨后晴空,一尘不染;
拼意志,犹如寒梅傲雪,品洁志坚;
拼奉献,犹如烛影摇曳,照亮他人;
拼团结,犹如鸿雁南飞,众志成城;
拼韧劲,犹如石中小草,百折不挠;
拼斗志,犹如青松挺立,战无不胜;
拼自信,犹如逆水行舟,永不言弃;
拼理想,犹如雄鹰展翅,遨游苍穹。

[诠释]

只有辛勤耕耘,才有丰硕的收成。所以,班主任要指导学生,趁着青春年少的大好时光,全力拼搏,全力以赴,立足学习,立足发展。

学习就要全力拼搏,表现的是一种良好的精神状态。珍惜时光,把握时机,需要有良好的精神状态。因为良好的精神状态是我们学习的动力,是我们创造佳绩的法宝。一旦学习,就要立即进入状态,开好头,起好步。凡事看一看、等一等,总是慢半拍,老唱“明日歌”,就会坐失良机,影响成绩。

眺望征途漫漫,关山重重,处处是机遇,时时有挑战。在求知的过程中,同学们多多少少会遇到一些“拦路虎”。有的人会采取消极悲观的态度,半道打退堂鼓,而有的人则会勇于拼搏,战胜“拦路虎”。最终,那些临阵退缩的人,将会一败涂地,且一事无成;而那些勇于向上、勇于拼搏的人因此走上了成功之道,获得了成功的喜悦。可见,只有良好的精神状态和实干的行动,才能踏平坎坷成大道,不负时光千般好。

188.构筑影响学生一生的十项特质

上进——积极向上,不进则退;

诚信——诚则持久,信必永恒;

友善——互相关心,团结友爱;

思考——专心学习,善于思考;

谦虚——谦虚谨慎,戒骄戒躁;

严谨——作风严谨,求真务实;

健康——豁达乐观,健康向上;

理解——举一反三,触类旁通;

节俭——艰苦奋斗,勤俭节约;

成熟——思想成熟,追求卓越。

[诠释]

王飞博士说:“优秀的学生不是老师教成的,而是‘影响’造就的。教只能几年,而影响却是一生。”一个好班主任可以影响学生的一生。因此,班主任要注重自己的一言一行,构筑影响学生一生的十项特质。

①上进。积极向上,不断进取,人生如逆水行舟,不进则退。

②诚信。诚则持久,信必永恒。人无信不立,无论从事什么工作,都要诚实守信。

③友善。“竭诚相助亲密无间,乃友谊之最高境界。”一个集体就像齿轮,每一名成员就是齿轮中的一个齿,只有齿齿互相推动,才能正常、顺利运行。因此,人与人之间要互相关心,团结友爱。

④思考。俗话说:吃一堑,长一智。对你经历的事情要给予深度的思考,特别是要善于总结遇到的困难和挫折,会让一个人少走弯路。

⑤谦虚。谦虚是做人的基本美德,是一个人的最好名片。“虚心使人进步,骄傲使人落后。”谦虚的人往往会取得成功。

⑥严谨。做人要严于律己,做事要谨慎行之。只有养成严谨的学习、生活态度,才能认认真真、一丝不苟地做好每一件事,为成功打下基础。

⑦健康。“健康是人生第一财富。”健康的身体、健康向上的思想会让人的生命处

于最佳状态。养成健康的生活习惯,会影响人的一生。

⑧理解。“理解绝对是养育一切友情之果的土壤。”真正的理解是很难的,但如果你用心做好每一件事,你拥有了做人的美德,你才会真正走进理解的深处,你才会对社会、对他人、对人生有更深刻的认识。

⑨节俭。“天下之事,常成于勤俭而败于奢靡。”这是大诗人陆游的金玉良言。所谓“静以修身,俭以养德”,勤俭更是一切美德之源。一日一钱,千日千钱,节俭是累积财富最直接有效的途径。勤俭节约,艰苦奋斗,这对每个人的一生都有意义。

⑩成熟。“走向成熟就是独立得更彻底,而又联系得更紧密。”思想的成熟才是真正的成熟。真正成熟的人永远不会满足于现状,他们总是在一次次突破中提升自身的境界。

189.如何指导学生搞好学习

对优等生的进步要“锦上添花”,
对学困生的纠差要“对症下药”,
对滑坡生的原因要“追根究底”。

[**诠释**]

班主任是班级的主心骨,其日常工作,除做好班级的德育工作,最大的任务就是指导学生学好各门功课。

①对优等生的进步要“锦上添花”。对班里的学习尖子,千万不要只欣赏不引导。“响鼓还要重锤敲”,一定要帮他们制定“新目标”。例如班级第一名的学生,其学习成绩在全年级仅排十名左右,那么就要提醒他“山外青山楼外楼”,要敢于向年级第一名挑战,而不是“山中无老虎,猴子称霸王”,仅仅满足于班级第一名的现状。再如,班里的尖子生因为某一门功课影响了总成绩,那么就要帮助他找到问题关键所在,消灭这盏“红灯”,勇攀高峰。

②对学困生的纠错要“对症下药”。一些学生成绩不佳,原因是多方面的。班主任在对学生的成绩了如指掌后,力争做到第二个“了如指掌”,即对学生成绩不佳的原

因也要了如指掌,从而“对症下药”。有的学生成绩差不是因为脑子笨、反应慢,而是上课听讲只有三分钟热度,贪玩没有节制。对这种学生,一是让科任教师在上课时盯紧他,不让他开小差;二是协同家长管住他,放学后不做完家庭作业不许玩。有的学生考试成绩差,不是由于不会做,而是动作慢未做完,对这样的学生要训练他的答题速度;有的学生试题做完后没有复查的习惯,做完题目就急着交卷,对这种学生要训练他多做改错题,并要求他把试卷及练习中的错题整理在本子上,编成“错题集”,以促使他吸取教训,不再粗枝大叶。

③对滑坡生的原因要“追根究底”。如果有个别学生成绩出现“滑坡”现象,这肯定是事出有因。对此班主任要和学生一起查明原因,让他迎头赶上。如果成绩滑坡的问题不及时解决,让他一直滑下去,再要赶上就并非易事,班主任千万不能掉以轻心。

190.调控学生冲动情绪“六个一”

想一想冲动的后果,
忍一忍愤怒的情绪,
让一让泄愤的对象,
离一离激动的地方,
聊一聊心中的怒气,
学一学做人的修养。

[诠释]

班主任指导学生调控冲动情绪,要做到“六个一”:

①在情绪冲动之前要做到“想一想”。“想一想”,即想一想冲动的后果。要想一想一时冲动会给对方、给家人造成什么样的伤害,要想一想自己可能要承担的法律责任和民事责任。

②情绪冲动之时要做到“忍一忍”“让一让”。“忍一忍”,即忍耐。要学会制怒,当心中的怒火升腾时,可以通过数数、深呼吸等形式缓解心中的压力与愤怒。“让一让”,即让步。通过“得饶人处且饶人”“不跟你一般见识”“生气是拿别人的错误惩罚

自己”等名言、俗语开导自己。

③在情绪冲动之后要做到“离一离”“聊一聊”“学一学”。“离一离”,即离开“是非之地”。矛盾发生后要迅速离开那个令人生气的环境,避免“触景生情”而产生报复心理或行为。可通过打球、跑步或是大喊几声、大哭一场等方式,来有效地发泄自己的怒火。还可以通过看电视喜剧片、小品、听音乐、看风景等形式转移注意力,放松心情。“聊一聊”,即聊天。可通过上网、打电话、写信、写日记等形式与亲人、朋友、老师或自己进行聊天,一吐为快,实现心灵的沟通,释放压抑的情感。“学一学”,即学习。通过理论学习加强道德修养,提高自身素质,树立正确的人生观和价值观,学会与人相处,与人共事。

191.思想有多远,教育的未来就有多远

把学生培养成一个“有梦想信念”的捍卫者,
把学生培养成一个“有人生境界”的思想者,
把学生培养成一个“有自主发展”的践行者。

[诠释]

①把学生培养成一个“有梦想信念”的捍卫者。班主任就是要帮助学生成为“燃梦、追梦、圆梦”的人。班主任要用“梦想教育”来引领学生,它不是一句话、一件事、一时段,而是一言征服、一事佩服、一生信服,更是一日梦圆、三年缘牵、一生惦念。梦想是用来捍卫的,有梦想的不乏其人,而能真正坚持下来的则少之又少。所以,班主任要不断地激励学生守住自己的梦想。

②把学生培养成一个“有人生境界”的思想者。冯友兰把人生分为四种境界,即自然境界、功利境界、道德境界、天地境界。自然境界出于本能,功利境界源于目的,道德境界情系社会,天地境界心怀苍生。班主任要把知识的传授、技能的培养与精神境界的提升紧密结合。要让学生对生活、对人生、对生命,对自己、对他人、对际遇,对学习、对成长、对人格都有向上的态度、真挚的情感、正确的观念,让他们学有所成、学有所得、学有所进、学有所别。

③把学生培养成一个“有自主发展”的践行者。教育的宗旨在于培养自主的学习者,离开了学生的自主学习,所有的教育都流于形式;离开了学生的自主学习,所有的教育都是被动的。所以,尊重学生的主体地位,引领学生自主发展至关重要。自我认识是学生自主发展的前提。班主任要抓住每个教育契机,让学生认识自己、坚持自己、修正自己、砥砺自己、超越自己。使学生逐渐找到迷失的自己、坚强的自己、奋发的自己。自塑自理是学生自主发展的关键。要让学生重塑自我,管理自我。学生能做的,教师不帮;学生能懂的,教师不说;学生能管的,教师不问。让学生自主发展、自由成长、自强不息,才是教育的真谛。

有梦想才能不断超越,有境界才能不断提升,有发展才能不断壮大。

192.怎样指导班集体文艺活动

自力更生,力争活动趣味化;
能者为师,力争活动多样化;
见缝插针,力争活动计划化。

[诠释]

一个班集体,有书声,有笑声,有歌声,才生动活泼。班主任组织班集体文艺活动,是增强班集体凝聚力的重要措施。

①自力更生,力争活动趣味化。组织文艺活动,需要人力、设备、道具,班主任要依靠自己的努力,因陋就简地把活动开展起来。要注意活动的趣味性,使同学们乐于参加。

②能者为师,力争活动多样化。班主任要把班级文艺活动搞得丰富多彩,关键需要一支文艺骨干力量。班主任要充分依靠和运用学生力量,就地取材,能者为师,组织好导演和演员队伍建设,发挥好文体委员的作用,把班级文艺活动搞得有声有色。

③见缝插针,力争活动计划化。班主任对本班的活动要有“长计划,短安排”。首先要有总体计划,必须保证活动的经常性和连续性,使每学期的活动有安排,每项活动有特点,同时也要防止活动太多太重;其次要制订具体的活动计划,做到定时间、定

地点、定人员、定内容、定指导，安排好活动程序，提出注意事项，因地制宜，见缝插针地安排好文艺活动。

193.帮助学生达成目标“四步走”

第一步，帮助学生确立自己追求的学习目标；
第二步，指导学生找到达到目标的有效途径；
第三步，引导学生对目标实现进行自我监控；
第四步，告诫学生对目标完成进行自我总结。

[**诠释**]

在班级管理实践中，帮助学生确立并达到自己的学习目标，是重要的育人职责。学生有了目标的指引，前进就有了方向，努力就有了动力。

①帮助学生确立自己追求的学习目标。学习目标分为远大目标、长期目标、中期目标、近期目标和日常目标。远大学习目标主要是指人生职业定向目标，指“长大后我要做什么人，干什么事”的预想。长期学习目标主要是指在一二十年间要达到的目标，它可以是能否完成各个学习阶段，如初中（三年）、高中（三年）、大学（四年）、硕士研究生（三年）、博士研究生（两年）、博士后（两年），也可以是设想通过十几年的奋斗，达到某一领域的专家或成为骨干带头人的水平。中期学习目标是在几年中的学习目标设想，如初中三年后考取一个理想的普通高中；高中三年后考取某某大学等。近期学习目标是指在一个学期所要达到的目标，如一学期内各门课程要达到的目标，知识技能学习掌握到什么程度，达到什么成绩水平，阅读多少课外书，思想品德和身心健康方面的要求等。近期学习目标应该制订得全面具体，把任务分配到每个月份，并有一个学习进度表。日常学习目标是指在今天、明天、一周或几周内的具体学习目标定向。

②指导学生找到达到目标的有效途径。帮助学生确立自己的学习目标后，班主任还要帮助学生找到实现目标的途径。这就好比远行，我们已经知道目的地在哪里，但怎样才能到达那个地方，我们还需要进行选择和甄别。班主任帮学生找到达到目

标的途径，一定要有专业的指导。如果班主任本身在这方面比较内行，或有这方面的研究，就可以对学生进行直接指导；如果班主任本身在这方面没有专业优势，可以帮助学生找具有专业技术的教师指导，同样能为学生成长提供实质性帮助。

③引导学生对目标实现进行自我监控。要实现自己的目标，不仅需要根据自身已有的优势和兴趣爱好去选择自己的主攻方向，同时还要了解实现目标所需要的条件和措施，采用适当的方法和步骤去努力奋斗。在朝目标迈进的过程中，还要不断地进行自我检测，了解实施过程的进度，检查是否符合目标的预定要求、行动步骤是否得当，以期通过自我检查，及时发现问题，及时进行调整。

④告诫学生对目标完成进行自我总结。每进行一个阶段后，班主任要求学生对目标的完成情况进行深刻细致的自我总结。不仅要总结成功的经验，而且要找出不足或失败的教训，查明原因，制订补救措施，及时纠正。自我总结要经常进行，养成习惯。

194.扮演备考专家

抓牢"准"字：准确记忆，准确答题；
做到"精"字：精益求精，精学精练；
避免"漏"字：查漏补缺，避免疏漏；
升华"扩"字：一题多解，举一反三；
模拟"实"字：立足实际，讲求实效。

［诠释］

班主任在指导学生备战中考或高考时，要求考生在准、精、漏、扩、实五个字上下功夫。

①抓牢"准"字。要准确记忆书本知识，准确写出试题答案。

②做到"精"字。在学习上要精益求精，老师要精讲，学生要精练。

③避免"漏"字。要查漏补缺，找到自己知识的漏洞、思维方式的偏差、解题规范的疏漏，并有具体的补救措施。

④升华“扩”字。对每道选择题中的选项要知其然,还要知其所以然,更要知其所以不然。对计算题要一题多解,举一反三。

⑤模拟“实”字。要提高应试技巧,进入实战模拟训练。做题中,要立足实际,讲求实效。

195.指导学生学习的法宝

熟记默写,抓住主干知识;
前后联系,构建知识网络;
解题规范,严格规范答题;
善于总结,掌握解题规律;
渴望考试,培养良好心态;
细心审题,提高解题能力;
主动改错,练后认真反思;
重视过程,淡化考试名次;
忙而不乱,保持愉快心情;
正视自己,充满必胜信心。

[**诠释**]

九年级或高三的班主任,在指导学生备战中要提出十项要求,这也是毕业班学生取得较好成绩的法宝。

①所谓主干知识,是指考试大纲规定的考点的主线知识,是学生必须把握的重点基础知识。对考试考查的主干知识要求记忆并熟练掌握,提炼出支撑学科知识体系的核心内容,彻底弄懂知识形成过程和知识发展过程,摸清知识之间的脉络。

②知识网络是指学生把在学习过程中获得的知识,通过一定的方式联系起来,构成一个学科的知识体系。构建知识网络要注重知识的纵横联系,在知识联结点处把握思维方向,使知识成为网络的节点,应用时能达到提纲挈领的操作要求。

③解题规范要求审题规范、书写规范、格式规范、解题步骤规范、答题位置规范

等。不仅考试时要求规范解题,而且在平时做作业时也要认真书写,严格按照考试的要求进行表达,作业限时保质完成。在平时就养成良好的解题习惯,才能以平常心去面对大考。

④对知识、典型题注重整理与积累,善于归类分析,系统掌握解题基本技能,从中悟出学科解题的方法。

⑤不惧怕考试,正视考试的作用。在考试中发现自己的不足,并及时修正。把小考当大考,把大考当小考,培养良好的心态。

⑥审题能力是一种综合能力,它包括阅读、理解、分析、综合等多种能力,也包括严肃、认真、细致等非智力因素。审题是学生能否准确解题的基础,班主任要培养学生仔细审题,完全读懂题目所表达的意思,不要有遗漏,在审题过程中寻找与条件和结论所对应的知识点,善于发现解题条件并加以利用,积极寻求解题思路,不断提高解题能力。

⑦在每次练习、模拟考试中,发现并总结自己的知识漏洞,从学科知识、方法、思想上认真反思,同时把错题整理在纠错本上,并有意识地进行阶段性复查。

⑧明确考试目的,不要太关注考试的成绩。每次所做的试题不能完全代表你所掌握的知识水平,知识的掌握就是在不断的出错—纠错的反复中达到熟练的,只要认真总结每次考试成功的经验与失败的教训,就能最终考出满意的成绩。

⑨除了跟着老师完成相应的学习任务,还要有自己的复习计划,严格按照学校的学习安排去执行自己的学习计划,充分利用课外的一切空余时间达到最好的复习效果。以积极的心态面对目前的学习成绩,在学习中寻找快乐和成就感。

⑩准确定位自己的学识与能力,不为一时的失误左右,全力投身学习,树立信心,不断积累,开阔视野,增长才干,厚积薄发,赢得成功。

196.让自助、互助、他助之花开满班级

自助若野百合:自由自在,朴素清香;
互助若并蒂莲:相生相长,相得益彰;
他助若仙客来:多姿多彩,傲立风霜。

[诠释]

①野百合之自助。场景一：自习时间，教室里空了好几个座位，而教室外面、阳台上、隔壁办公室里却各有几个学生或站或坐着读、背、写、练。场景二：课堂上，老师在讲解，教室后面站着几个学生，他们一手拿书本，一手拿笔，或认真听，或沉思。场景三：去餐厅的路上，学生手拿一本书，一边走一边念念有词，时而还看看手中的书。

场景一被称为“醒觉环境”。当瞌睡没得到满足时，换个环境就能调整状态，达到赶走睡意、神清气爽的目的。场景二被称为“调适状态”。学生从早上七点到晚上十点这么长的时间段中，大多数是以坐的姿势来完成学业的，很容易疲倦，学习效率不高。为了调适这种低效状态，他们主动提出到教室后面站着听课。场景三被称为“零碎时空”。为识记单词、短语、公式、定理、概念等，在教室里大声读背，一怕影响其他同学，二怕背错了遭同学笑话，而在早、中、晚吃饭时间，来回于餐厅的路上，自由、空旷的时空让学生很放松和坦然，读背些知识既充实又高效。

这些做法都是学生的自助行为，没有班主任的逼迫，只有自我提升的需求。有了学生的自助，就有了许多学习主动行为，教师只要应时传授一些方法，再做一些指导和监督，学生就会乐在其中并受益匪浅。

②并蒂莲之互助。场景一：自习课上，有两位学生在教室里前后走动着，时而看看手中的书，时而和某位同学说一说，时而为某位同学指点一下。场景二：放学后，还有几个学生没离开，他们有的已背好书包，手里拿着书本；有的站在教室外窗户边催促教室里的同学“快点、快点”；有的还在座位上慌忙地收拾，嘴里回答着“马上、马上”。场景三：考试后，一名小组长双手捧着水果、糖果来到办公室与班主任和科任教师分享。

场景一是班级科代表在自习课时利用自己的学科优势辅导同学学习，每天至少两科的科代表提供互助学习。这样既解决了学生的个别问题，又巩固和加深了科代表的知识，从而达到双赢。场景二是一群想学好数学但却暂时落后的同学组建的班级数学兴趣小组，他们马上要去开展互助活动。在这样的时间段，在这样的团队中，在这样的活动后，他们少了自卑、多了自信，少了压抑、多了自由，少了消极、多了积极。场景三是学习小组排名第一的小组长与班主任和科任教师分享他们的互助喜悦。

每一个人都处于不同的团队中，团队中的互助与合作，能让学生学会与人相处、分工协作、分享快乐、欣赏悦纳、共同进步。助人者多助,学习有帮助;自助加互助,成功靠得住。在学生活动中充分发挥同伴互助作用,支助者与受助者各有收获,学生的互助动力就会越来越足。

③仙客来之他助。场景一:办公室里,老师与学生面对面坐着,他们专注于说和听中,不时有点头、拍肩、擦拭等动作。场景二:学校花园里,七八个学生围成一个圆圈做游戏。

场景一是心理辅导老师针对几个性格孤僻、易怒学生进行的"打开心门交朋友"团体辅导,当学生较长时间不能自我调控时,必须借助专业心理辅导员的力量对他们进行专业心理辅导,才能让学生战胜自我、了解他人、认识生活。场景二是学生因为找不到正确的学习方法突破学习瓶颈,寻求老师的帮助,老师帮助他剖析实情、分析问题、找到优势、改变不足、树立自信。这是一条较轻松的快速通道,因为有老师的引领与帮助,学生可以少走弯路达到目标。

个人是社会中的人,个人不可能离开社会独立存在。而一个人的真正价值在于奉献,所以他助与助他是必不可少的。

197.考前"六步"抢分策略

第一步,保底分:基础知识要记牢;
第二步,少丢分:易错易混须明了;
第三步,快得分:解题技巧不可少;
第四步,抓大分:社会热点应知晓;
第五步,拉开分:最后押题很有效;
第六步,白捡分:考场秘籍显奇妙。

[诠释]

俗话说:"临阵磨枪,不快也光。"尽管取得理想成绩功在平时,但如果在考前有科学的复习冲刺策略,可取得锦上添花之功效。因此,班主任要指导学生制定好六步抢分策略:

①保底分:基础知识要记牢。考查基础知识是考试的重头戏,要确保考试中不丢保底分,一定要复习好基础知识,包括基本概念、基本原理、基本关系等。

②少丢分:易错易混须明了。考查易错易混知识,是每次考试常用的手法。要想考试少丢分,务必要特别关注易错易混知识点的复习,弄清易混知识之间的区别和联系。

③快得分:解题技巧不可少。考试说到底就是解题,解题的正确与否决定了得分的高低。在考试中要想快得分,必须总结出适合自己特点的解题技巧。

④抓大分:社会热点应知晓。热点问题是文科考试命题材料的重要来源与依据,其命题特点主要是事在"本"外,理在"书"中。考试要想得高分,要特别重视对社会热点问题的了解。

⑤拉开分:最后押题很有效。尽管平时复习我们不主张押题,但临近考试押少许主观试题,也是多得分的一个重要手段。考试要想拉开分,必须熟背一定量的重点试题或经典试题。

⑥白捡分:考场秘籍显奇妙。考试得分多少说到底主要取决于临场的发挥,而要想临场发挥好必须把握好"四会"考场秘籍。

第一,会"挤"。考生可以有效利用提前入场的十分钟,熟悉一下考场内的环境,消除陌生感;再做几次深呼吸,尽快使自己的情绪稳定下来。开考前五分钟试卷到手,填涂好姓名、准考证号等项目后,迅速浏览试卷,了解一下全卷题目设置、各题的分值比例如何,并初步拟定一个大致的答题时间分配方案,确定答题的战略框架。

第二,会"排"。要想在有限的考试时间内取得好成绩,必须合理安排时间:一要根据分值恰当安排时间比例。二要根据难易安排答题的顺序。基本原则是先易后难,先熟后生,先高分后低分。

第三,会"省"。考场上要巧用时间,节省时间。具体可从以下几个方面入手:一是讲速度,即答题速度宜求快。二是讲方法,即答题要优化方法,尽可能选择简便快捷的方法。三是讲运筹,应防止前松后紧,以免做不完试题或来不及检查。四是讲对策,如果一上来就碰到难题,可以暂时放一放,如果做到一半遇到了难题,可以在座位上伸个懒腰,闭上眼睛转一下脖子,平静一下自己的心态,回过头再来看这道题。五是讲细节,合理运用草稿纸,对解计算题也有重要的作用。

第四,会"拼"。考试中,要有自信心,要有顽强的拼搏精神,要与时间赛跑,读题、做题、检查要环环相扣,不留任何空当。要争分夺秒,达到时间最大效益化。

198.写好考前一封信

考前一封信,学习有干劲。
班级面貌新,成绩有长进。

[诠释]

每学期的期末考试是学校的顶级考试,其考试成绩是衡量班主任工作的重要指标之一。因此,帮助学生把握好期末考试至关重要。班主任可采用"考前一封信"的方法指导期末复习。

①离考试还有一个月时,班主任要专门召开一次期末考试的动员大会。大会的议题有三项:第一,宣布期末考试的科目、时间;第二,说明期末考试的重要性;第三,给期末考试后的自己写一封信。前两项议题很常规,班主任只要几分钟时间强调一下即可。

②接下来,班主任让班长把之前准备好的信封和信笺纸发给每个学生,然后对同学们说:"下面请大家给期末考试后的自己写一封信。这是一封写给一个月之后自己的信,信件内容围绕期末考试,信件写完后装入信封交给我,我会在期末考试结束后发给大家。"学生都觉得这个提议很新奇,因为他们从来没有给自己写过信,都笑眯眯地准备开始动笔。然而慢慢地,他们的脸上出现了不同的表情,有的面带微笑,有的眼睛闪光,有的紧咬嘴唇,有的握笔沉思……同学们开始自我分析了,他们在根据自己的实际情况"预知未来"。

③信件收回后的一个星期,班主任要有计划地找每一名学生谈心,询问他们写信时的感受,谈一谈对期末考试的期望。班主任要着力引导他们,并达成共识:一个月以后的期末考试结果,决定于写信之后的每一天。每个学生要根据自己的情况制订期末考试的复习计划或学习方案。在之后一个月的时间里,班主任只做一个观察者,偶尔提醒一下稍有不自觉的学生。

这样一来,班级的学习风气好了,课堂学习氛围浓了,问问题的人多了,晚自习教室安静了。期末考试成绩公布后,班主任再把信件一一发给他们,在收到信时,大多数学生的脸上会露出满意的笑容。

199.怎样指导学生考试

平时注重学法指导——树立竞争意识;
考前偏重心态指导——把握复习战术;
临场侧重应考指导——学会答卷策略。

[**诠释**]

①平时指导。在平时的学习与复习过程中,班主任要经常向学生灌输竞争意识,使学生具有两颗"心",即"好奇心"和"好胜心"。"好奇心"是学好各门功课的动力,"好胜心"是考好各门功课的保证。有了这两颗心,班风就能正,学风就能浓。与此同时,班主任还要对学生加强学习方法的指导,让学生大干、苦干加巧干。

②考前指导。在每学期里,一般比较大的考试有期中、期末考试。考试前学生都要花费大量的时间进行复习,教师都要进行几次模拟测试。考前的复习总动员,复习过程中对学生心态的把握,以及复习方法的指导等,这些都是班主任的重要工作,需要细心观察,悉心指导。班主任针对学生的复习方法和应考心态,可提出三点复习建议:第一,不因高分喜,不因低分忧;未定因素多,看谁笑最后。第二,不为资料困,不为讲义扰;试题源课本,快把书读好。第三,强项未必强,弱项不能弱;试卷有偏差,最好门门抓。

③临场指导。进考场前,班主任最主要的工作是让学生放松,放松到最自然的状态。每次学生参加大考前,班主任可在黑板上写出一首"临场调节歌"送给学生:

走进考场,带着笑容,带着祝愿;
相信实力,相信自己,精神饱满。
试题简单,细心规范,考分拿全;
题目偏难,莫要慌张,别人也难。
不要担心,不要激动,冷静答卷;

用心答题，用心思考，稳操胜券！

200.教学生唱好考场答题歌

考场答题需技巧，速度规范不可少。
冷静做题心情好，审清题意得分高。
遇到熟题看变化，避免生搬与硬套。
碰到难题心不慌，答案要从基础找。
不求题题都去做，舍卒保车很重要。
检查修改要慎重，答案改错最糟糕。
考试时间用充足，超常发挥传捷报。

[诠释]

注重平时复习很重要，但临场发挥也不能忽视。作为班主任，要帮助学生在答卷过程中按照“考场答题歌”的要求做题，力争考出最佳水平。

①要明白速度快、正确率高、答卷规范是得高分的保证。答题要提高速度，但不能影响正确率。书写要认真、规范，不要太潦草。

②答题时要保持淡定平静的心态，不要有太高的期望值；先看设问，再快速浏览材料，一定要审清题意，不要答非所问。

③答题过程中，当遇到熟悉的问题时要看与自己所见题目有无变化，防止照搬答案不得分；当遇到难题时，要思考与之相关的基础知识，从中找出问题的突破口。

④答题要遵循从前到后、先易后难的原则，遇到一时做不出的试题要暂时放下。不求题题必做，只求得分最高。

⑤交卷前的检查修改，遇到答案拿不准的要尊重第一印象，不要轻意改动，免得改错了答案。

⑥要把握好考试时间，既不要时间到了还有会做的题没有做，也不要前面赶得太紧而剩余时间太多，特别要避免出现考试时间结束还有选择题的答案没有涂到答题卡上的现象。

参考文献

[1]潘景峰.学海放舟[M].长春:吉林人民出版社,1998.

[2]魏耀明,刘玉玲.做好“五事”,方能“无事”[J].班主任,2009(2):20-21.

[3]陈永海.虚虚实实,均为我用[J].班主任之友(中学版),2008(6):24-25.

[4]范文慧.镜子·梯子·靶子——中学生成长中的班主任介入[J].班主任之友(中学版),2008(3):30-31.

[5]吴宝席.莫让表扬变伤害[J].班主任之友(中学版),2013(10):50.

[6]任兴华.依“事”择“时”　巧施惩戒[J].班主任之友(中学版),2013(11):35-37.

[7]林燕玲.如何应对家长的无礼[J].班主任之友(中学版),2013(9):50-51.

[8]谢宗春.遇冰时,暖一暖自己[J].班主任之友(中学版),2014(4):16-17.

[9]李宏亮.学生小团体:班级德育的“危”与“机”[J].班主任之友(中学版),2013(5):26-29.

[10]邓公明.善于倾听,走进学生心灵[J].班主任之友(中学版),2013(5):52-55.

[11]蔡涛.完美家长会的几个秘诀[J].班主任之友(中学版),2013(1-2):9-10.

[12]王丽琴.班主任工作需“六力”[J].班主任之友(中学版),2012(1-2):114.

[13]李淑霞.如何有效发挥奖状的激励作用[J].班主任之友(中学版),2012(3):38-39.

[14]张爱军.例谈学生管理的误区[J].班主任之友(中学版),2012(4):29-31.

[15]冯利平.批评可以“评”而“不批”[J].班主任之友(中学版),2012(4):47.

[16]陶玉欣.班主任的偏见及其消除[J].班主任之友(中学版),2012(4):59-60.

[17]蔡学之.我班有个“道歉日”[J].班主任之友(中学版),2012(5):18-19.

[18]顾春英.班中的“慢递小站”[J].班主任之友(中学版),2012(12):19.

[19]刘良华.给班主任的三条建议[J].班主任之友(中学版),2008(1):12-15.

[20]曹锁庆.班级公约“诊断书”[J].班主任之友(中学版),2008(2):41-42.

[21]陈志峰.班史,班集体培育的有效载体[J].班主任之友(中学版),2008(2):15-17.

[22]张万祥.班主任要砥砺自己的心灵[J].班主任之友(中学版),2008(3):9-14.

[23]王益民.可以不喜欢　但必须爱[J].班主任之友(中学版),2008(5):28.

[24]魏佳兵.命运在自己手中[J].班主任之友(中学版),2008(8):46-47.

[25]王黑铁.浅谈班级管理法则[J].班主任之友(中学版),2008(9):14-16.

[26]许伯祥.班主任角色的定位与更新[J].班主任之友(中学版),2008(10):7-9.

[27]徐利.班主任的“五个一”[J].班主任之友(中学版),2008(10):10-11.

[28]龚巧云.班级文化建设四步走[J].班主任之友(中学版),2008(10):12-13.

[29]陈铁牛.班级管理的“放”字诀[J].班主任之友(中学版),2008(11):15-16.

[30]黄华伟.班主任“出现”有讲究[J].班主任之友(中学版),2008(11):30.

[31]张玲.“积分激励”在班级管理中的积极作用[J].班主任之友(中学版),2008(12):17-18.

[32]廖立新.“香蕉球”育人法[J].班主任之友(中学版),2008(12):20-21.

[33]陆艳华.给硬硬的规矩披件暖暖的外衣——例谈班级管理制度的温情表达[J].班主任之友(中学版),2008(12):22-23.

[34]彭在羹.变“个体经营”为“集体联营”——谈班主任和科任教师的配合[J].班主任之友(中学版),2008(12):25-26.

[35]章平.班训,爱你没商量[J].班主任之友(中学版),2008(12):27-28.

[36]郭景轩.十“度”当好班主任[J].班主任之友(中学版),2008(12):30-32.

[37]丁家富.班主任工作中七个“不等式”[J].班主任,2009(2):15-16.

[38]李敬沛,陈慧芳.班主任的用“眼”艺术[J].班主任,2009(2):19-20.

[39]万玮.提高学生学习成绩10招[J].班主任,2009(4):44-45.

[40]田丽霞.当教师面对学生冲突时[J].班主任,2009(7):49-50.

[41]于青.用心点亮每个日子[J].班主任,2009(8):10-12.

[42]张义.如何帮助学生控制冲动情绪[J].班主任,2009(8):36.

[43]臧玉梅.好班主任的三条标准[J].班主任,2009(11):62.

[44]顾治国.请假条的妙用[J].班主任,2009(12):23.

[45]赵文汉.先识后赏,让赏识更有力量[J].班主任之友(中学版),2014(10):30-32.

[46]于洁.立情,创造幸福的意境[J].班主任之友(中学版),2012(12):20-23.

[47]吴玲凤.三个改变引导逆反心理[J].班主任之友(中学版),2012(12):24-25.

[48]刘令军.帮助学生达成目标[J].班主任之友(中学版),2012(10):30-32.

[49]陈斌.优良班风靠四变[J].班主任之友(中学版),2014(12):58.

[50]李镇西.教育事业的境界[J].班主任之友(中学版),2012(4):6-7.

[51]何德华.美化家园行动[J].班主任之友(中学版),2013(5):40-41.

[52]吴立群.寝室建设四部曲[J].班主任之友(中学版),2013(5):42-43.

[53]钟建康.简单与复杂[J].班主任之友(中学版),2013(6):19-20.

[54]刘雪梅.站在学生立场说话[J].班主任之友(中学版),2013(6):21-22.

[55]刘孝敬.嬉笑怒骂皆因爱[J].班主任之友(中学版),2013(10):60-61.

[56]李庆富.五行治班,多点努力[J].班主任之友(中学版),2013(10):62-63.

[57]刘春琰.让自助、互助、他助之花开满班级[J].班主任之友(中学版),2014(4):28-29.

[58]张志辉.看好,才会好看[J].班主任之友(中学版),2014(3):14-15.

[59]李镇西.如何善待“后进生”[J].班主任之友(中学版),2014(1-2):121-124.

[60]陈光辉.酿造班级好味道[J].班主任之友(中学版),2012(10):38-39.

[61]郑杰.“四字诀”助你顺利度过磨合期[J].班主任,2009(12):17.

[62]田丽霞.“快乐老班”的“快乐四宝”[J].班主任,2009(10):12-14.

[63]向守万.别让教育“只差一点点”[J].班主任,2009(10):21.

[64]王晶晶.我们班的“烦恼回收站”[J].班主任,2009(10):27.

[65]张泽同.启动四“点”管理 关爱“弱势”孩子[J].班主任,2009(9):27-29.

[66]康松.宽攻为妙[J].班主任,2009(9):59.

[67]程方平.写好班志[J].班主任,2009(8):1.

[68]余华东.做好一个“赢”字[J].班主任,2009(8):63.

[69]王文杰.独立·创新·人本——好班主任的三个特征[J].班主任,2009(2):56-57.

[70]许春苗.日常用心 启智增慧[J].班主任之友(中学版),2008(12):16.

[71]徐佼.认识、感动、目标,成就优秀集体[J].班主任之友(中学版),2008(6):18-19.

后 记

很高兴《班主任智慧200则》与广大读者见面了。该书在撰写过程中,参考了魏书生、李镇西、朱永新、张万祥、万玮、田丽霞等全国著名班主任的理论观点,援引了《班主任之友》《班主任》等全国班主任权威期刊的一些典型案例,查阅了网站的一些相关文献资料,在付梓之际,对上述资源的提供者和有关作者表示衷心的感谢!同时,向为本书成书提供支持和帮助的彭幸国、张重相、赵国政、李廷好、王海峰等领导及张文娟、胡继军、张红艳、刘建设、刘娟娟、贺华丽、张华伟、程莎莎等同人致以由衷的谢意!

国家督学、河南省特级教师协会会长、河南省基础教育教学研究室主任邵水潮为本书作序;年届九十岁高龄、德高望重的刘寄园老师为本书通稿把关;河南省基础教育教学研究室文科一室主任、全国资深教学研究工作者、河南省优秀教育教学专家、特级教师王向阳为本书的出版做了大量的工作;河南省基础教育教学研究室课题办主任、河南省学术技术带头人杨伟东为本书的撰写提出了非常有价值的建议。在此谨奉真挚的谢忱!

《班主任智慧200则》中有前后出现重复的内容,这是为了更好地阐述相关"智慧"的需要。一方面,由于书中的每则"智慧"都是独立成篇的,为了尽可能保持每则"智慧"的完整性,其所述内容难免有交叉之处;另一方面,由于书中的不少"智慧"是从不同角度阐释同一个问题,为了尽可能把每个"问题"分析透彻,其所述文字难免有重复之处。

班主任智慧是一个综合性强、涉及面广、理论性高的课题。由于笔者水平有限,认识肤浅,书中难免存在这样或那样的不足,敬请广大读者批评指正。

高宏群

2016年1月26日